大学改革の系譜：近代大学から現代大学へ

別府昭郎

東信堂

「ただ煉瓦をむやみに積みあげても家ができあがらないと同様に、事実に関する知識をやたらに並べても歴史はできあがらない。歴史とは本来関連した事実を選びだして、その相互関連を評価することである。」

（大窪愿二編訳「ハーバード・ノーマン全集」第四巻、岩波書店　二〇〇一年　一九一～一九二頁）

「教会」（sacerdotium）、「帝国」（imperium）、「大学」（studium）の三者を、ある中世の著作者は、調和のとれたその共同によって始めてキリスト教世界の生命と健康の保持される、三つの神秘的な勢力ないし「徳」（virtu）として、一体にとらえている。彼にとってこの「大学」は、その関連した「教会」、「帝国」と同様、単なる抽象概念ではなかった。

（ラシュドール　横尾壮英訳『大学の起源』上　東洋館出版社　一九六六年　三七頁）

まえがき

ドイツの大学は、一八世紀から一九世紀を経て、どのように改革され、変化・変遷してきて、現代にいたったのであろうか。これが、本書を貫く基本的問題意識である。こういう問題意識で、これまで書きついできた論文を「大学改革の系譜」という視点から一つにまとめたのが本書である。

時代区分はペーター・モーラフ（Peter Moraw）に従ったが、古典期以降の大学を「現代」として扱っても大きな間違いにはならないと思う。しかし、本書では、古典期以降をもっと細かく分けて考えた方が適当と思っている。一つは、「大学大綱法」（HRG）の下で大学である。しかし「大学大綱法」は連邦議会で廃止が決定され、各州（Land）の大学法にその精神は生かされることになっている。しかし「大学大綱法」はまだドイツの法令集でわれわれは見ることができる。もう一つは、ボローニャ・プロセスの大学への導入である。二〇〇〇年のことであった。これはEUが結成され、これにより、EU諸国のどこの大学で学んでもいいように単位制が導入されたことによる。こういう理由で「現代」を二つに分けて叙述する。

ところで、本書は、三つの部から成り立っている。それぞれの部で部の課題や章を説明する。

そして最終章は、ドイツの大学の特徴を全体的・通史的に考えてみたものである。本書用の書き下ろしである。手っ取り早くドイツの大学の特性を知りたい人は、こちらを見れば分かるであろう。

最後に「付録」として「歴史に学ぶ」をつける。

思いおこしてみると、個々の論文を書いていたときには、それぞれの個別論文を仕上げるのにいっぱいいっぱいであって、「一八世紀から一九世紀を経て、現代に至るドイツの大学は、どのように変化・変遷してきたのであろうか、ドイツの大学はどのような特性をもっているか」というような全体を貫く問題意識などはなかった。重い石を一つ一つ積み重ねて行くような仕事を一心不乱にやっていたにすぎない。しかしこうして並べてみると、近代大学の成立から、一九世紀から二〇世紀にかけての哲学部の分裂、一九六〇年代後半の世界的学生騒乱を経て「大学大綱法」、そして「現代」の大学へと、尾根伝いに来ていることに我ながらある種の感慨がないわけではない。書いた論考をただ並べるだけでは本にはならず、プロットを作り、そのプロットに沿って論理的に単独の論文を組み込むには個々の論文を書くときとは異なった大きなエネルギーを要する。筆者の興味・関心は、「一九世紀の私講師の研究から始まったのだな」と、本書をまとめていてあらためて気がついた。問題史的に言えば、私講師の問題からはじまって員外教授・正教授、学問領域、ヒエラルキーと広がっていったことが自分でも分かる。関心の中心はいつも大学教師にかかわる問題だったのだなと気づかされる。

現代の大学教育事情にかんしていえば、一九世紀以前のドイツ大学を主に研究している私に、いつも声をかけていただいている有本章教授（広島大学名誉教授、現兵庫大学高等教育研究センター長）の存在は筆者にとっては大きかった。有本先生自身には別府を歴史と現在を往復させて、見識を広めさせてやろうという意図はなかったかも知れない。しかし私は、有本教授の誘いによって、現在のドイツの大学の状況について資料を集め、科研の問題意識にそって解読し、私自身の知見を広めることができた。このことにより、過去のドイツ大学の歴史的事実と現在のドイツ大学の状況を、私なりに往復することができたと思う。これからも往復していきたいと思っている。また、第三部の時代区分にかんしては、木戸裕氏との会話が有益であった。

私は普段は歴史を勉強している。歴史と現代はメダルの両面であり、現代を理解するためには過去を知ることが必要であり、歴史をよく理解するためには現代のことを知らなければならないと考えているが、実際に現代のドイツの大学のことを勉強してみると、歴史とは異なった難しい点があることに気づかされた。歴史と現代は不可分とよく言われるが、本書の第三部では「歴史の方から現代の大学」を見ている。「歴史から現代」をみた景色と「現代から歴史」をみた景色は決定的に違うと思う。よく現代を論じた本や論文で申し訳程度に歴史に触れているのを見かけるが、捉え方が違うと思うばあいが多い。しかも歴史は過去の出来事であってすでに動かないが、しかし、現代は揺れ動いていて「とらえた」と思っても、次の年には変わっている。また、「大学大綱法」のように、廃止が連邦議会で決まっていても、法令集にはまだ載っているということもあってことは単純ではない。そのうえ、「現代のドイツ大学」だと確信して書いたとしても、刊行されたときには古くなってしまっていることもある。このように現代のドイツ大学を捉えることは困難さが伴う。こういうことを、この作業をしてみて学んだ。

ところで本書は、筆者の胸の中では、一六世紀を軸とした『ドイツにおける大学教授の誕生』（創文社　一九九八年）や一八世紀を中心とした『近代大学の揺籃―一八世紀ドイツ大学史研究―』（知泉書館　二〇一四年）と並ぶ三部作の一つと位置づけている。本書では、荒削りながら、一八世紀から現代までの重要問題を対象としている。これで、一六世紀、一七世紀、一八世紀、一九世紀、二〇世紀そして現代と、不十分ながら通観したことになる。三部作と言った所以である。この間二度「教育史学会」でのシンポジストに指名されている。それら問題意識の全てが本書には凝縮されていると自分では考えている。

凡例

1、本書は、これまで書きためてきた論考を「大学改革の系譜：近代大学から現代大学へ」という視点からまとめたものである。

1、地の文では漢数字（一、二を用いる。ただし十は一〇と表示する）で表示する。ただだし、地の文であっても欧文文献が出版された年や欧人の生きていた年代に言及するときには算用数字を用いる。引用もこの原則通りとする。

1、表や図は、表題も含めて算用数字のみで表す。

1、「場合」は「ばあい」、「関する」は「かんする」と平がなで表記する。

1、本書を作り上げるにさいして、過去の研究論文を現代の研究状況に合わせて大きく書き直した箇所がある。もともと文章と文意と構成とは密接に関係しており、自ずから書き換えには限界があることを意識したが、特に第三部の第二章と第三章は限界ぎりぎりに書き直すとともに、構成も題名も変更せざるを得なかった。

1、各章の各論考はその時々で学問的・論理的ニーズに応じてテーマを設定しているので、資（史）料が重なっているばあいがある。このことについて読者の海容をお願いしたい。

1、現代ドイツの学術論文を見ればすぐ分かることであるが、文献名はイタリックスでは書いてない。アメリカをはじめとする英語圏ではイタリックスで書くのが普通である。英語圏のやり方をまねているのである。本書では、ドイツの大学を扱っているにもかかわらず、日本でも文献名はイタリックスで書くのが普通であるから、本書でも読者の便宜を考慮してイタリックスで書いてある。

大学改革の系譜：近代大学から現代大学へ／目次

第四章　現代ドイツにおける大学教師の養成・任命・任務・給与……295

大学改革の系譜：近代大学から現代大学へ

序章

「まえがき」に書いたとおり、ドイツの大学はどのような改革を経て現代に至っているのか、すなわち「近代大学から現代大学へ」ドイツの大学はどのように変遷してきたのかという問題意識のもとで、既存の論考を時系列に沿ってまとめたのが本書である。まとめるにさいして色々なことを考えたが、特に三つの問題が筆者の前に立ちはだかった。歴史学では当たり前のことかも知れないが、具体的に挙げると、①時系列に沿って歴史的事実を並べて考えていく歴史主義的な考え方がある一方で、ある特定の大学思想家と今の自分を直接結び付けて学ぶ超歴史主義的な考え方とがある。それらの関係はどうなっているのであろうか。②「個別の大学で当てはまる個別的真理は全てのドイツの大学で当てはまるか」、③「大学の本質は何か」という三つの問題に、私は直面した。これらは大学史を専攻している筆者にとっては大きい問題であった。それらを筆者なりに解決しなければ前に進めなかった。

第一の問題を、「歴史主義と超歴史主義との関係」として考えることができよう。物事を時間的経過すなわち時系列的に捉える歴史の見方がある。それを歴史主義と呼ぶことができる（丸山真男座談）。本書は、一八世紀における近代大学の揺籃に始まり、一九世紀のベルリン大学の創設、哲学部の分裂、私講師制度の普及・確立、各大学の学部構成、大学大綱法下の大学教師のヒエラルキー、現代大学における教師の給与というように、まさに歴史的時間の経過にしたがって書かれている。変化の相の下で、力点を変えて書かれている。歴史は、このように変化の相のもとに描かれうる。

他方、ある思想家の考えに則って大学改革に邁進するばあい、自分とその思想家の考えを直接結び付けることができる。それを原動力にして、大学改革を推進するのである。ある思想家とは、シェリングでもいいし、フンボルトでもいいし、T・H・グリーンでもいい。逆に言えば、シェリングの考え、フンボルトの考え方やT・H・グリーンの考え方に学びつつ、大学改革を推進するのである。そういうことが可能でなければ、古典との対話は成り立たない。こういう考え方は超歴史主義と呼ぶことができよう。

本書をまとめているとき、歴史主義と超歴史主義とはどういう関係にあるのかという問題の解決にせまられた。というのは、筆者自身大学史上の古典、フンボルトの論文やニーマンの著作に触発されているからである。

結論的に言えば、歴史主義と超歴史主義とは対立するものではなく、個々の問題によってどちらがヨリ強く出てくるかの違いがあり、また、個人的傾向としてどっちの性格がヨリ表に出てくるかの相違があったとしても、一人の人間の中に共存することができるのではなかろうか。大学を歴史的発展（変化と言った方が正しいか）の相のもとに捉えることができるし、大学の自治という問題で、自己と中世の大学文書とを直接結び付け、直接大学自治について学ぶことができる。

第二の問題は「個別大学的真理と全大学的真理との関係」と定式化できるであろう。言い換えれば個別大学で言えることが、大学全体でも言えるだろうか、ベルリン、テュービンゲンやミュンヘンで言えることがドイツ大学全体でも言えるだろうか、という問題である。

長い時間帯で考えれば、全ドイツ大学の哲学部は分裂するのであるから、テュービンゲンで起きた「哲学部の分裂」という現象が、時間的前後関係はあれ全ドイツ大学で実現するのであるから、個別大学的真理は全大学的真理となったと言えるかも知れない。哲学部の分裂のほかにハビリタツィオン、私講師制度も同じと断じてもいい。両者は全ドイツ大学に普及するのにもっと時間は短かった。しかし哲学部の分裂にかんしては、現象面は同じでも学問的議論という内容面では個別大学的事状があるのではないかと思う。だから、「個別大学的真理と全大学的真理との関係」は、問題ごとに考えていかなければならない。

第三の問題は、「大学の本質は何か」という基本的・本質的問題である。大学は、その発生において、他の社会組織から区別されるいくつかの特徴をもっていたが、それらを中世史家ライナー・A・ミューラーは五つにまとめている（詳しくは本文参照）。

① 大学は、原則的に教育施設であって、研究機関ではなかった。

② 学位授与機関であった。かなり長い期間にわたる学習（約三年から八年に及ぶ）ののち、学生は、所属する学部の「バカラリウス」、「マギステル」あるいは「ドクトル」という学位を取得する。そして、大学卒業者として、国家あるいは教会において、高い地位を得ることができた。

③ 「教会の施設」であった。教授は、教会の聖職禄から俸給を受けていた。

④ 大学は「民主的に」組織された団体であった。教師や教授は、委員会の委員や学長、学部長を自分たちで選出し、教師団は、その成員や後継者を選び、学則を作った。学部は、相互的に独立して、教授案を作成し、試験を行った。

⑤　大学は特権を受けた組織であった。大学は、法律の面から言っても、税金の面から言っても、「自由な空間」であった。

これらの特権の総体は「大学の自由」と呼ばれている。

これらのうち、今日わが国の大学で残っているのは、教育機関、学位授与権機関、民主的に組織された団体（だいぶあやしくなっているが）の三つであろう。もっとも「民主的に組織された団体」という特性は、現在法律によって犯されつつあって、学長に権限を集中して、教授会は単なる諮問機関に位置づけられている。こういうシステムができあがると、政権側は学長をおさえれば、独裁的な大学運営が可能になる。太平洋戦争が起きようとは明治の人々は思いもしなかっただろう。それと同じことで、政権側は世にある組織を全て支配して、我が意に従わせようとする意図をもっていないかも知れない。だが、約八〇〇年の歴史を持つ民主的な制度が、問題を含んでいるとはいえ、一内閣の決定あるいは特定の政治家の決定で覆されて法律化されるのは、独裁的な大学運営に道を開くと思う。われわれ大学教師が唯々諾々とそれに従う必要はないと考えている。精神的価値にかんすることであるから、学問の論理に即した方策を考えなければならない。こういうことは、長い人類の歴史、大学の歴史からみれば、改革（進歩）ではなく、退歩だからである。

日本でも外国でも、大学は教育制度の頂点に位置づけられているが、その発生、教師のリクルートメント、卒業すると得られる資格、教授内容、教育階梯などその組織の心臓部にかかわる重要な点において、大学と学校とは明白に区別されうる。なかでも「学位授与権」は、歴史的に大学のみが保持してきた。学校はもっていない。文部科学大臣は言うに及ばず内閣総理大臣でも、ドクター学位が欲しければ、大学で取らざるを得ない。ほかのこと、たとえば人事、財政というような機能は他の社会組織も果たすが、大学を何で特色づけるかといえば、学位授与権である。首相でも学位が欲しければ、名誉博士をどこかの大学が授与しないかぎり、博士論文を書いて学位をとらなければならない。近年学位を欲しがる人が増えて、学校教育法一条校でない学校の出身者でも決められた条件を満たせば、学位を授与できる政府の機関（日本では学位授与権機構）で取得することができるようになってきた。学位の大学独占は政府の手で崩されたのである。

第一部　ドイツにおける近代大学の成立

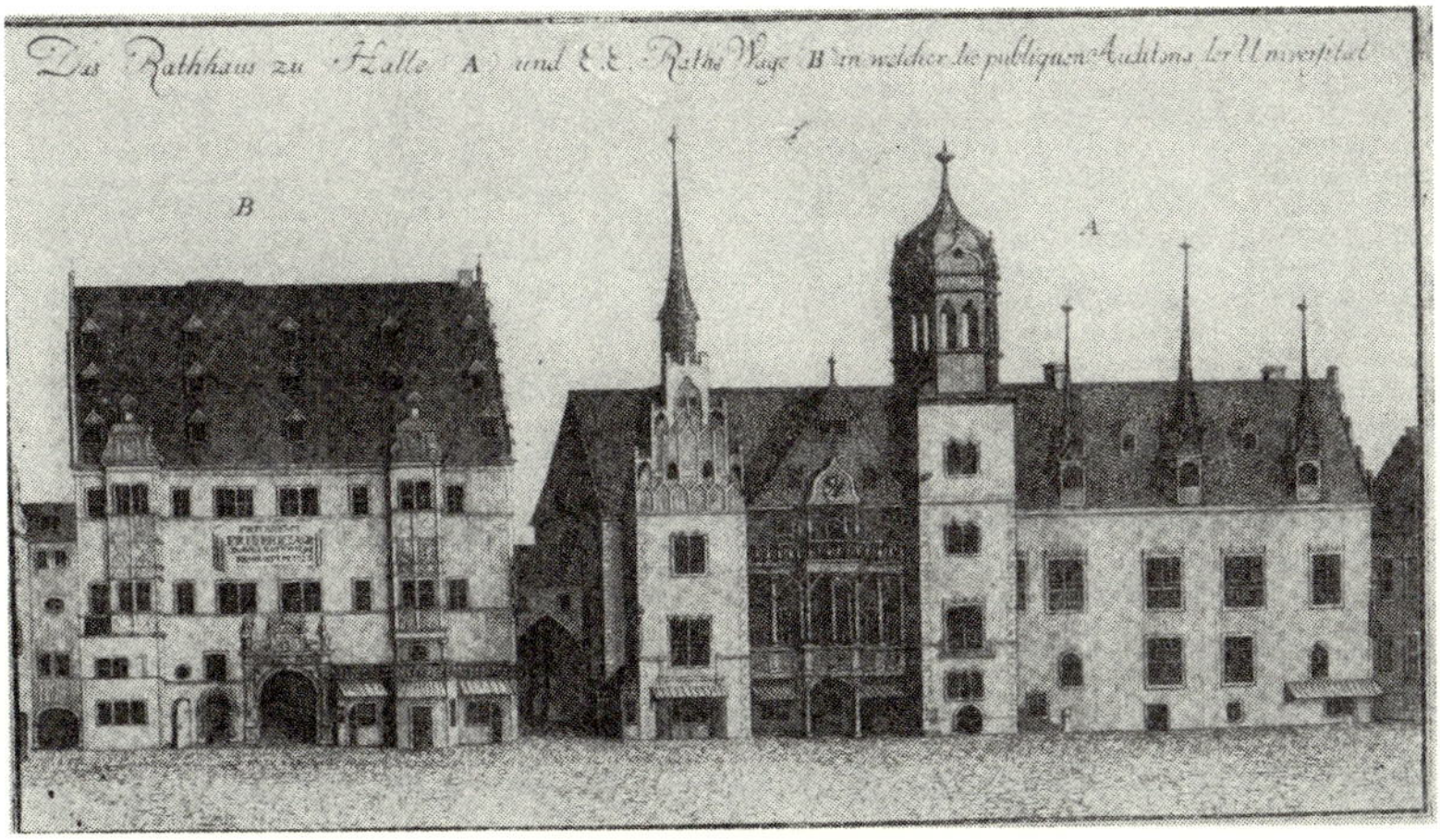

ハレ大学の建物（左）（出典：Halle an der Ssale.Klaine Staatgeschichte.S. 6）

【解　題】

第一部は、「ドイツにおける近代大学の成立」と題し、一八世紀のドイツ大学がどういう組織構造をしていたのか、どういう特徴をもっているのか、大学の教壇に立つのにどのような資格が必要なのか、私講師は、いかなる歴史的変遷を経て、一九世紀に至ったのか、いかにしてドイツの大学に定着するに至ったか、大学史における「公的なもの」と「私的なもの」というような問題を考察している。

第一章「ドイツ大学史における一八世紀の位置」は「一九九四年度教職課程年報」一七冊に発表したものである。いまから二〇年も前の論考であるが、筆者の一八世紀ドイツ大学史研究の出発点となった、記念碑的論考でもある。近代大学の特徴は、最近刊行した『近代大学の揺籃　一八世紀ドイツ大学史研究』（知泉書館　二〇一五年四月）では、一四の指標が挙げられている。「近代大学とは何か」という問いにかんしては、近刊著作の方が、緻密な視点の多さという点から見て正しいと考えているので、本書では最後の註（23）で補完しておいた。

第二章「一九世紀に至るまでの私講師の系譜にかんする考察」は『教職・社会教育主事・学芸員課程年報』に一九八一・一九八二年度と二年にわたって発表したのである。ちなみに一九八二年度はミュンヘンの歴史学研究所でドイツ大学史の研究に従事していた。

第三章は「大学教師の精選とハビリタツィオンの導入」は、もと一九八九（昭和六四）年度科学研究費の報告書に「ドイツにおける大学教師の養成と任命」と題して書いたものである。一八世紀のことのみならず二〇世紀の事項にも言及しているが、ここに収録した。また本書におさめるに当たって題名も変えた。大学教師を精選するという傾向は、一八世紀に始まり、ジュニアプロフェッサー制の導入に象徴されるように、今日でも続いている。なお本稿は明治大学の「駿台史学会」で発表し、その要約が二〇〇七年度「駿台史学大会　研究発表要旨」（二〇〇七年一二月八日）に掲載された。

第四章「ドイツ大学史における公と私―カントの『理性の公的使用』と『理性の私的使用』」はもとは「双頭の鷲」という神聖ローマ帝国のワッペンを意味する大きな題名で「明治大学教職課程年報（二〇〇四）No.二七」に発表したものであるが、本書におさめるにあたってこのように改めた。

第一章　ドイツ大学史における一八世紀の位置

本章の主題

本章は、約七〇〇年に及ぶドイツの大学の歴史のなかで、一八世紀のもつ意味を考察しようとするものである。一八世紀のもつ意味を把握するには、ごく大まかにでもドイツの大学史を概観し、それ以前と以後の典型的な特徴を摘出し、それらと比較してみるのが、最も有効であろう。この問題は、すぐれて歴史認識や時代区分の問題と根底において連なっている。

このような問題意識のもとに、現代において示唆に富む時代区分を提唱しているギーセン大学歴史学教授Ｐ・モーラフの説を紹介することから考察を始めよう。

1　P・モーラフによる時代区分

ドイツの大学史を大まかにとらえるにあたって、ギーセン大学歴史学教授Ｐ・モーラフは、「古典期以前」、「古典期」、「古典期以後」という時代区分を提唱している[1]。

古典期以前の大学（vorklassische Universität）の時期とは、一三四八年、プラハに神聖ローマ帝国内の初めての大学が創設された時から、一八一〇年にベルリン大学が創設されるまでの四六〇年間をいう。古典大学（klassische Universität）の時期は、ベルリン大学の創設から、一九六〇年代後半の大学紛争を経て、一九七〇年前後の大学改革が始まるまでの約一六〇年間である。古典期以後の大学（nachklassische Universität）は、一九七〇年以降の大学をいう。

この時代区分の中心に置かれているのは、言うまでもなく、古典期の大学である。なぜ中心に据えられうるかと言えば、この時代は、ドイツの大学史における黄金期と特徴づけられる時代だったからであり、現代におけるドイツの大学の基礎的条件をなしているからにほかならない。

この「古典期以前」、「古典期」、「古典期以後」という時代区分にたいして、古典期以前の時代が長すぎるとか、家族大学という概念はカトリック大学には妥当しないのではないかという批判があることを知らないわけではないが、このモーラフ概念を手がかりにしつつ、各時代の特徴を考えてみよう。このばあい、必ずしもモーラフが挙げている見解にとらわれないで、筆者なりの歴史解釈を軸にして、各時代の特徴を列挙していくことにすることを、あらかじめお断りしておく。

2　古典期以前の時代における前半期の特徴

古典期以前の時代は、前述のように、プラハ大学の創設からベルリン大学の創設までの四六〇年間を含んでおり、他の二つの時代と比較して格段に長い。したがって、ごくおおまかに、その前半期（プラハ大学の創設から宗教改革期以前まで）と後半期（一六世紀の宗教改革期からナポレオン戦争を経て、一八〇六年に神聖ローマ帝国が滅亡するまで）とに分けて考察すると、大学の性格にそくしてかなり説明がしやすいので、便宜上、このように区分して叙述していく。

このように分けたばあい、本稿の主題である一八世紀は、いうまでもなく後半期に含まれる。そこでまず、古典期以前の前半期、次いで、古典期および古典期以後の時期の諸特徴について考察したうえで、後半期について、考察することにしよう。

古典期以前の時期の前半における大学がもっている特徴はなにか。

ドイツの大学は、パリやボローニャのように自然発生的ではなく、領主や国王などによって、いわば国家の意思によって作為的に作られた。すなわち、権力者の手によって、パリやボローニャと同様な特権をもつ団体として創設されたのである。したがって、創設の当初から国家原理と団体原理という相互に矛盾する原理の混合体（よくいえば統一体）としての性格（業）を負わされていた（**国家による創設**）。この国家原理と団体原理という矛盾する原理の絡み合いが、後の時代のドイツの大学を根本から規定していくことになる2。

さて、この時代の大学は、神学・法学・医学・教養（哲学）という四つの学部から構成されていた。最も優位にたっていたのは、神学部であった。これは、当時の学問観を象徴的に示しているとともに、大学が教会の施設であることをも物語っている（**神学部の優位**）。

教授（教師）になる条件は、神・法・医の上級三学部にあっては、博士（ドクトル）学位、教養（哲）学部ではマギステル学位であった（**教授資格はドクトル・マギステル**）。

したがって、教師間における階層は学位の階梯のみで秩序づけられていた（学位を基本とする階層秩序）。大学は国家の手により創設され、後発であったが故に、創設の当初から経済的保障を与えられた教師たちがいた。こうして有給教師と無給教師が生み出されることになった。有給教師にあっては基本的に教会聖職禄（Pfründe）が収入源であり、無給教師にあっては聴講料（Collecta）であった。教会聖職禄は安定した教授職を維持していくための基礎にほかならなかった。この時期の大学が聖職禄大学（Pfründeuniversität）と呼ばれるのは、このような歴史的経緯があるからにほかならない（**聖職禄大学**）。

有給教師と無給教師という相違はあったとしても、その権利関係をみてみると、双方とも基本的に教師は平等原理のもとにあり、学部の運営や教師の全体会議（plena, congregatio と呼ばれた）には、全ての教師が出席し、議決する権利をもっていた（**平等原理**）。

このように、古典期以前の時期におけるドイツの大学の主要な特徴として、自然発生的ではなく国家による創設、神学部の優位、教授資格はドクトルあるいはマギステル、学位を基本とする階層秩序、聖職禄大学、平等原理を挙げることができよう。

本章の主題である一八世紀を含む古典期以前の時期後半にかかわる検討は後に回して、次に古典期について述べよう。

3　古典期における大学の特徴

では、古典期の大学はいかなる特徴をもっていたのか。挙げるべき特性は多々あるが、以下のものがとりわけ重要である。

①　血縁を重視する古典期以前の「家族大学」とは反対に、教師の学問的業績が重要なファクターとなる。そのために、学問的な競争が行われなければならない。こうして、教授資格試験（ハビリタツィオン）およびそれと裏腹の関係にある私講師制が確立された。私講師のなかから、学問的な競争に打ち勝った者が、員外教授や正教授に昇進するのである（**競争原理の導入**）。

②　競争原理と密接に関連して、一九世紀の後半以降「同一学内招聘の禁止」(Hausberufungsverbot) という慣行が形成された。これは、同じ大学のなかで、私講師、員外教授、正教授と昇進していくのを禁止するものである。この同一学内招聘禁止という慣行は、上記の競争原理をうまく機能させるための知恵であったと言ってよい。現在は、大学大綱法のなかに、明文化されている（**同一学内招聘の禁止**）。

③　一九世紀それも後半になってくると、学問の細分化が進行するとともに、研究が大規模化してきた。一人の人間がコツコツと研究するのではなく、大きなテーマに、予算をかけ、正教授を筆頭にして大人数で取り組むようになった。その傾向は、文化系や社会科学系のゼミナールでもみられたが、とくに自然科学や医学の研究所においてめざましかった。この動きは、研究の大規模経営化と呼ばれる（**研究の大規模経営化**）。ギーセン大学のリービヒの化学研究所はその典型と言ってよい。こうした体制で研究するようになれば、正教授の支配力

はますます強化され、絶対化するに至る。マックス・ヴェーバーは「官僚制は、国家から特権を与えられた一人の指導者の手中に物理的経営手段を手中することによって、丁度資本主義的経営が労働者をその生産手段から分離するように、研究者や教官を彼らの『生産手段』から分離する」と言っている[3]。

④　大学の目的はエリートの養成であり、学問訓練は精神貴族主義的な性格をもつものと観念されていた。ここでいう「貴族」は、ヤスパースも言っているように、社会階級的な意味ではなく、精神的意味で使われている[4]。学問的営みは、フンボルトのいう「孤独と自由」のなかで行われる精神的作業にほかならない（**学問的訓練の精神貴族的性格**）。

⑤　ベルリン大学の創設理念によれば、学問的活動そのものを全体的かつ根本的に把握するのは哲学（根本知そのものの学問）である。哲学は「学問のなかの学問」（Wissenschaft der Wissenschaften）にほかならない。哲学諸科を包含する哲学部の教育は、①神学、法学、医学という専門教育の基礎となりうる一般的・科学的教育を学生に施すこと、②および哲学部固有の学問を学問自身のために促進し、そのことをつうじて哲学の専門家を養成するという二重の使命を担っていた。哲学部は、この二重の目的を二種類の教授方法によってではなく、外面的な合目的性によって純粋な科学的興味を損なうことのない講義を通して、追求するのである。こういう純粋に哲学的教育を任務とする哲学部は、国家がその教育内容に関心をもつ上級三学部と区別され、それらの学部の優位にたつと観念された（**哲学および哲学部の重視**）[5]。

さらに、古典期においては、「**研究と教育との統一**」（Einheit Forschung und Erziehung）が強調されたことも忘れてはならない。

F・パウルゼンが、「科学的研究の優位の時代」と呼んでいるように、科学的研究がめざましく進展した時代であった。とりわけ自然科学や医学の急速な発達はめざましかった6。

それに対応して、相次いで研究所が開設され、人員が拡大された（**科学的研究の急速な発達**）。こうした自然科学の発達は、結果的に伝統的な学問観の変更と大学組織の制度的改変をせまった。そして、中世以来自然科学と人文・社会科学を統一的に包含してきた哲学部は、ついに文科系のみの哲学部と理学部に分裂するに至った（**哲学部の分裂**）7。

4　古典期以後の大学

古典期以後の時期の大学とは、とりもなおさず大学紛争以降の現代大学のことにほかならない。紛争以降、「正教授支配の大学」から「集団運営の大学」（Gruppenuniversität）へと変容した。これは、正教授が大学運営権を寡頭的に独占するのとは本質的に異なって、員外教授、講師、助手、事務職員、学生という大学を構成している人的成員が選挙で自分たちの代表を選出し、それぞれの代表によって、大学の意思決定が行われ、運営される（**集団運営の大学**）。

さらに、大衆化した大学（Massenuniversität）という特徴を挙げなければならない。ドイツでは、一九六〇年代以降大学の数を増やす政策が採用された。社会民主党（ＳＰＤ）を中心に、大学進学を妨げる社会的な阻害要因を取り除く政策がとられた結果、大学教師の数も学生の数も飛躍的に増大した。すなわち、学生のみならず、大学教師も大衆化したのである（**大衆化した大学**）。このような状況に直面して、Ｇ・リッターのように、すでに一九六〇年代において、保守的立場からドイツ大学の危機を訴える学者もあった8。

第三に挙げるべきは、大衆化と裏腹の関係にある現象であるが、「大学」（Universität）という概念がかなり拡大されたことである。従来「大学」とは見なされてこなかった工科大学や商科大学、防衛大学なども、大学の範疇に格上げされ、学位授与権や教授資格授与権が認められるようになってきた。これらの権利は、伝統的に「大学」の独占物であった。これをもっていたから「大学」なのであった（**大学概念の拡大**）。

最後に、古典期大学のもっていた原理と大衆化した大学との矛盾の噴出という事実を指摘しなければならない。すでに述べたように、精神貴族主義的な学問訓練というのが古典的大学の特徴の一つであったが、大学が大衆化したために、一方では精神貴族的な学問訓練の伝統を守りつつ、他方では多様な欲求をもち、またレディネスもそれぞれ異なる学生をどう教育していくのか、この矛盾が噴出してきた（**大学の大衆化と精神貴族的学問訓練との矛盾**）。

精神貴族主義的な学問訓練の伝統や「孤独と自由」を誇ったドイツの大学においてさえも大学教授学の必要性が説かれ、そのための研究所が開設されたという事実は、いかにこの悩みが深刻であるかを如実に物語っている。

このように、古典期以後の際だった特徴として、集団運営の大衆化した大学、大学概念の拡大、大衆化と精神貴族的学問訓練との矛盾を指摘することができよう。

以上によって、古典期以前の前半期、古典期、古典期以後の大学にみられるごく大まかな特徴を明らかにしえたと思う。次に、本稿の主題である古典期以前の後半期、とりわけ一八世紀について考察してみよう。

5 古典期以前における後半期の特徴──一八世紀を中心に

では、古典期以前の後半期にみられる特徴はなにか。この問題を、大学と国家の関係の変化および大学内部で生じた変化というように、「変化の相」の下に考察してみよう。

(1) 大学と国家の関係において生じた変化

第一に、大学が自治団体(ツンフト)から国家の施設へと変容させられ、絶対主義的国家官僚制のなかに組み込まれたという事実を挙げなければならない[9]。大学は、人主義的な学者共和国から啓蒙主義的な国家に奉仕する施設へと性格転換させられたのである(**自治団体から国家の施設へ**)[10]。

このことは、多くの無視することのできないインパクトを与えた。

まず、正教授の選任にあたっては、大学・学部の仲間権(教授仲間を自分たちで選ぶ権利)よりも、国家の任命権が圧倒的に優勢となり、大学はせいぜい推薦権を有するに留まり、ときにはそれさえも無視されることがあった(**国家による任命権の優位**)。

大学が自治団体から国家の施設へと変容したことにより、大学教育は、若者を国家・教会・学校に奉仕させるためにあると認識され、純粋に実用的な学問が優勢となってきた。当時の代表的な大学論者ミヒャエリスは、「大学が領邦にもたらす利益」とか「大学学問がもたらす利益」という論点から大学を論じている[11]。これは、大学は実学をもって国家に奉仕する存在にほかならないという当時の認識をあますところなく語っている(**国家に奉仕する実用**

的な学問の優勢）。

さらに、教授は国家の官吏となり、権利や義務が明確に規定されるようになった。また、正教授・員外教授・私講師という大学教師の官僚的位階制度が完成した（**教授の国家官僚化**）。

大学が国家に取り込まれ、教授は官吏となったことにより、教授の経済的基盤は聖職禄から俸給へと大きく移行していった。中世以来、教授の経済的拠り所は教会聖職禄によるところが大きかったが、ルネッサンス・宗教改革期に至り、教授の俸給は次第に領主の私財庫や領邦政府から支出されるようになってきた。とりわけ、神学部以外の教授たちはそうであった。一八世紀の後半になると、大学が国家の施設と変容したのに伴い、全ての教授は国家（領邦政府）から俸給をもらうようになった（**聖職禄から俸給へ**）。

一六世紀以降顕著になってきたことであるが、大学にたいして査察（Visitation）や監査（Revision）が実施された。それにおいて、大学の財政状態、学則に則って大学が運営されているか、各教授の受講学生数、さらには、各教授について学生の評判、教授科目、学者としての資質、教師としての能力・熱意、将来性というような個人にかかわる評価までも行われた（**大学に対する査察・監査の実施**）12。

（2）　大学内部における変化

正教授は、学長や学部長の選挙権や被選挙権、大学や学部の運営権、大学の根本機能である学位授与権を独占するに至った。このように、教授の学内的権限は絶対化していった。したがって、ドイツの大学、この時代にすでに正教授支配の大学（Ordenarienuniversiät）としての性格を十分確立していたと言っても過言ではない（**正教授支配の**

大学）[13]。

とくに一八世紀の後半になると、教育内容が次第に専門化、高度化してきた。一人の教授が専門的にある学問分野を教え続け、他の教授職に移ることを阻む体制ができあがりつつあった。学問の専門化・細分化の傾向は、一九世紀にはいってさらに進行する（**大学学問の専門化・高度化および教授職と特定学問の結びつきの強化**）。

こうした大学学問の専門化・高度化に対応するには、従来のように、ドクトル学位を取得しただけでは不十分で、より高度の研究能力と教育能力が不可欠と認識されるようになり、大学教授資格試験（ハビリタツィオン）が導入された。これにより、将来の教授予備軍としての私講師制度ができあがった（**ハビリタツィオンの導入**）。

それとともに、正教授・員外教授・私講師を基本型とするドイツの大学に特有な大学教師の官僚的位階制度も完成したと言ってよい（**大学教師の官僚的位階制度の完成**）。

学部間の勢力関係の変化という観点からみると、法学部や哲学部の地位が向上してきたという事実を指摘しておかなければならない。中世・近世の時代においては、大学は神学者養成の場であり、教会の施設と目されていたので、神学部が最も有力な学部であった。哲学部は上級学部、とりわけ「神学部の下請け機関」（ancilla theologiae）と呼ばれる位置にあまんじていた。神学部は学部の序列において、形式的にではあれ、今日でも筆頭学部であることに、そのなごりをとどめている。

ところが、一七・一八世紀は法学部が有力になってきた。それは、近代国家の成立とそれに伴う官僚制の整備を背景としていた。国家のあらゆる領域に法学を修めた官僚が進出したので、この時期に「法学者の独占」（Juristen Monopol）と呼ばれる現象が出現した。

法学部の台頭と並行して、最も教師数の多かった哲学部も次第に大学内部で重きを成すようになってきた。これは、カントやヴォルフに代表されるように、哲学的思惟の転換と密接に関係していた。そして、一九世紀には、哲学部は「諸学部の女王」という位置づけを獲得するにいたった（**法学部や哲学部の地位の向上**）。

学問は、従来の知識の伝達を重視する傾向から、新しい知識の発見や創造を重視する方向へとその性格の変容させた。これに伴って、教育方法も、中世以来の「討論」（disputatio）や一六世紀から採用された「演説」（declamatio）から「ゼミナール」方式へと変わってきた（**教授方法の変化**）。

中世においては、大学教師は独身でなければならなかったが、ルネッサンス・宗教改革の時代以降は、大学教師も世俗化し、妻帯するようになった。その結果、全ての大学というわけではないが、比較的小規模の大学において、教授職（講座）が、あたかも家屋や土地、家財道具あるいはギルトの成員資格などのように、血縁者の内で相続されるようになった。このような「家族大学」においては、血縁者を教授ポストに据えるので、競争原理が作用しなくなるという弊害をもたらした（**大学教師の世俗化と家族大学**）。

この間、大学内部の基本的性格にかかわることではないが、ドイツの大学史全体に関わる重要な現象として、宗教改革以降、カトリック、プロテスタントを問わず、実に多くの小規模な大学が創設され、また、一八世紀の終わりから一九世紀のナポレオン戦争期の多数の大学が廃止されたという特異な事実を書き留めておかなければなるまい。

これまでの叙述によって、一八世紀の大学が、ナポレオン戦争やそれにともなう国内改革があったとしても、断絶面よりも一九世紀のそれとの連続面の方がつよく、いかに密接につながりあっているかが明らかになったであろう。モーラフの時代区分では一八世紀は、古典期以前にいれられているが、とくに一八世紀の後半期は、すでに「古典期」にいれてもおかしくないくらいに、古典期の特徴を具備していると言ってよい。

したがって、一九世紀の大学は、一八世紀まで存続してきた四学部制を基本とする伝統的な組織（古い皮袋）に合理的な学問や思考の自由（新しい酒）をもったものと言ってもさしつかえないであろう。

6　教授された学問領域

これまでは、一八世紀におけるドイツの大学の歴史的特徴を大まかに叙述してきた。次に、どのような学問領域が教えられていたのかという問題について、ケーニヒスベルク大学哲学部の新講義規定、ハイデルベルク大学の一七七四年の規定による全学部の講座構成、ヴィッテンベルク大学の全学部の講座構成と教授内容を、具体的に例示しつつ考えてみよう。

（1）　ケーニヒスベルク大学の新講義規定

ケーニヒスベルク大学は、一七三五年に新しい講義規定（Lektionsordnung）を採用した[14]。それによると哲学部にはギリシア語、ヘブライ語、数学、雄弁、詩学、論理学、道徳、文学史、物理学の九箇の講座が置かれることになっていた。それらの講座は一人の正教授と一人の助教授によって担当されることになっている。

正教授は週四時間の無料の公開講義で、彼の担当する学問分野の全課程を年内に終了する義務があった。員外教授は補助者としての性格を持っていた。彼は週二回の公開・無料の講義により、正教授の予備的講義をしたり、正教授の講義を補足したりして正教授を助けることと決められていた。

むつかしい教材は、正教授も員外教授も、私講義で取り扱わなければならなかった。

①ギリシア語：正教授は、新約聖書を一年の間に速修講義で終わらせなければならない。員外教授は、演習で文法を教える。学生は全ての講義について予習をする。そして、各自の意見を述べるべく求められる。というのは、経験が示しているように、教授が学生に自分の意見を述べさせるならば、学生の勤勉さを覚醒させるからである。教授は、学生が他の出席者の解釈に無批判に影響されないように気をつけなければならない。このことはヘブライ語の講義についても同様である。

②ヘブライ語：正教授は、冬学期にはモーゼ五書の講義を、夏学期には旧約聖書の歴代誌を終わらせなければならない。員外教授は、文法を教えた。難しい諸書は私講義にまわされた。

③数学：正教授は、一年間で、算数、幾何、三角法、天文学を教えた。員外教授は、算数と幾何の入門を教えた。二人とも、演習を行った。

④雄弁：正教授は、冬学期には週四時間「ラテン語文体講義」を担当する。二時間は、よくできる学生に意見を述べさせ、文体やローマその他古典古代の作家について、必要な注釈をして聞かせる。一時間は、雄弁の教師について教え、最後の時間は、elaboratinibus をドイツ語とラテン語で交互に教える。夏学期は万国史入門と紀元後の歴史入門を交互に教える。員外教授も同じように教える。しかし、夏には地理を教える。

⑤詩学：正教授は、員外教授と一緒に、古典的学問研究についての演習をする。それにより、学生に不足するものは一層なくなるだろう。最後に、彼らは、ラテン語の詩の praeceptis と神話のほか、実践的演習によってラテン語の詩を教授する。ドイツ語の詩は、たしかな天才の詩だけがふさわしい教材として、二年に一回、一学期の間正講義で、その他は私講義で取り扱われる。

⑥論理学：正教授は、両学期にわたって、論理学と形而上学を講じる。
⑦道徳・自然法：正教授は、自然法と道徳を教える。員外教授も同じ。
⑧文学史：教授は、その学問において確実なこと（etwas Gewisses）を半年の間教え続け、そのことにより、学生が正教授の講義を理解し、その他の学習をしうる素地を作りあげる。
⑨物理学：正教授は、毎年実験物理学と理論物理学を並行してであれ、相前後してであれ、終わらせる。員外教授は、半年間、physicae sacrae の一部を扱う。

全ての講座について言えることであるが、一つの教材が終了したら、テストをするように推奨されている。

このように、一つの学問領域（講座）に正教授と員外教授を一人ずつ配置し、役割を分担させるというケーニヒスベルクのシステムは、当時の他のドイツの諸大学と比較しても、また、その後の歴史的展開から言っても、特異な位置を占めている。一つの講座に正教授と員外教授を一人ずつ置くことは、他のどこの大学でもやっていなかったし、その後も採用しなかった。

（2）ハイデルベルク大学の一七七四年の規定

次に、各学部にはどのような学問領域が、教授職に結び付けられていたのかを、ハイデルベルク大学を例にとってみてみよう[15]。

①　神学部はカトリック部門（facultas theologica ex parte catholicorum）とプロテスタント部門（facultas theologica ex parte reformatorum）に分かれており、学部長も二人いた。前者には、教義学二講座（一七〇六年以来）、道徳神学（一七〇九年以来）、教会史、聖書、東方語、後者には、一七〇六年以来二つの講座があったが、教えるべき分野は特に決められてはいなかった。教会史の員外教授職が一七七四年におかれた。

②　法学部には七箇の講座がおかれていた。

公法・封建法（ius piblicum et feudale）

教会法（ius canonicum）

パンデクテン（ius pandectarum、ローマ法全典 Corpus iuris civilis の第二部）

自然法・国際法（ius naturale et gentium）

法学提要（ius institutionum、ローマ法全典 Corpus iuris civilis の第一部）

訴訟法（ius praxeos commne et immperiale）

ドイツ法（**ius Germanicum**）

③　医学部には五箇の教授職があった。

臨床（Praxis）

薬物学（materia medica）と植物学（institutones physiologicae）
病理学と産科学（ars obstetricium）
法医学（forensische Medizin）
解剖学と外科
化学と薬学

以上であるが、一人は領主の侍医としての務めをもっていたので、実際に大学で教えていたのは四人しかいなかった。

④ 哲学部には四つの教授職があった。
論理学・形而上学
物理学・倫理学
実験物理学・数学
天文学

一つの大学にこのように新旧二つの神学部が置かれていることは、この地域の宗教的な複雑さを物語っている。一九世紀になると、このような例は増えてくる。

新しい動向を示す学問領域として、法学部における自然法・国際法、訴訟法、ドイツ法、医学部における病理学や産科学、法医学、解剖学、外科、化学、哲学部における実験物理学といったものを挙げることができよう。これらの学問領域は、一六世紀や一七世紀のはじめまでは講座名としてはみられなかった。こうした事実は、ドイツにおける近代大学の特性を考察するさいに、重要な素材になる。

こうした事実を考えてみると、学問は地理的・歴史的に拘束された「知の在り方」、「知の形態」ということがよく分かる。

7　講義の種類

正教授が第一に果たすべき義務は、週に三〜四時間の正講義をすることであった。この時代に、どのような講義の種類があったのか見ておこう。

①　正講義（collegia publica）は、正教授が義務として無料で行う講義をいう。その主要な内容は教授の専門とする学問の重要部分である。俸給はこの正講義に対して支払われると考えられる。

②　私講義（collegia privata）とは、正教授やその他の教師が聴講料をとって行う講義のこと。たいてい教授が正規の授業をしない日に行われた。特殊な教授内容や難しい教材が取り扱われる。インゴルシュタットでは、正講義で教えるべき教材を、私講義で教えてはならないという決まりがあった[16]。

③　最も私的な講義（privatisima）は、少数の学生を対象に、特殊な教材を教えるもの。一九世紀には、どこの大学の講義目録にも数多くみられるが、一八世紀ではそう多くない。

このように、正教授は正講義をおこなうことが義務として定められていたが、正講義よりも、たいていのばあい教授の自宅でおこなわれる聴講料つきの私講義の方に力を入れるようになった。これは自然の成りゆきといえよう。このように、私講義において自由競争し、聴講料を稼ぐことをすれば、逆に正規の授業をおろそかにし、私講義に熱中する傾向が強くなってくるわけである。正教授が予告したのと同じ分野を、私講師は私講義で教えてはならないという規則を作った大学さえもあった。こうして、ホルンが「正講義と私講義との競合」と呼んだ状況が生まれた[17]。

アダム・スミスが言うように、自由競争はたしかに大学を活性化させるが[18]、ドイツのように正教授支配の大学では、正教授が義務である正講義をおろそかにし、大学や学部の意思決定に参画できない権限の弱い教師たちの教育活動を制限し、自分達の経済的利益を優先させるという方策を講じるという病理現象が生じた。

終わりに――ドイツ大学史における「近代」とはなにか

以上によって、ドイツの大学における一八世紀のごく大まかな特徴はお分かりいただけたと思う。最後に、内容的にやや繰り返しになるが、ドイツの大学史における「近代とはなにか」というアスペクトからの整理を試みて、本稿を閉じることにしよう。

近代大学という言葉の意味内容は、これまであまり厳密に検討・定義されることなく、無造作に使われることが多かったのではないか。ここで、いかなる特徴をもっておれば、近代大学と呼びうるのかを考察しておくことは、ドイツの大学史研究にとって、意義なしとしない。

　パウルゼンは「ハレ大学は本来的意味で初めての近代大学である」と書いている[19]。しかし、近代大学（moderne Universität）を特徴づける指標を明示しているわけではない。これこれの特性を具備していれば近代大学と呼んでよいというメルクマールを示しているわけではない。近代大学と言えば、ドイツの大学史に関心をもつ多くの人は、ベルリン大学のことを普通連想するだろう。もちろんパウルゼンも、ベルリン大学を近代大学と性格づけている。でも問題はそれにはとどまらない。

　では、近代大学の特徴とはそもそもなにか。いかなる要素が出そろえば、近代大学と呼んでよいのか。一八・一九世紀の大学にみられる諸現象は、全て近代大学を特徴づける指標と見てよいのであろうか。一七世紀までと異なる要素があれば、近代大学を特徴づける指標と見てよいのであろうか。そしてまた、中世にあった要素を払拭し、中世にない要素をもっておれば、近代大学と言ってよいのであろうか。問題は簡単ではなさそうである。

　まず、大学と大学外の団体との関係という視点から見てみると、これまでの叙述からも明らかなように、教会と国家との関係を問わなければならない。

　神学部の地位の低下に象徴的に示されているように、教会的要素が払拭されたことを挙げなければなるまい。たとえば、ヴィーン大学では、一七八二年から八八年の間に大学と教会との関係を完全に断たれている[20]。これは、「教会からの分離」（Trennung der Universität von der Kirche）ということができよう。

　では、教会との関係を断つことはなにを意味するのか。それだけ国家に取り込まれることを意味する。つまり、国家の施設となったのである。それは、教授が国家の官吏となり、国家から俸給を支給される体制が確立されたこと、国家に奉仕する学問を優先的に教授する施設に性格転換したという事実に象徴されていると言ってよい。これは「**国家の機関化**」（Verstaatlichung）および「**官僚制化**」（Bürokratisierung）と呼ぶことができよう。

さらにまた、国家に取り込まれるのと裏腹の関係にあるが、中世的な中間勢力としての団体的性格を喪失したことも挙げなければならない。団体的特権の基本をなす教授仲間を自分達で選ぶ権利も、せいぜい提案権・具申権とされ、最終的な教授任命権は領主や文部大臣の手中にあった。これを「**団体的特権の喪失**」（Aufhebung von Korporations-Rechten）と特徴づけることができよう。

これが、大学と大学外の団体との関係から見た変化の特性である。教会からの分離も、国家の機関化も、団体的特権の喪失も、実は同じ歴史現象の異なった顕現形態にほかならない。

では、大学内部に目をむけてみるとどうか。

さきに、国家に奉仕する学問を優先的に教授したという事実を指摘したが、大学内に国家に奉仕する精神のみが充満していたのではない。

たとえば、創設された翌年（一六九五）のハレ大学の講義目録によれば、哲学部において、F・ホフマンは、実験物理学を教授しているし、道徳哲学・政治哲学の教授J・F・ブッデウスは、政治学と自然法を講じている[21]。

また、哲学の教授J・スペルレッテは物理学および数学の教授として招聘されたが、「新哲学の教授」（Prof. Philos. novae）と自称し、一六九五年には彼自身の哲学体系、デカルト哲学、地理学そしてフランス語を教えている。

こうした事実は、伝統的な権威にたいして、合理的・理性的な思考方法、思考の自由（libertas philosophandi）に裏打ちされた学問が教えられ始めたことを示している[22]。デカルト哲学はその象徴と言ってよいだろう。

さらに、法学部では、伝統的な教会法やローマ法が教えられている一方で、公法・封建法、自然法・国際法といった新しい法学教材とともに、ドイツ法、訴訟法が教えられている。要するに、ローマ法のみならず、ドイツ国内法が教授されるようになった。

また、教授用語として、ドイツ語がラテン語にとって代わった。こうした傾向は、国民化（Nationarisierung）の兆候として特徴づけてもよいだろう。

ところで、歴史上の出来事は、時代を超えて根底的に結びつき、密接に絡み合っている。その関係を、なんらの留保条件もつけずに単純に裁断するような歴史の見方は、誤りであろう。

前の時代に兆候や萌芽形態があって、客観的条件が整い、時代の栄養分を十分に吸収し、成長をとげ、次の時代に大きく展開する現象もある。他方、前の時代を土台としつつも、次の時代には変容し、これまでとは異なった展開をみせる歴史現象もある。なかには、胚珠細胞があったとしても、成長する客観的条件が整わず萎んでしまうものもある。かくのごとく、歴史上の出来事は、連続的であり、かつアンビバレントなものと言えるのではないか。

こうした歴史の見方を考慮にいれたうえで、今一度上に挙げた近代大学の諸特徴を検討し直してみるとどういうことが言えるのか。

たしかに教会的なるものは典型的な中世的要素と目されるから、これから脱却することは、近代に足を踏み込むと言ってよいだろう。

しかし、よく考えてみると、国家の機関化は、宗教改革および領邦宗派主義の時代に領邦大学化していったことの到達点にすぎないし、しかもそれは国民化の動向と無縁ではなかった。さらに、正教授支配の大学は、一六世紀に有給教師が正教授となり、大学・学部の運営権を独占したことが端緒になっていることは間違いない。学問の専門化も、その萌芽形態は有給教師が正教授へと変容していく一六世紀にみられた。このように、前の時代との延長線上にあるいくつかの事例を考慮に入れるとき、一七世紀までの特徴と異なっていれば、それをもって近代大学を特徴づける指標とは単純に言えないことは明らかだろう。これらの要素が、大学・学部の運営や学問の性格、教師相互の関係を、どれくらいの程度において規定しているか、その度合いを測定する必要があろう。

以上の考察の結果として、ひとまず**①教会からの分離、②国家の機関化、③団体的特権の喪失、④合理的思考の自由に支えられた学問、⑤国民化の傾向と並んで、さきに言及した⑥競争原理（Leistungsprinzip）、⑦研究の大規模経営化、⑧正教授支配の大学、⑨学問の専門化・細分化**、以上のファクターをドイツにおける近代大学の主要な特性として挙げてよいかも知れない[23]。

註及び引用・参考文献

1 Moraw,Peter, *Aspekte und Dimensionen älterer deutscher Universitätsgeschichte* in: ACADEMIA GESSENSIS, 1982.

2 別府昭郎『ドイツ大学の歴史的性格—公と私のアスペクトから—』、広島大学大学教育研究センター「大学論集」第一七集（一九八七）所収。

3 M・ヴェーバー　世良晃志郎訳『支配の社会学Ⅰ』創文社　一九六〇年　一〇五頁。

4 Jaspers, K., und Rossmann, K., *Die Idee der Universität*, 1961, S.115.

5 シェリング　勝田守一訳『学問論』岩波文庫。フィヒテ　梅根　悟訳『ベルリンに創設予定の、科学アカデミーと密接に結びついた、高等教授施設の演繹的プラン』「大学の理念と構想」明治図書　一九七〇年所収。また、*Statuten der philosophischen Facultät der Königlichen Friedrich-Wilhelms-Universität zu Berlin*, 1838. を参照。

6 Paulsen, F., *Die Deutschen Universitäten und das Universitätsstudium*, 1902, Neudruck, 1966.

7 別府昭郎『哲学部の歴史的変容—テュービンゲン大学の理学部の設置をめぐって—』「教育学研究」第四二巻一号（一九七五年）所収。

8 Ritter,G., *Die Krisis des deutschen Universitätswesen*, 1960.

9 啓蒙的絶対主義期のドイツ（とくにプロイセン）における官僚制の成立については、上山安敏『ドイツ官僚制成立論』

有斐閣（一九六四年）を参照のこと。

10 Müller, Rainer A., Vortrag：*Die deutsche "Vorklassische" Universität in der frühmoderne -Von der humanistischen Gelehrtenrepublik zur aufgeklärten Staatsdienerschule,* 1990.　別府昭郎訳「近代初期におけるドイツの『古典期以前の大学』」明治大学国際交流センター一九九一年。

11 Michaelis, J. D., *Räisonnement über die protestantischen Universitaten in Deutschland,* Bd.1-4, 1768-1776, Neudruck 1973

12 Friedensburg, W., *Urkundenbuch der Universität Wittenberg,* Bd.2, 1927, S.481～493.

13 P・モーラフは、この「正教授支配の大学」を古典期の特徴の一つとして挙げているが、筆者は、独自の研究によって、この萌芽は一六世紀における正教授職の成立に始まり、正教授・員外教授・私講師という官僚的位階制度が確立された一八世紀には、正教授支配の大学という特性は十分指摘できると考えている。したがって、「正教授支配の大学」という特性は古典期以前、とくにその後半期に入れるのが正しいと思う。別府昭郎『ドイツにおける大学教授の誕生』創文社一九九八年三月を参照。

14 Paulsen, F., *Geschichte des gelehrten Unterrichts,* BdI.1919, Leipzig（Nachdruck, 1965, Berlin, S.550～552.

15 Weisert,H., *Verfassung der Universität Heidelberg,* 1974, S.77～78.

16 Prantl, C., *Geschichte der Ludwig-Maxmilians-Universität in Ingolstadt, Landshut,* Müunchen, Bd.1, 1872, Neudruck 1968, S.623.

17 Horn, E., *Geschichte der Privatdodenten* in: Mitteilungen der Gesellschaft fur deutsche Erziehun und Schulgeschichte, Bd.11, 1901.

18 アダム・スミス　大内・松川訳『諸国民の富』岩波文庫　一九五九年　一二四～一二五頁。

19 F. Paulsen, *a.a.O.,* Bd.1, S.535.

20 Kink, R., *Geschichte der kaiserlichen Universität,* Bd.1, S.556～557.

21 Schrader, W., *Geschichte der Friedrichs-Universität zu Halle,* Teil 2 1894, S.372～376.　さらに、F. Paulsen, *a.a.O.,* Bd.1, S.536.

22 Paulsen, *a.a.O.,* Bd.1, S.541～543.

23 近代大学の特徴は、最近刊行した『近代大学の揺籃　一八世紀ドイツ大学史研究』では、一四挙げられている。具体的に言えば、①教会からの分離、②国家の機関化、③団体的特権の喪失、④合理的思考の自由に支えられた学問（新しい哲学や新しい学問の勃興）、⑤国民化の傾向（教授用語の変化）、⑥競争原理（Leistungsprinzip）、⑧大学教授になる者の精選＝競争原理の導入、⑦研究の大規模経営化（付属研究所の設置）、⑧正教授支配の大学、⑨学問の専門化・細分化というように、本章では九つ指標をドイツにおける近代大学の主要な特性として挙げている。しかし、その後の研究によって、「教会からの分離」と「団体的特権の喪失」は同じ歴史現象の別の側面を表現しているのだから「大学の国家の機関化」に統合できるし、「合理的思考の自由に支えられた学問」は「新しい哲学や新しい学問の勃興」と言い換えられるし、「国民化の傾向」は端的に言えば「教授用語の変化」であるし、「競争原理（Leistungsprinzip）」は「大学教授になる者の精選＝競争原理の導入」とより詳しく言うことができるし、「研究の大規模経営化」は「付属研究所の設置」を含んでいると考えて間違いない。したがって、①「大学の国家の機関化」、②「正教授支配の大学」、③法学部や哲学部の学内的地位の向上、④「大学教師の世俗化と家族大学」、⑤新しい哲学や新しい学問の勃興、⑥大学の教育目標の変化、⑦教授用語の変化、⑧大学教授になる者の精選＝競争原理の導入、⑨研究の大規模経営、⑩大学を学問的考察の対象とした著作の出現、⑪付属研究所の設置、⑫アカデミーの創設、⑬「読書会の成立」、⑭「百科事典の出版」という一四の指標で近代大学を考えて歴史的には間違いないだろう（別府昭郎『近代大学の揺籃　一八世紀ドイツ大学史研究』知泉書館　二〇一四年四月　二五八〜二八五頁参照）。「近代大学とはなにか」という問いにかんしては、後者の方が、緻密な視点の多さと正確さという点から見て、筆者は正しいと考えている。

なお静岡大学の藤井基貴氏の教示によれば、本稿は一橋大学の加藤泰史氏によって、「ヘーゲル学報第五号」（二〇〇三年五月）に掲載された論文「理性の制度化と制度の理性化―『学部の争い』の現代的意義」に引用されている。

第二章　一九世紀に至るまでの私講師の系譜にかんする考察

はじめに

ドイツ大学における教師の職階構成は、歴史的にみれば「正教授」、「員外教授」、「私講師」の三者を基本型として構成されてきた。こうした大学教師の職階構成は、一八世紀には完成したといわれている。しかし、職階構成がどのような歴史的過程を経て成立したのか、それぞれの教師階層の職務や権限はどのようなものであったのか、また各階層相互間にどのような関係があったのかといった問題は、大学問題を歴史的に考察するばあい、不可欠の視点であるにもかかわらず、必ずしも十分に解明されているとは言いがたい1。

本章は、ドイツの大学教師の職階構造（Hierarchie）の最低辺部に位置し、正教授の予備軍でもあった私講師に焦点をあて、その歴史的由来を考察してみたものである。

私講師の採用条件・任務・役割等が大学学則の中に詳細かつ厳密に規定されたのは、実は一九世紀にはいってからのことである。したがって、わが国においても、私講師といえば、ベルリン大学創設以降の私講師のことが念頭に置かれ、論議されることが多い。にもかかわらず私講師の起源および一九世紀に至るまでの私講師の歴史はあまり知られていない。ところが後述するように、ドイツの研究者の間にも、私講師の歴史的起源や系譜について、いくつかの説がある。

このような内外の研究状況をふまえた上で、私講師制度はどのような変化・変遷を経て確立されるに至ったか、ドイツの先行研究を参酌しつつ筆者なりに考察してみたい。

1　私講師の起源・系譜についての二つの学説

私講師の歴史的起源もしくは系譜については前述したごとく、いくつかの説があって、確定的なことは言いにくい状態にある。しかし、それらの説を整理してみると、大きく二つに分類できる。一つは、パウルゼンやラシュドールに代表される「中世大学起源説」であり、他の一つは、ホルンに代表される「一六世紀発生説」である。この二つの説の要素をそれぞれ紹介することによって、問題点をさぐっていくことにしたい。

(1)　中世大学起源説

(1)—①　ラシュドールは次のように書いている[2]。

「近代の正教授（professor ordinarius）は中世の寮舎つき教師（collogiatus）や聖職禄をもった教師の後裔であり、他方、員外教授（professor extraordirarius）と私講師（Privatdozent）とは、かつての寮外レゲンス――教えることと、その見返りに集めうるだけの謝礼を取ることは認められていたが、何の給与も受けず大学の運営にも参画しなかった——とみなされる」。

ここで注目しておきたいことは、正教授や員外教授のことはさておき、ラシュドールが、私講師を、中世大学において大学の運営権を全くもたずに、独立自営的に開講していた教師の系譜を引く教師階層として把握していることにほかならない。

⑵—② パウルゼンの私講師起源説を、次にみてみよう。

彼は、中世の教養学部でマギステル学位を取得した者に「二年間の講義義務」(biennium complere)があったことに着目し、それを果たしつつある若いマギステルのことを、「義務となっている二年間の私講師層」として把握している[3]。

さらに、パウルゼンは『ドイツ大学と私講師』という論文において、中世大学のある特定の教師層と私講師との連続性を認め、次のように書いている[4]。

「ドイツの大学は、中世の magister legens の制度を堅持している。それは、中世大学の団体組織に由来するものである。学部の授与する学位は、もともと教師団への採用を意味していた。すなわち、マギステル学位は、学問を育成する能力を意味していた。この慣行は、ドイツの大学にあっては、中断することなく維持されている。ただ一八世紀にはいるといたるところで、学位取得者は、学部全員に公開された「討論」によって、自己の教授能力を証明しなければならなくなった。ただその教授能力は純粋に私的なものと見なされた。いずれにせよ、私講師は古い制度であるマギステル・レゲンス（magister legens）に匹敵する」。

以上が、パウルゼンの私講師の系譜にかんする説の要旨である。この説に従えば、中世に私講師と目される教師層がすでに存在していたことになる。

（2）ホルンの一六世紀発生説

E・ホルンは、『私講師の歴史について』という論文において、一六世紀発生説をとなえている[5]。これもまた、要旨を紹介することにしたい。

「中世大学には私講師は存在しなかった。ただ学位取得によって獲得した教授権を保持する大学教師がいただけである。宗教改革の時代に、哲学部に初めて、「私的教師」（praeceptores privati）が登場してきた。私的教師は、学位を取得している者もいたし、取得していない者もいたが、ともかく、大学や学部の指導と監督の下で許可を得て教えていたにすぎない。一六世紀の後半にはいると、法学部で若い学者の自由な謝礼金かせぎを目的とした私講義（collegia Privata）がはじまった。それは他の学部にも拡大し、さらに、教授達にも広まった。特に、三〇年戦争以後は、正教授達が私講義をもつことに熱心になり、無料の正講義をおろそかにするようになった。その結果、私的教師の自由な謝礼金かせぎは不振にならざるをえなかった。こうした状況のなかで、講義許可は、大学教授としての経歴を歩もうとしている人々によってのみ求められるようになり、またそういう人々にだけ与えられるようになった。

一八世紀の後半にはいると、大学教授資格試験（Habilitation）が要求されるようになった。こうして、かつては大学構成員達が手びろく行っていた謝礼金かせぎを、将来大学教授職に就くことを目ざす者が、その道を踏み出す第一段階で行うようになった」6。

ホルンの説に特徴的なことは、第一に、中世大学には私講師は存在しなかった、また、それに相当する教師層もいなかったと主張していること、そして第二に、私講師の原初形態として、一六世紀に登場してきた「私的教師」を挙げていること、以上の二点である。つまり、ホルンによれば、私講師は、私的教師（それは主にペダゴギウムやコントベリニウムと呼ばれた寮舎に住んでいた）たちが、教授の下に位置する特殊な大学教師のカテゴリーに発展したものにほかならない、というのである。

2 「中世起源説」と「一六世紀発生説」の比較検討

上記した二つの説を比較・検討することによって、われわれはいくつかの問題点を取り出すことができる。

（1）中世大学に「私講師」はいたか

第一の問題は、中世大学に私講師はいたのかどうか、それとも一六世紀の私的教師に私講師の起源を求められるのかということである。パウルゼンは、私講師層を中世大学の教師との延長線上で考えているのにたいして、ホルンは一六世紀の私的教師こそが私講師の原型であると主張する。この問題をどう考えたらよいのか。ホルンは、同じ論文の他の箇所で、「正教授と同じく私講師も、中世大学の同じ教師のカテゴリーから分離したったものである」と書いている。これは、大学教師の歴史の連続性を認めた記述である。しかし、ただ単に連続しているのではなくて、質的転換を遂げて連続していることを暗に示したものである。その上で、ホルンは「中世大学には私講師はいなかった」と断言する[7]。

このばあい、ホルンが「私講師」と言っているのは一九世紀的意味における私講師である。一九世紀における私講師は、ベルリン大学学則（一八一六年施行）に明確に規定されているように、学位の取得を前提として、大学教授資格（venia legendi）をハビリタツィオンによって獲得し、大学の権威の下で私的に講義する権利を公認されている教師である。さらに、私講師は将来の大学教授の後継者としての地位を保持し、半ば「公的地位」を持っている教師層である。ホルンは、「私講師」という概念をこうした特性を備えた教師階層に限定し、非常に厳密に使用している。以上の特性をもった教師たちは、たしかに中世大学にはいなかったと言わざるをえない。

そうすると、次に、パウルゼンのいう中世大学に存在していた無給の、講座をもたない教師（magister legens）と一九世紀的な意味での私講師とはどのように異なっているのか、という問題を考えなければならない。

ホルンの歴史解釈は、「公的な地位をもっている者」と「公的な地位をもっていない者」とを厳密に区別する思想に貫かれている[8]。この歴史解釈からすれば、中世の無給教師達は、「公的地位をもたない者」の範疇にはいる。彼らは、「教師団体」に加入して教えてはいたが、「公的な講座」に任命されてはおらず、独立自営的に謝礼金（collecta）

稼ぎをして生活していた。彼らは、偶然の結果、講座に任命されることはあったが、必ずしも正規の教師（有給講座の保持者）になることを人生の目標にはしていなかった。したがって、一九世紀の私講師のように、公認された「大学教授候補者」ではなかった。

これにたいして、一八世紀の後期以降の私講師は、学則において、教授権が法認され、必ずしも正教授に昇進できるという保証はなかったが、公認された自覚的な教授志願者であり、正教授や員外教授と同一の講義目録に、その講義（私講義）が掲載されるようになった。さらに、大学の設立機関である領邦国家も私講師の存在を法認している。ベルリン大学の学則は、私講師と文部省との法的関係さえも示唆している9。このような特徴を具備した私講師は、「公的地位をもった者」として性格規定されよう。

このように「公的地位をもった者」と「公的地位をもたない者」という観点からみても、また、一九世紀の私講師の特性や機能からみても、やはり、私講師なる教師層は中世には存在せず、また、私講師に相当する教師たちもいなかったと考える方が妥当であると言えよう。したがって、「二年間の講義義務」を果たしている中世大学教養学部のマギステルを、私講師とみなすパウルゼンの説には賛成できない。

（2）私講師（praeceptor privati）の発生

「正教授も私講師も、中世の大学教師の同じカテゴリーから分離しきたったもの」であるとすれば、私講師の原型が形成される時点において、ある種の教師たちが質的転換を遂げたはずである。こう考えなければ、説明がつかない。質的転換は二つの段階を経て行われたと考えられる。第一の段階は、ホルンの主張するように一六世紀における「私的教師」の出現である[10]。第二段階は、後述するように、「ハビリタツィオン」の導入である。

一六世紀の「私的教師」については、パウルゼンも言及していないわけではない。しかし、彼は、私的教師こそが私講師の原初形態であるとか、また、私的教師がどのようにして私講師へと変容していったかについては、言及していない。すなわち、パウルゼンは、私的教師と私講師の歴史とを関連あるものとして、全く把握していないのである。

では一体、「私的教師」とはなにか[11]。

一六世紀には、後の時代のギムナジウムに相当する中等教育機関が整備確立されていなかった。だから、大学の正講義を聴講するだけの基礎学力を身につけていない学生が大学に入学してきた。学力不十分な学生たち自身もしくはその親達と個人的に契約して、未熟な学生の学習や生活の世話をする役割を引き受けたのが、「私的教師」であった。「私的教師」には、学位取得者だけでなく、学位を取っていない者もなることができた。小規模の大学では、教授達がその役割を引き受けた。

私的教師はどのような教授活動を展開したのか。実例をもって示そう。

実例1。宗教改革の拠点であったヴィッテンベルクの私的教師たちは、個人的に引き受けた学生に、まず、ラテン語の文法を熱心に教え、さらにラテン語で話し、書く訓練を施した。さらに、私的教師は、自分の指導している学生を理解可能と思われる「弁証法」や「修辞学」の正講義に出席させたり、説教を聴きに連れて行ったりした。寮舎に帰ってから、講義や説教の重要な箇所を「復習」させた[12]。

実例2。一五二七年に創設されたマールブルク大学の教養学部の学生は、教授の一人を「私的教師」として選んで、学部の正講義を理解しうるだけの基礎学力をつけてもらった。正教授が私的教師の役割を果たさざるをえなかったのは、若いマギステルが言いなりにならなかったからである[13]。

実例3。カトリックの牙城となったインゴルシュタットでは、一五三〇年の半ば頃まで、教養学部の全ての学生は「私的教師」につく義務があった。しかし、一五四〇年代以後、その義務は廃止されている[14]。しかし他方で、一五五五年の規則では、「私的教師」についていない学生の指導監督の強化を定めている[15]。

一五五五年の規則によれば、私的教師は、契約した学生（あるいはその親）から、食事の費用として一週につき二分の一フロリン、教育費として一〇フロリンの謝礼金を受けた。ただし、契約した学生が、領主または伯爵のように、身分が高いばあいは自由に謝礼金をもらうことができた。一方、貧乏な学生の教育費は四フロリンにおさえるべきことが定められている。

以上、三つの大学について実例を挙げた。これによって、私的教師たちの特性を要約すれば次のように言えよう。

(1) 私的教師たちは、学力不十分な学生と個人指導の契約をし、いくばくかの謝礼金を得た。その謝礼金が、彼らの生活費や学費となった。

(2) 私的教師たちが教えた教科は、主に文法、弁証法、修辞学であった。

(3) 私的教師は知的な側面だけでなく、契約した学生の日常生活の面の面倒もみた。私的教師は、共同生活を前提として、知的訓練と全人格的な訓練の双方を行った。

しかしひるがえって考えてみると、中世大学においても、学力不十分な学生、むしろ生徒と言ってもおかしくない学生たちが大学に入学してきて、彼らを年輩の学生やバカラリウス学位取得者が寮舎で共同生活をしながら教えていたという事実がある。そうすると、私的教師のような役割・機能を果たした教師たちは、何も一六世紀に突如として歴史の舞台に登場してきたとは、とても考えられない。やはり、中世大学にも「私的教師」と同じ役割をもった者はいたと言わざるをえない。

とすれば、次に「なぜ、ホルンは私的教師が一六世紀に発生したと主張するのか」という問題を考えてみなければならない。

すでに述べたように、ホルンは大学教師を分類するばあい、「公的地位をもっている者」と「公的地位をもたない者」という視点を設定している。この視点は、ドイツ大学の特性を考察するばあい、非常に重要な意義をもつものである。この視点からみれば、一六世紀の私的教師は、学則にその性格や義務が規定され、学部や大学当局の許可を得て、その指導と監督のもとで教えているから、正教授ほどではないが、なかば「公的地位を持った者」の範疇にはいると言えよう。中世においては、慣習的に家庭教師的役割を果たした者がいたとしても、それは、いわば非公認であって、学部や大学評議会の許可を受けて行ったのではなかった。それは慣行として行われていた。したがって、彼らは「公的地位をもった者」とは見なされない。

たとえば、ヴィッテンベルクにおいて、私的教師的役割をもった教師たちが学則に登場するのは、一五〇八年の学則においてである。さらに、私的教師の任務、許可条件、役割が厳密に規定されるのは一五四五年の学則においてである[16]。

このことからも明らかなように、私的教師をめぐる事態の推移を、今日の時点からみてみると、中世において全く純粋な私的教育活動であった未成熟な学生の予備教育が、一六世紀にはいって大学の公的教育の一環として摂取同化されたことが明らかになってくる。大学の公的教育の担い手である以上、一六世紀の「私的教師」たちは、「私」

という形容詞がついているにもかかわらず、半ば公的、準公的性格を帯びることとなった。

以上の歴史状況を考慮にいれれば、ホルンは、「準公的性格」を帯びた「私的教師」を私講師制度が確立される前段階として把握しているのは明らかであろう。

私的教師が私講師へと変容してゆく前提条件として、もう一つ述べておかなければならないことがある。それは、「私講義」(collegia privata) の発生およびそれをインパクトとする私的教師の性格の変容である。

(3)「私講義」の発生と普及

ホルンは、一六世紀の後半にはいると、法学部で若い研究者の生活費稼ぎのために、「私講義」が始まった、と言う。ホルンの言うところを筆者なりに要約し、整理してみると、以下の通りである[17]。

私講義は、元来一六世紀の中葉に、法学部で正講義を補完するものとしてはじめられた。学生達は、私的なグループを作り、年輩の仲間の指導の下で、法学教材を討論形式で講読したのである。学部の教授内容を補充し、また、理解を深め、定着をはかったのであった。このような教材についての補助的教育は、他の学部にも拡がった。年輩の学生や教える学力のある者は、私的なグループを基礎にして、「金もうけ」を始めたのである。こうした私的な教育(私講義)を、もともと未成熟な学生の個人的指導者としての役割を果たしていた私的教師達も積極的に行うようになった。これがホルンの説である。

ところが、このホルンの説に対して、「私講義」は中世大学でも行われていたのではないか、なにも一六世紀に発生したのではないではないかという疑問が当然でてこよう。そこで、中世の私講義と、ホルンが一六世紀に発生したという私講義とはどのように異なっているのかが問われなければならない。

この疑問を解くために、ホルンの著作と論文を読んでみた。彼は宗教改革の時期以前に、教授たちが非正規に私的に講義したことを認めてはいる[18]。しかし、ホルンの言う「私講義」とそれ以前の私講義とはどのような点で異なり、どのような点で同じなのかという最も知りたい疑問には、全く言及していない。

ただ、以下のように解釈して間違いはないのではないか。一六世紀の後半に発生したとホルンが言う私講義の担い手は最初の段階では全く私的に、個人の資格でグループを作って教えたのではないか。つまり、また教授資格を獲得していない者が、学部の全く関与しないところで、法学部の正規の教育に欠けているところや、正講義を理解するのに不可欠の予備知識を、教え始めたのではないか。こうした教授活動は、前述した「公的地位をもった者」と「公的地位をもたない者」という分類からすれば、「公的性格」を全くもたない者であった。

これにたいして、中世大学の私講義は、すでに教授資格を保有している者が、非正規に、つまり正規の講義の外に行った。正規の教師、もしくは少なくとも教授資格をもった者が、私講義を行っていたのである。

それでは、中世において、私講義を行い、謝礼金（Honorar）を稼いでいた講座なしのマギステルやドクトルは、一六世紀にはどうなったのか。ホルンによれば、彼らは、一六世紀には、哲学部では助手は Adjunctus と呼ばれ、法学部では Assessor と呼ばれていた。彼ら補助要員は、「討論」と「試験」のさいに正規の教師の補助機能を果たし、謝礼金の配分にあずかった[19]。もちろん、彼らも私的に教えはしたが、大学の「正規の教育」（正講義）には全く関与できなかったのである。

以上のように考えれば、ホルンの説は首肯できよう。

次に問わねばならないことは、私的教師層はどのような過程を経て、私講師層へと変容していったのか、ということである。

（4）「私的教師」をめぐる歴史状況

①　私的教師のカテゴリー

一六世紀の前半における私的教師が、大学学則において、法認されたことについてはすでに述べたとおりである。一七世紀にはいると、私的教師の保護監察人的・家庭教師的機能はすたれてしまった。私的教師達は私講義に積極的に進出し、その謝礼金で学資を稼いでいた。私講義によって謝礼金稼ぎをしている教師たちは、多種多様であった。多種多様な「私的教師」のカテゴリーは次のような者が含まれていた。

(1)　将来、大学の正教授になることを、人生の目的にしている若い研究者。

(2)　市民的職業（医師、弁護士、教師など）に就くまで、暫定的に私的教育活動に従事し、生活の糧を得ている者[20]。

(3)　大学の特権（税金負担からの自由、都市や領邦裁判所管轄からのがれる権利など）を享受するために、すでに、市民的職業についていながらも、大学で私的教授活動に従事している者[21]。

(4)　学費・生活費を得るために、学部の許可を得て、教えている学識ある学生。

以上の者が、私的教師のカテゴリーにはいる。

②「正規の教師」と「私的教師」の対立

一七世紀にはいると、教授達が、私的教師の学資や生活費稼ぎの場である「私講義」に、積極的に進出し始めた。その結果、いくつかの重要な変化が生じた。

第一に、正教授たちは正講義を真面目に行わなくなり、実入りのよい私講義を熱心に行う傾向が顕著となった。第二に、正教授の私講義への進出により、私的教師の活動の場が小さくなってきた。結果的に、「正規に教える」ことと「私的に教えること」との鋭い対立が生ずることになった。

領邦国家から固定給を受けていた正教授たちが、本来、無給の教師たちの活動の場であった私講義にも積極的にのりだし、知識市場を独占したことによって、独立自営的な私的教師の活動の場はいちじるしく制限されるに至った。ここに、両者の間に鋭い対立が発生することとなった。有給の任命された「正規の教師」と無給の任命されていない「私的教師」との対立競合は、観点を変えてみれば、正規の大学教育と非正規の大学教育との対立でもあった。正規の教育を行う正講義がすたれた主要な理由は、それが学則によって規定されており、事態の変化に対応できなかったからである[22]。

大学・学部の運営権を手中に収めていた「正規の教師」（正教授層）は、こうした対立状況に対処するために、二つの方策をとった。一つは、私事として行われていた私的な教育を、大学教育の新しい要素として摂取し、私的教育を大学・学部の監督下に置くことであった[23]。これは、すでに見てきたように、一六世紀に未成熟な学生の保護監察人的役割を果たした私的教師が登場してきた時に採られた対策と全く同じやり方である。他の一つは、私的教師になる者に厳しい条件をつけて、私的に教える者を制限することであった。

私的教師になる者に、いくつかの許可条件をつけられるようになる現象は、後述するように私的教師層の淘汰、及び「ハビリタツィオン」の導入と密接に関係し合っている。

③ 私的教師層の淘汰

正規の教師と私的教師との対立状況の下で、「将来の大学教授職をめざす者」だけが生き残り、他の私的教師のカテゴリーは、次第に大学から排除されてゆくことになる。多種多様であった私的教師が一つのカテゴリーに淘汰されてゆく原因は、いくつか考えられよう[24]。

(1) 上記したように、私的教師になる者に、厳しい許可条件がつけられるようになり、誰でもが私的教師になれなくなった。

(2) 一八世紀にはいると、十分とは言えないが、中等教育機関が徐々に整備・拡充されるようになって、ある程度予備教育を受けた学生が、大学へ入って来るようになった。ラテン語文法、弁証法、修辞学の初歩を教えた私的教師たちの活動の場は必然的に少なくなった。

(3) それと密接に関連していることであるが、学生の年齢が上昇してきた。したがって、保護監察人的な個人的指導者は不要となった。

(4) 大学学問の性格が変容するに至った。すなわち、啓蒙思想の時代思潮の下で、大学学問に求められたのは、単なる伝統的知識の伝達ではなく、新しい知識の生産・創造であった。大学教師に求められるのは、当然、高度の学問的能力と教授能力である。そうなると、大学教師職は、正規の教師はもちろんのこと、私的に教える者も、専門職としての性格を強くおびることとなった。

上記の原因をみてくると、私的教師が淘汰され、将来大学教授職に就く願望を持っている者だけが大学に留まり、私的に教えるようになった現象だけでも、いくつかの大学史上の出来事が複合的に作用しているのが理解できるであろう。

このようにして、「私的教師」が「私講師」へと質的に変容してゆく歴史的条件は整いつつあった。次に、「私的教師」から「私講師」への変容に決定的な役割を果たした「大学教授資格試験」（ハビリタツィオン）について述べなければならない。

3　大学教授資格試験（ハビリタツィオン）導入の歴史的意義

クルーゲは、私講師という概念がハビリタツィオン導入以前の時期において使用されるばあい、それは実体ある特定の教師層を明確に示す能力を持っていない、と書いている[25]。このクルーゲの見解を裏返して考えると、ハビリタツィオンが導入された時期以降の私講師概念こそ、実体ある教師層を意味するようになった。ということにほかならない。

私講師制度の確立にとってハビリタツィオンが重要な役割を果たしたこと、およびその導入の時期については、パウルゼンやホルンのみならず他の研究者も同一の歴史認識に達している。

（1）大学教授資格試験（Habilitation）とはなにか

大学教授資格試験とは、ドクトル学位、リケンティアート学位もしくはマギステル学位の取得を前提として、大学教授資格（venia legedi）を取得するための試験のことにほかならない。

大学教授資格試験は、ベルリン大学哲学部の学則によれば、論文の提出、試験講義、口頭試問（コロキウム）から成り立っている。論文によって研究能力が、試験講義によって、教授能力が試された。試験に合格した者は、学部によって、教授免状が授与された。一九世紀になると、「私講師は例外なくハビリタツィオンによってのみ講義する権利を獲得すること」が全ての大学で行われるようになった。

一八世紀に、このような試験形式が完成され、全ての大学で行われていたわけではない。しかし、学位の取得を前提条件として、大学教師になる者に、一定の試験を課すようになる傾向が一般化しつつあったことは、間違いない事実である。これは大きな歴史的傾向であった。

（2）大学教授資格試験導入以前の大学教師の養成方式とその変容

大学教授資格試験が導入されたことの歴史的重要性は、導入以前の大学教師の養成方式と比較してみれば明らかであろう。

おおづかみに言えば、中世から近世に至るまでの時代にあっては、学部の授与する学位（バカラリウス、リケンティア、ドクトル）を取得した者は、ただちに「教師団」に採用されて教えることができた。学位の取得が、すなわち、教授権の取得をも意味していたのであった。

ところが、すでに言及したように、一八世紀になると、私的に、個人の資格で教える教師たちは、一定の条件を満たさねばならなくなってきた。私的教師に、条件をつける徴候は、実は、すでに一七世紀にも見出される。たとえば、一六〇五年のヴィッテンベルク大学の規則は、哲学部で「私的に講義し、教授する者」（magister privatim legentes）に、少なくとも半年前にマギステル学位を取得していなければならないこと、および正式に討論を行い、学部に登録（学部加入）していなければならないこと、さらに学部成員全員と学部長の前で宣誓することを求めている[26]。一六九四年のハレ大学哲学部の学則は、大学で教えようとする者に、学位の取得の後、公開の討論によって、教授能力を証明することを要求している[27]。

以上二つの実例から明瞭に言いうることは、私的教師（magister privatim legentes）として教える者は、学位の取得がただちに教授資格の取得とはならずに、学位取得の後「公開の（正式の）討論」が課されていることである。すでに、一七世紀にみられた学位取得の後「公開の討論」をして教授資格を取得することは、一八世紀にはいると、さらに強く求められるようになった。ゲッティンゲンの著名な教授であったミヒャエリスは、私講師を「将来の大学教授の苗床」（Pflanzenschule kunftiger Professoren）と定義し、私講師志願者に「義務を履行する」（praestanda praestiren）ことを要求した[28]。

このようにして、一八世紀以降、「ハビリタツィオン」という言葉は、ドイツの大学で専門用語として、使用されるようになったのである[29]。

（3）大学教授資格試験導入の理由

大学教授資格試験が一八世紀に導入され、一般化するに至った理由は、領邦ごと、個別大学ごとに異なってはいるが、要約を整理してみると、おおよそ次のように言えるであろう。

⑴　大学学問の高度化をまず挙げなければならない。啓蒙主義時代における学問の進歩は、ただマギステルやドクトル学位を取得しただけでは、私的にであれ、公的にであれ教授するには不十分で、学位取得以上の研究能力と教授能力が要求されるようになった。

⑵　私講師層が「将来の大学教授の苗床」であるとすれば、当然私講師は、優秀な人物でなければならない。たとえば、一七三六年のゲッティンゲン大学学則は、私講師について、次のように定めている。「教授権能は、学部の中で賞賛に値するほど卓越した人物もしくは学則のなかで規定されたいくつかの前提条件を満たす人物を除いては、軽々しく授与されるべきではない」[30]と。ここには、私講師になる者を精選する思想が明瞭に認められる。

⑶　私講師になる者を精選しようとする動向は、国家の側からも出された。ドイツの大学は、ギルド的原理に基づく「自治団体」としての性格を伝統的に持ち続けてきた。しかし、他方、国家にとって大学は行政、司法、学校といった支配機構に官吏を提供する公的施設であった[31]。こうした任務をもつ大学の教授は、一八世紀の後半から一九世紀の前半にかけて、国家の官吏としての身分が保証されるに至った[32]。私講師が将来の大学教授の予備軍であるとすれば、国家も私講師の精選に無関心ではいられなかったからである。

（4）大学教授資格試験導入の影響

大学教授資格試験が導入されて、どのような歴史的影響があらわれたであろうか。

(1) 私講師は、大学教授予備軍としての地位を確立した。もちろん、私講師全員が有給の、国家によって任命された正教授になれたわけではないが、有給教授職に任命される者は、主に私講師の中から選ばれた。

(2) 私講師制度が定着することによって、正教授、員外教授、私講師というドイツの大学に特有の大学教師の階層制（Hierarchie der Universitätslehrer）が確立することとなった。

(3) ハビリタツィオンの重要性が認識され、普及してゆくにつれて、学位を取得してから教授資格を取得するまでの期間を長くする傾向が顕著となった。私講師志願者は、以前よりも長く無収入の期間を過ごすことを余儀なくされた。

(4) アカデミック・プロフェッションを目ざす者にとって、必然的に、ドクトル学位取得の効用は小さくなった。

（5）私講師制度の普及

私講師制度は、パウルゼンも指摘しているように、カトリック系の諸大学には、自然発生的には見られない。しかし、カトリックを奉ずるバイエルンのインゴルシュタット大学でも、一七九九年に、大学の改革が行われ、「私講師制度」が導入されている。インゴルシュタットでは私講師になるには次の条件を満たさねばならなかった。①論文によってドクトルの学位を得ていること、②若干の講義によって教授能力を実証すること、③評議会（Senat）と大学監督局（Curatel-Behorde）の承認を得ること、この三つであった。

同じくバイエルンのヴュルツブルグ大学においても、一九世紀にはいって私講師制度を採用するに至った。

こうして、一八世紀の後期から一九世紀の初頭にかけて、私講師制度は、個別大学の特殊事情が絡みながらも、次第に普及し、ドイツ語圏の諸大学に定着してゆくことになる。

結　語

以上、私講師制度が普及・確立するに至るまでの歴史を、ホルンとパウルゼンの説を対比させつつ、述べてきた。大学教授資格試験導入以降の私講師の歴史については、多くの大学史研究家の間に、大きな歴史認識の相違はない。大学教授資格試験導入に至るまでの、両者の説をどう判断したらよいのか、筆者なりの考えを以下に示しておきたい。

大学教師全体の歴史は、大学が存在する限り中世以来連続していることは事実であるが、その間にいくつかの重大な転換期があることもまた否定するわけにはゆかない。私講師の歴史という一点にしぼってみれば、パウルゼンは大学教授資格試験の導入を画期的な転換点として把握し、その導入を契機・動因としてマギステル・レゲンスは私講師へと変容していったと考えている。それに対して、ホルンは、大学教授資格試験の導入も重要な要因として認めたうえで、一六世紀における私的教師の登場というもう一つの画期を想定し、私的教師から私講師への変容を主に大学学則に立脚して実証的に示した。私講師の歴史の流れの中に、私的教師を位置づけて把握するというのは、ホルンの説の大きな特色と言ってよい。

しかし、私的教師とマギステル・レゲンスとは言葉こそ違っているが、それらの内実は、ほとんど同一役割・機能を果たし、同じ境遇にあった無給教師たちを意味している。とすると、パウルゼンとホルンの相違は、中世の無給教師や家庭教師的役割を果たしていた教師たちが、私講師制度が確立されるに至るまでに、質的変化を成し遂げたか否かという一点にかかってくると考えざるをえない。パウルゼンは、その質的変化にはほとんど言及していない。ホルンは、一六世紀における私的教師の登場こそ重要な質的変化だと主張する。やや定式化した言い方が許されるならば、パウルゼンの私講師についての歴史把握は直線的であり、ホルンのそれは段階的である、と言えよう。ただ、私的教師に厳しい条件を課し、「学事規定」（ラツィオ・ストウディオールム）に則って、中等教育を充実させたカトリック系諸大学（特に、ジェスイット会の力が強かった大学）に、一八世紀末に至るまで私講師が全く見られない事実を考慮に入れれば、やはり、ホルンの言うように、私的教師の登場を私講師制度確立の第一段階として位置づける方が歴史的には正しいと思う。

註及び引用・参考文献

1　潮木守一『近代大学形成と変容』東京大学出版会　一九七三年　一一九頁を参照のこと。

2　ラシュドール　横尾壮英訳『大学の起源』（中）東洋館出版社　一九六七年　二六八頁。

3　Paulsen, F.; *Geschichte des gelehrten Unterrichts. Bd. I.* Leipzig. 1919. S.35.

4　Paulsen, *Die deutschen Universiäten und die Privatdozenten.* (Preussische Jahrbucher. 83) 1896. S.137.

5　Horn, E.; *Zur Geschichte der Privatdozenten.* (Mitteilungen der Gesellschaft für deutsche. Erziehungs-und Schulgeschichte.) Berlin. 1901. S.66.

6　Horn ; a.a.O., S.68.

7　Horn; a.a.O., S.28.

8　Horn; a.a.O., S.68.　また、Jastrow, J.; *Die Stellung der Privatdozenten*. Berlin. 1896. SS.3～4. を参照のこと。

9　*Statuten der philosophischen Fakultät der Königlichen Friedrich-Wilhelms-Universität*. 1838. §52.

10　ドイツの大学における「私的教師」と同じような役割を果たしていた教師が、イギリスの大学、特に、オックスブリッジにみられた。彼らは Private tutor（個人指導教師）と呼ばれた。M. Curtis; *Oxbridge in Tradition, E. G. W. Bill; University Regorm in Nineteenth-Centary Oxford*, 1973,　G・M・トレヴェリアン　大野真弓監訳『イギリス社会史』巻1　みすず書房　一九七一年　一五六頁を参照のこと。

11　島田雄次郎氏も指摘しておられる（『ヨーロッパ大学史研究』未来社　一九六七年　一五六頁）ように、イギリスの大学の個人指導教師と私講師の役割の比較検討は、非常に興味ある研究課題である。一六世紀にドイツとイギリスに、未成熟な若い学生の世話をするというほぼ同一の機能を持った「私的教師」あるいは「個人指導教師」がいたという事実は、両国の大学史を考えるとき、非常に重要な意味を持つ。ドイツ大学では、学寮が学部（特に哲学部）の下請教育機関となり、学部の支配下に置かれることになった。したがって、私的教師たちも、結局哲学部に取りこまれた。哲学部に取りこまれた私的教師が、私講師へ変容していった、と考えて大過ないであろう。一方、イギリスでは、中世以来、学部が明確な組織形態をとっておらず、むしろ、学寮の方が優位に立っていた。したがって、個人指導教師たちは、学部に取りこまれることなく、学寮の中心的教育の担い手となった。学寮教育は「チュートリアル・システム」として完成されたのである。もし、こう考えることが事実に合致しているとすれば、ドイツの大学の私講師とイギリスの大学のチューターとは、もともと同じ種類の教師層が変容したものであるという仮説が成り立つであろう。この仮説は、綿密な実証を必要とするが、一考に値すると思う。

12　Paulsen, Geschichte. S.227.

13　Paulsen, Geschichte, S.234.　また Horn, S.34.

14　Prantl, C.; *Geschichte der Ludwig-Maximilans-Universität in Ingolstadt, Landshut, München. Bd. I.* S.204.

15　Prantl, Bd. I. s.281, Bd. II SS.203～208.

パウルゼンは「カトリックの諸大学では私講師制度は自然発生的には見られない」（Paulsen ; *Die deutschen Universitäten und die Privatdozen.* S.138 および *Die deutschen Universitäten und das Universitätsstudium.* SS. 127 ～ 128, Anmerkung）と書いている。私的教師たちの置かれている状況が個別大学ごとに私的教師はどのような歴史をたどったのかという問題は、私講師制度から見たカトリック系諸大学とプロテスタント系諸大学との比較対照との問題ともからみ、是非とも追求しなければならない問題である。

16 Friedensburg, W.; *Urkundenbuch der Universität Wittenberg. Teil I.* 1872 nachdruk 1968. SS. 255 ff. また Horn, a.a.O., S.31.

17 Horn, E.; a.a.O., S.36. また、Horn, E.; *Kolleg und Honorar.* 1897. S.13.

18 Horn; *Kolleg und Honorar*, S.12.

19 Horn; *Zur Geschichte.* S.39.

20 Horn; a.a.O., S.43.

21 Horn; a.a.O., S.45.

22 Horn; a.a.O., S.36. また、”Kolleg und Honorar” S.36. 以下をみよ。

23 Horn; a.a.O., S.36.

24 Horn; a.a.O., S.46 ff., また、一八世紀に無給の私的教師たちの問題を、どのような形で解決しようとしたかについては、Kluge, A.,; *Die Universitätsselbstverwaltung.* 1958, S.68, をみよ。

25 Kluge, a.a.O., S. 67.

26 Horn, a.a.O., S.38. また、Friedensburg, W.; *Urkundenbuch der Universität Wittenberg Teil I.* S.639 をみよ。

27 Panlsen; a.a.O., S.138.

28 Michaelis, Johann David ; *Räsonnement über die protestantischen Universitäten in Deutschland. Frankfurt und Leipzig 1768-1776.* Teil III, S.2。

29 Horn; a.a.O., S.48.

30 Ebel, W.; *Die Privilegien und alteste Statuten der Georg-August-Universität.* 1961. S.69 ～ 70.

31 一七九四年のプロイセン「一般ラント法」（ＡＬＲ）第一二部第一条は、「学校および大学は国家の施設である」とし、その第二条において、「このような施設は国家の承認と認可によってのみ開設することができる」と定めている。一方、第六七条は「大学は、特権を与えられた団体の持つ全ての権利を有する」としている。ここに、明瞭に「伝統的な自治団体」としての大学と「国家の施設」としての大学というドイツ大学の二重性格の法規定を看取することができる。事実、一九世紀のドイツ大学は二重性格の故に、正教授の人事問題や私講師問題で苦悩することになる。

32　同じく「一般ラント法」第一二部第七三条は「大学における正教授、員外教授、教師、および職員（officiant）は、裁判籍にかんすることを除いては、国王の官吏の持つ権利を享受する」と定めている。

33　Prantl; a. a. O, Bd. I, S. 646 ~ 647.

なお、本稿は仏教大学の野﨑敏郎氏が、その著「ヴェーバー『職業としての学問』の研究」（完全版　晃洋書房　二〇一六年一月）において、とくにヴェーバーの講演の冒頭部分の解釈するにあたって、「優れた考察を提供している」と言って、要約・紹介している（六～七頁）。

第三章　大学教師の精選とハビリタツィオンの導入

問題の設定

大学で教鞭をとるのに、なんらかの資格が必要なのか否か、もし必要であるとすればその資格はどのようにして取得できるのか、その資格はいかなる効用をもっているのかといった問題は、実はただ単に大学教授諸個人にかかわるのみでなく、大学教師の職階制や大学・学部運営への参加、学問の社会的機能、大学教授職の社会的威信、他の職業の資格とも絡み、要するにその社会の性格と密接に関係している。ここでは、大学教師になるのに「資格」を必要とするドイツについて考察する。このばあい、次のような四つの視点を設定して考察すれば、ことの本質が見えてくるのではないかと思う。

(1)　大学教師の養成はどのように行われてきたか。

(2)　大学教師になる資格を誰が認定し、授与するのか。また、いかなる条件をクリアすれば、資格を取得できるのか。

(3)　資格をもっている者はどのようにして教授職に任命されたのか。

(4)　資格や教授職の剥奪はありえたのか。

大学教授になる資格というアスペクトからドイツの大学の歴史を通観してみると、大学教授資格試験（ハビリタツィオン）の導入・確立以前の時期と以後の時代とに大きく分けることができるのではあるまいか。もちろん大学教授資格試験の導入・確立は、孤立した現象ではなく、大学教師の種類の多様化や職務の複雑化および正教授を頂点とするヒエラルキーの成立、学位の効用の変化といった現象と複合している。ここでは、話を分かりやすくするために、①中世から一九世紀初頭の大学教授資格試験の導入・確立までの時期、②大学教授資格試験（ハビリタツィオン）の確立以後の時代、③現代の状況について論述することにしよう。

1　中世から大学教授資格試験の導入・確立以前の時期

(1)　中世

この時代の大学教師をめざす者は、どのような学習の過程を経て、大学教師になったのであろうか。

大学に入学（Immaturikulation）すると、学生はまず「教養学部」に籍をおいた。教養学部は上級三学部（神学・法学・医学）の予備教育機関であった。ここで、バカラリウス（baccalarius atrium）とマギステル（magister aritium）の学位を取得しなければならなかった。教養学部の学位試験科目をインゴルシュタットに例をとってみてみよう1。

① バカラリウス試験を受ける者の必須科目

教養学部のバカラリウス試験を受ける者は、次の科目を必ず受講しなければならなかった。アレクサンダー・ド・ヴィラ・デイの文法、レトリック、論理学、アリストテレスのカテゴリー論と命題論、アリストテレスの分析論前書、小論理学（ペトルス・ヒスパヌスの全集の最後の八巻）、アリストテレスの詭弁論駁論、オブリガトリア、アリストテレスの自然学、サクラボスコ天文学そしてアルゴリスムス（算術）。

② マギステル試験を受ける者の必須科目

マギステル試験を受ける者は、次の科目を受講することを義務づけられていた。アリストテレスの分析論後書と演習、アリストテレスのトピカ、天体論（アリストテレス）、生成消滅論（アリストテレス）、気象論（アリストテレス）、霊魂論（アリストテレス）、自然学小品集（感覚について、睡眠についてなど）、形而上学演習あるいは倫理学演習のうち一つを選択そして遊星論。

バカラリウスやマギステル試験の必須科目を見て一目瞭然であることは、アリストテレスの学問が多いかということである。ほとんど全てがアリストテレスといっても過言でない。このように教養学部における学問の主流をアリストテレスの諸学が占める傾向は、一三世紀の後半以来一般的となり、ルネッサンス・宗教改革・反宗教改革・宗教戦争の時代を経て、一八世紀に至るまで続くのである。

③　教養学部の正規の教師になるまでの期間

教養学部でマギステル学位を取得した者は、ふつう教養学部に加入した。学部加入（inception）したことは、教える「資格」を得たことを意味する。たいていのばあい、彼らは教養学部で教えつつ、上級学部で学んでいた。しかし、教養学部で教えているからといって、学部の運営に無条件で参画できたわけではない。一定の期間、教育義務を果たさなければ、教養学部の運営を担う学部会議（狭義の学部）の成員にはなれなかった。その期間は、どれくらいであったのか。いくつかの大学の事例をみてみよう。

ヴィーンの一三八四年の規則では二年、一三九〇年のプラハでは四年であった。ライプツィヒでは一四〇九年には二年であったが、一四二〇年には三年となり、一四七一年には六年となっている。その期間は、時代が下るにしたがって、明らかに長くなる傾向を示している。エアフルトでは一四一二年の時点で、全てのマギステルは「二年間の講義義務」（biennium complere）を終了したのちに学部会議の成員になることを許されたが、重要事項を審議するさいには、学部会議は「実際に教えている教師」（magister actu regents）と「四年以上教えている教師」（magister quatorannorum）に制限された。一三九八年のケルンでは、全てのマギステルは、学部集会に出席することを許されていたが、学部長になる資格が生ずるのは四年以上、教師（Regenz）としての経験をもつ者に限られていた。一五二二年になると、学部会議の成員になるのは、二年間マギステルとして教えた経験をもつ者に制限されている。グライフスヴァルトとフライブルクでは、「四年以上教えている教師」だけが学部会議の成員になることができた。

インゴルシュタットでは、創設時には、大学成員である全てのマギステルが学部会議の成員になれたのであるが、一四七八年には、学部会議の成員は、四年以上教えている教師に制限されている。一五〇七年の「新規定」（Nova Ordinatio）が出される時期までに、この条件を満たさないマギステル（教師）は、もはや学部会議や大学評議会の成員になることはできなくなった[2]。

このように「教授資格」は、学位を取得し、学部加入した時点で得られた。しかし、学部や大学の運営に携わる資格は、一定の教歴が要求されたのである。したがって、大学教師になるということは、ただ単に教壇に立つということにとどまらず、大学・学部の運営に参画するまでになることを意味している。ドイツの大学の伝統に従えば、大学・学部の運営に参画する権利を持ってはじめて一人前の大学教師となるのである。

ある大学で学位を取得した者が、他の大学で教えようとする場合、資格はどうなるのか。インゴルシュタットにおいては、他の大学から来た教師たちは、全ての点で、とくに講義のことについては、学部長と学部の指示に従わなければないと定められていた。

④　大学教師の任命方法

自然発生的でなく、作為によって創設されたドイツの大学には、最初から有給のポストがあった。有給教師の任命権を誰がもつのかという問題は、特権団体としての性格をもつ大学にとって重大な問題である。創設期のインゴルシュタットやそのモデルとなったヴィーン大学では、教師の選任方法が、上級学部と教養学部とでは異なっていた。上級学部の有給教師の任命権は、領主の手中にあった。これにたいして、教養学部の教師（マギステル）に空席が生じたばあい、その補充人事について一ケ月以内に領主の裁可を得なければならないという条件はあったとしても、教養学部の教師が独自に選任してよかった[3]。

（2）一六世紀

①　学位の種類

この時代の教授資格は、基本的に中世と同じく「学位」であった。どのような種類の学位が授与されていたのか。たとえば、一五〇九年から一五一六年までの期間にヴィッテンベルク大学で授与された学位の種類と取得者数を見てみよう[4]。

教養学部では、バカラリウス学位をとった者三九三人、マギステル学位七四人、医学部ではバカラリウス二人、リケンティア二人、ドクトル三人、法学部ではバカラリウス二〇人、リケンティア三人、ドクトル三人、神学部ではバカラリウス八人、リケンティア一四人、センテンティア一〇人、ドクトル一〇人となっている。

このように、教養学部ではバカラリウスとマギステルの二つの学位、法・医の両学部ではバカラリウス、リケンティア、ドクトルの三つの学位、神学部ではバカラリウス、リケンティア、センテンティア、ドクトルの四つの学位を授与していることが分かる。

②　大学教授の任命方法

上級学部の有給教師職に任命するばあい、ハイデルベルクの一五八八年および一五八八年の改革（die Reformation des Krfürsten Otto Heinrich, §22.）によれば、一人ではなく二人の候補者を大学が提案し、そのうちの一人を領主が自由に選んで任命するというやり方であった[5]。領主は、大学から推薦された二人の候補者がともに不適当であれば、大学に再び推薦し直すように要求できたのである。このようにして、領主は自分のお気に入りの人物を大学教授にすることができた。

このような方法がとられたのは、「将来の誤りと失敗を防止するため」であった。ただ、教養学部だけは、大学自身の手によって、自己補充する権利を持っていた[6]。

この一六世紀のハイデルベルクの方式は、その後のドイツの諸大学の教授任命方法のを考えてみるとき、歴史的に重要な意味を持っていると言ってよい。

③　有給教授職に任命されうる者

ヴィッテンベルク大学の一五三六年の改革文書によれば、上級学部の有給教師に任命されうるのは、かならずしもドクトル学位保持者とは限られていない。たとえば、法学部には四人の教授が任命されることになっている。そのうち三人は、ドクトル学位保持者でなければならないと定められているが、一人は少なくともリケンティア学位を持っていればよいとされている[7]。

④　テュービンゲン大学教授ヤコブ・アンドレの略歴

この時代には、どのような経歴を経て、大学教授になったのか。この疑問に答えてくれる格好の文献、Cellius,E.:*Imagines Professorum Tubingensium.* 1596 に掲載されている三三名の教授のうちの一人ヤコプ・アンドレアについて紹介しよう[8]。

彼は一五二八年生まれ。一五三四年六歳のとき、初等学校に入学。一五三九年領主ウルリッヒの奨学生としてシュトゥツガルトのペタゴギウムに入学。一五四一年テュービンゲン大学に入学（「学籍登録簿」に書けばイマテゥリクラティオン"Immaturikulation"と言って、入学したことになる)。一五四三年バカラリウス学位を、また一五四八年マギステル学位を取得している。教養学部の学位を取得したのち、神学、哲学およびヘライ語を学ぶ。一五四六年一八歳で結婚。シュトゥツガルトの助祭となる。一五四八年テュービンゲン修道院付属教会(Stiftskirche)の助祭となる。テュービンゲン大学に再登録(Wiederimmatrikulation)し、一五八三年神学のドクトル学位を取得。一五六一年神学部の教授および大学のカンツラー(大学監督官)となる。一五九〇年六二歳で没。

一五三六年前後にはテュービンゲン大学は、ヴィッテンベルクやマールブルクといったプロテスタントの大学をモデルとして改革を断行している。ペタゴギウムはギムナジウムの前身と見なされ、大学に入るにはまだおさなすぎる子どもを教育する大学の予備教育機関であった。入学して二年後にバカラリウス、さらに二年後にマギステルを取得するのは、ごく一般的なケースと言えよう。ヤコブ・アンドレの例はただ一つの実例にすぎないが、この時代どのような過程を経て大学教授になったのか、かいまみることができよう。

このように中世から一八世紀のはじめまでの時期までは、大学教師になる資格は基本的に学位であったと考えてよい。ところが、一八世紀の半ばになってくると、次第に学位を前提として、大学教授資格を取ることが要求されるようになった。この時期以降、大学で教える者に特定の教授資格の取得を要求する傾向は確実に進行していった9。

2　大学教授資格試験の確立以後の時期

一九世紀の初頭において、大学教授資格試験が大学の定款に規定され、制度として定着することとなった。このことは大筋で認めてよい。しかし大学教授資格試験は全てのドイツの大学で一挙に導入されたのではない。大学ごとに見ていくと、たとえばバイエルンのインゴルシュタットでは一七九九年、ヴュルツブルクでは一八〇三年というように導入時期に時間的幅がある。なぜ大学教授資格試験が導入されたのか、試験はどのようにして行われたのか、それはどのような影響をドイツの大学に与えたかといった問題は避けて通れないが、ここではごく簡単に言及するにとどめたい10。

(1) 大学教授資格試験導入の歴史的背景

では、なぜこのような試験が導入されたのか、その背景を簡単にさぐってみたい。

① 一八世紀にはいると、次第に大学における学問が高度化し、中世以来の伝統的やり方、つまり学位を取得だけで大学の教壇に立つことは不可能になってきた。つまり伝統継承型の学問から創造・発見型の学問へと変化してきたのである。

② したがって、大学の教壇に立つ若い教師の精選が、大学からも国家の側からも、要請されるようになった。

③ 将来大学教授になる、精選された若い教師の集水槽として、私講師制度の確立が同じく国家、大学の双方から要求された。大学教授資格試験の導入と私講師制度の確立は、表裏一体の現象であった。

④ 大学教授資格試験の導入・私講師制度の確立は、一六世紀以来の大学運営の寡頭化傾向および大学教師の階層化という流れに沿うものであった。

（2）大学教授資格試験の概要

大学教授資格試験は、ドクトル学位もしくはリケンティアート学位の取得を前提として行われる大学教授資格(venia legendi)を得るための試験である。ドイツの大学史上はじめて大学教授資格試験を学則に明記したベルリン大学である。それによると、大学教授資格試験論文の提出、口頭試問（コロキウム）そして試験講義から成り立っている。論文と口頭試問によって研究能力が、試験講義によって教授能力が試された。試験に合格した者には、学部によって教授資格が授与された。

（3）私講師の教授への昇格

私講師の教授職への昇進については、次のように言えよう。たいていのばあい、正教授や員外教授は私講師のなかから選ばれた。私講師が大学教授予備軍と呼ばれた所以である。しかし、長期間にわたって私講師職にあったとしても、教授職を要求しうるいわゆる「官職請求権」は認められていなかった11。

一九世紀の後半になると、「同一学内招聘禁止」(Hausberufungsverbot)という慣行が成立した。この慣行は、同じ大学のなかでの昇格を禁止するものである。具体的にいえば私講師から員外教授、員外教授から正教授と昇格するばあいに、原則的に同一大学では不可能で、必ず大学を変わらなければならない。

（4）　教授資格の剥奪

教授資格の授与および私講師の採用は、ひとえに学部の必要と判断にまかされていた。すなわち、教授資格試験の受験者に教授資格（venia legendi）を与えるか否か、私講師として採用するか否かは、学部の専決事項であった。大学教授の後継者養成すなわち私講師資格の授与とその採用にかんしては、一九世紀はじめの時代までは、国家は関与しなかった。将来の大学教授予備軍としての私講師の養成と採用は、全く大学の内的事項として、認められてきた。しかし、プロイセンにおいては、一八九八年の「私講師処分法」（Gesetz,betreffend die Disziplinarverhaltnisse der Privatdozenten an den Landesuniversitäten, der Akademie zu Munster, und dem Lyceum Hosianum zu Braunsberg）が議会に提出され、可決された。通称アロンス法と呼ばれるこの法律は、文部大臣が私講師にたいして直接に秩序罰（戒告と譴責）を科す権利および教授資格（venia legendi）を剥奪する権利を、認めている。

（5）　他の大学から転任して来る私講師

ある大学から他の大学に移って私講師として開講しようとするばあい、以前に開講していた大学で取得した資格は、そのまま通用したのか、それとも取り直さなければならなかったのか。この問題は、教授資格を考えるとき、重要な問題である。結論から言えば、取り直さなければならないケースが多かった。とくにミュンヘンやベルリンといった規模の大きい大学のばあいそうであった。

ベルリン大学では、一九世紀の後半、他の大学から移り、私講師として開講を希望する者が押し寄せてきたので、再び教授資格を取り直さなければならない（Umhabilitration）という規程を作った12。

ミュンヘン大学哲学部の一八八八年の大学教授資格試験規定は、「他の大学から本学に転任することを望む私講師は、一八三〇年二月二一日および一八八八年四月一四日の文部省決定に従って、当該学部であらためて、しかも相応の結果をもって、大学教授資格を取得しなければならない（第三〇条）」と明確に定めている。二〇世紀になっても事情は変わらない。一九一五年の規定も「他の大学から本学に転任を希望する私講師は、定められた大学教授資格試験の条件を、あらためて満たさなければならない。すでに経験を積んだ年輩の講師にあっては、コロキウムを免除することができる（第八条）と、基本的に一八八八年の規定を踏襲している。

なぜ再び教授資格を取得することを要求しているか。それは、聴講料を主な収入源としている私講師の経済的利益にかかわるからである。ミュンヘンやベルリンは当時ドイツで最大規模の大学であり、多くの聴講料収入が期待できた。規制せずに、他の大学で取得した資格を無条件に認めれば、外様の私講師と両大学で教授資格を取得した私講師との利害が対立するからである。自分の大学で資格を取得した私講師の経済的利益を守るために、外部に対して、制限規程を設けたのであった。このようにして、現実には大規模大学の授与する教授資格と小規模大学の教授資格との格差が作り出されたのである。しかし、教授として招へいされるばあいには、再び教授資格を取り直す必要はなかった。

（6）教授の任命方法

一八一六年一〇月三一日のベルリン大学学則第八章第二条によれば、「大学で講義を行う権利は、以下の者に存する。1. あらかじめ大学教授資格を取得したのち、正教授もしくは員外教授に任ぜられた者。2. 科学アカデミー正会員。3. 開講しようと意図している学部で大学教授資格を取得している私講師」。

私講師については、上に述べた。教授の任命方法についてはどうか。一九世紀における正教授の選任の仕方は、ベルリン大学の学則に典型的に見られる。一八三八年のベルリン大学哲学部学則は、「正教授職が空席になったばあい、学部は理由を明示した意見書により、その職に適当な三人の人物を文部省に推薦することができる」(§四二)と定めている。

このように、大学や学部が三人の候補者に順位をつけて、文部省に提案し、その中の一人を文部大臣が任命するという方式が一般的に採用されていた。大学の推薦した者はどれくらい任命されたのか。あるいはまた文部大臣は、大学の提案に拘束されたのか。この問題は、大学と国家との関係を考察するとき、大変重要な事柄である。

一八一七年から一九〇〇年の間にプロイセンの諸大学において神学部で三一一、法学部で四三一、医学部で六一二の教授人事が行われた[13]。そのうち、神学部では二〇九件が学部提案どおり、一〇二が提案になかった者や学部提案の順序どおりではない者が任命されている。法学部では三四六が学部提案どおり、それ以外のケースは八六、医学部では四七八が提案どおりで、それ以外のものは一三四であった。この数字は、学部はたしかに提案権を保持していたが、文部大臣は、必ずしも提案された三人の候補者や順位にとらわれずに任命しえたし、また実際に任命したことを物語っている。

3　現代の状況

（1）大学教授になるまで

現在の西ドイツの大学で教授職に就くには、どのようなプロセスをたどるのであろうか。大学教授への道をやや図式化した形で示そう。

①　大学に入学し、学位を取得しようと思っている学生は、最低八ゼメスターの学習が義務づけられている。
②　論文を書き、マギステル学位を取得する。
③　ドクトル学位を取得する。
④　ドクトル学位を取得すると、たいていのばあい、講義受任者（Leherbeauftragte）になる。俸給付きで、入門講義担当の助手（任期六年）である。この間に、大学教授資格試験のための論文を書く。
⑤　大学教授資格試験を受けて「大学教授資格」（venia legendi）を取得する。
⑥　私講師その他のポストに就く。
⑦　どこかの大学で教授（C３、C４）を公募していれば、それに応募する。

（2）大学教授資格試験のやり方

では、現代の西ドイツにおいて大学教授資格試験はどのように行われているのだろうか。試験規定は、各大学で学部や専門領域ごとに定められている。試験のやり方は、一九世紀初頭のベルリン大学で採用されていたのと、基本的には変わっていない。たとえば、一九八一年のミュンヘン大学の大学教授資格試験の規定によって、大きな流れを紹介すれば、以下のとおりである[14]。

① 受験の前提条件を満たすが許可申請をする。
② 許可手続きが開始される。
③ 文書による大学教授資格試験（とくに論文審査）が実施される。
④ 学部成員のまえで学術的講演と討論（コロキウム）を行う。
⑤ 公開の試験講義を行う。
⑥ 教授資格を取得すると、「大学教授資格博士」Dr.phil.habil. という称号を使用することができる。

このような手続きで教授資格を取得しても、現実的には大学教授のポストは数に限りがあるから、有資格者過剰という状況が現に生まれている。したがって、「教授資格」（Lehrbefähigung）と「教授権能」（Lehrbefugnis）とを区別する考え方がでてきた。つまり教授権能という言葉はポストあるいはなんらかの職を前提として、実際に教えているばあいに使われる。それにたいして、教授資格は、大学教授資格試験に合格し、「教授資格」（venia legenndi）を取得しているという証明に過ぎないことを意味する[15]。

（3）教授の選任方法

一九八七年に改訂された大学大綱法（第四四条）によれば、教授に任用される条件として、①大学での学習を終了していること、②教育上の適性をもっていること、③ドクトル学位論文によって示される特に優れた学術的能力またはは芸術的能力をもっていること、④職務の遂行に不可欠な学術的あるいは芸術的業績を有すること（学術的業績は大学教授資格試験によって証明される）、または職業実践により、学術的知識・方法・応用・開発に貢献した業績を有すること、以上が挙げられている[16]。

この法律によれば、大学の学習を終了していない者は大学教師にはなれない。この点日本の大学とは大きく異なっている。また、ドイツにあっては、大学教師に不可欠な資質として、教育能力・研究能力そして職務遂行に必要な業績が求められている。

（4）教授人事決定の手順

応募した有資格者のなかから、どのような手順によって教授が決まっていくのか。①ある教授職が空席になると、たいていの大学で学内人事委員会がもうけられる。②遂行すべき任務の種類および範囲を掲載して、公募される（大学大綱法第四八条には「教授職は公募されなければならない」とある）。③学内の人事委員会において応募者の審査を行う。④候補者を絞り込み、講演（講義）をさせる。⑤委員会で候補者を三人挙げ、順位をつけて担当大臣に推薦する。⑥大学の提案リストのなかから、大臣が一人任命する。

一九七六年に施行された「大学大綱法」に則って制定された各州の大学法（たとえば、バイエルン）は、大学が文部省に推薦するばあい、「推薦リストには、少なくとも三人の名前がなければならない」と規定している。一六世紀には二人、一九・二〇世紀は三人という相違があるにしても、大学が複数の候補者を推薦し、その内の一人を領主や大学設置機関が選任する方法に、基本的に相違はない。

このように、大学が提案リストを作製し、主務機関が選任するという現代にまで通用する大学教授の任命方法は、ほぼ一六世紀にでき上ったと考えてよいのではないか。ハイデルベルクはその典型的な事例の一つと見なすことができよう。とすれば、一六世紀は、大学教授の選任方法という視点から見ても、一つの歴史的出発点としての位置を与えられてもよいことになろう。

さらに、大学大綱法は、「教授の任命にあたっては、理由のある特別のばあいに限り、当該大学の構成員について、これを行うことができる」（第四八条）と規定している。逆にいえば、学内に候補者を求めることは、例外的なケースなのである。今日では、同一学内招へい禁止は、単なる慣行ではなく、法律で定められている。

まとめ

以上、ドイツの大学教授資格を中世から現代までごくおおまかに通観してきた。中世から一八世紀の半ばまでは、ドクトルやマギステル学位を取得することが大学の教壇で教え得る資格とみなされてきた。もちろん、学位を取得したら、無条件に開講できたのではなく、学部の許可を得ることが不可欠であったのだが。

ところが、一八世紀の後半期になると、ドクトルやマギステル学位の取得を前提として、大学教授になるための専門試験（ハビリタツィオン）が要求されるようになった。大学教授資格試験の導入により、教授資格の保持者のみに教授ポストが与えられることとなった。このことが大学史上もっている意味は非常に大きいと言わなければならない。

まず、単なるドクトル学位保持者と教授資格の保持者との間に明瞭な区別が形成されたのである。さらに有資格者（私講師）の数の増大に比例して教授ポストは増大しなかった。したがって、大学教師の職階制（ヒエラルキー）の頂点にあり、大学や学部の運営権を手中に収めている正教授は強力な一種のカーストを形成し得たのであった。つまり大学教授資格試験の導入は正教授の威信を高めるのに貢献した。ドイツの大学が伝統的に「正教授支配の大学」（Ordinarienuniversität）と呼ばれる所以である。

資格を取得し、運よく正教授に任命されれば――任命されるのは、ヴェーバーの言うように、運にまかせられているのであるが――、その資格は、大学運営にかかわる政治的特権および俸給という経済的利益さらには大学教授という社会的威信をもたらすのである[17]。したがって、大学教授志願者は、資格取得に不可欠な費用負担と長期にわたる無収入に耐えなければならなかった。

大学教授資格試験（ハビリタツィオン）がドイツの大学で確立して、およそ二〇〇年が経過した。この資格試験に対して、パウルゼンがつとに指摘しているように、専門分野の論文を重視しすぎていて、形骸化しているという批判がある。こういう批判にもかかわらず、今日までそれが存続していることは、それなりの有効性が認められているからであろう。しかし、ドイツでも、有資格者の就職難が社会問題化し、大学教師養成をめぐる事態は確実に変化しつつある。

現在（二〇〇七年）では、ハビリタツィオンと並んでジュニアプロフェッサー制が導入されている。すなわち、ハビリタツィオンで教授資格を取らなくても、ジュニアプロフェッサーを六年勤めれば、教授資格が手に入るシステムである。もちろん、誰でもジュニアプロフェッサーになれる訳ではないし、三年たつと学部による審査があって、合格しなければ、地位を失う。

ハビリタツィオンと言えば、私講師と並んで、ドイツ大学の特徴として、必ず挙げられるシステムであった。ドイツでは、学術大学の教授になるには、必ず教授資格（venia legendi）を取得していなければならなかったのであるが、最新の「大学大綱法」によれば、必ずしもハビリタツィオンを受け、大学教授資格を取得しなくても、教授（かつての正教授や員外教授に相当するポスト）になる道が開かれている[18]。それが、ジュニアプロフェッサー（Juniorprofessor）の制度である。かつての助手に相当する職務を果たすと言われているが、教育と研究については、教授と同等の権限をもつと規定されている。その意味で、かつての助手よりも、自由度がある。ただし、学部長や学長に選出される権限はない。

ハビリタツィオンで教授資格（venia legendi）を取得した者を採用するか、ジュニアプロフェッサーで教授資格を取得した者を採用するか、あるいはどちらで取ったかは問わないのかという判断は、各大学に委ねられている。そういった意味で、大学の判断が最も優先されているのである。

註及び引用・参考文献

1　Prantl, K.,: *Geschichte der Ludewig-Maximilians-Universität in Ingolstadt,Landshut, München.* Bd.1 1872. Nd 1968. S.58.

2　Seifert, A.,: *Statuten und Verfassungsgeschichte der Universität Ingolstadt*（*1472-1586*）. 1971. S.163.

3　Prantl, op.cit., S. 25.

4　*450 Jahre Martin-Luther-Universität Halle-Wittenberg.* Bd.1.

5 Thorbecke, A.,: *Statuten und Reformationen der Universität Heidelberg vom 16.bis 18. Jahrhundert.* 1891. S22.

6 Weisert, H.,: *Die Verfassung der Universität Heidelberg.* 1974. S.161～162.

7 Friedensberg,W.,; *Urkundenbuch der Universität Wittenberg.* Teil1. S.174～176.

8 Cellius,E.,: *Imagines Professorum Tubingensium 1596.* ND 1981 S.127～128.

9 Horn, E.,: *Zur Geschichte der Privatdozenten* in : Mitteilungen der Gesllschaft fur deutsche Erziehungs- und Schulgeschichte.Jahrgang 11. 1901.

10 「一九世紀に至るまでの私講師系譜に関する考察（上）（下）」（明治大学教職・社会教育主事・学芸員課程年報　昭和五六・八八年度）、「一九世紀初頭における私講師の歴史的性格」『大学史研究』第三号　評論社　一九八三年七月。

11 Lenz, M.,: *Geschichte der köeniglichen Friedrich-Wilhelms-Universität zu Berlin.* S.408.

12 上山安敏「ヴェーバーとその時代」ミネルヴァ書房　一九七八年　六八～七〇頁。

13 Paulsen, F.,: *Die deutschen Universitäten und das Universitätsstudium.* 1902. ND.1966. S.101～102. の注を参照。

14 *Habilitationsordnung für die philosophischen Fakultäten der Ludwig- Maxmilians-Universität München.* 1981 (§1-13).

15 ミュンヘン大学　L・ベーム教授の教示による。"Die Verleihung der Lehrbefähigung (licentia docendi) und Lehrbefugnis sind voneinander getrennt. Lehrbefugnis setzt die Anstellung voraus, oder hat etwas Anstellung zu tun. Lehrbefähigung ist nur eine Ausweis dafür, daß man sich habilitiert hat."「教授資格（licentia docendi）は教授権能と明確に分けられる。教授権能は定職をもっている、あるいは雇用されてなにかをすることを前提にしている。これに対して教授資格は、教授資格試験をすまして、資格をもっているという証明にすぎない」。

16 文部省大臣官房調査統計課『西ドイツにおける改正大学大綱法』一九八八年八月。

17 一八世紀のドイツの大学教授の威信について、ゲーテはこう書いている。「大学教授とはどんなにすばらしいものか、お父さんにはとても考えられないでしょう。教授たちの堂々たる様子を見たとき、ぼくはまったくうっとりとしてしまいました。教授タチヨリモモット輝カシク、堂々トシテ、名誉アルモノハアリマセン。ソノ威望ト名声ハワガ目ト精神ヲクラマセタタメニ、ボクハ教授職ノ名誉以外ノ名誉ヲ望マヌホドデス」と（カタカナ部分は原文ラテン語。小栗　浩『人間ゲーテ』岩波新書　一九七八年　四一頁）。

18　最新の『大学大綱法』第四二～四八条を参照。

第四章　ドイツ大学史における公と私——カントの「理性の公的使用」と「理性の私的使用」

問題の設定

本章の主題は、ドイツ大学の組織構造を「公と私」という観点から分析し、かつカントの主張する「理性の公的使用」・「理性の私的使用」を、それとからめて考察することを通じて、日本の「公私論」をも考えるさいの橋頭堡を築くことにある。

1　ドイツ大学史における公私論

まず、ドイツの大学の組織構造を分析することから始めたい。

（1）ドイツ大学の歴史的性格

自然的に発生したボローニャやパリの両大学とは異なって、一四世紀に上から領主によって創設されたドイツ大学の組織構造を歴史的に観察すると、そこには相反する二つの力が作用していることが分かる。

一つの力は、できるだけ国家による統制や監督・干渉を排除して、国家から全く独立した、その構成員の自由意志によって運営される完全な自治団体に近づく方向に作用している。

もう一つの力は、大学のすみずみにまで国家の監督と統制を及ぼし、大学を国家官僚機構のなかに強力に組み込んで行こうとする方向に作用する。すなわち、大学に固有な機能すべてを国家権力に集中しようとする力にほかならない。すなわち政治的集中の力である。

このことをヤスパースは、以下のように表現している1。

「大学は、自治団体として創設され、法王や国家の創設文書によって、権限を授与され、独自の財産とりわけ基本財産を付与されていた。

この自治団体の自己運営という理念は、この歴史に由来するものである。大学は、みずからその組織を構成し、その成員を選択し、その教育を構成し、今日博士学位として残っている学位を授与する。

しかし、大学は、公法上の社団体（Körperschaft öffentlichen Rechts）として、国家の意思・保護・援助によって存立する。大学は二つの顔をもっている。すなわち、国家のほうを向いた顔と国家から自由な顔である。大学の理念に従って、大学は自分自身で定款をつくり、それにしたがって運営する。大学は、大学を承認している国家に、この二つの顔をみせている。

大学の自己運営は、教授たちが担っている。教授は、まず第一に、団体の成員なのであって、国家官吏ではない」。

この引用から明らかなように、ドイツの大学は、国家の方を向いた顔と国家から自由な顔という二つの顔をもっている。

他方、この二つの顔を、一九世紀の後半私講師の身分や在り方が政治問題化した。そのとき多くの意見発表を行った法学者ヤストロウを手掛かりにし考えてみよう[2]。ヤストロウによれば、公と私という概念は、「まさに、ローマ法の言葉の慣用に対応していて、国家的な（staatlich）ものはすべて公的（öffentlich）なものとして特色づけられ、国家的でないものは私的（privat）なものと特色づけられる」のである。

このヤストロウの定義を敷衍すれば、「公」とは国家権力による直接の監督や規制を受ける領域のことを意味することになる。反対に、「私」とは国家による直接の監督や規制を受けない領域のことを意味する。その領域では、団体の成員によって、団体全体の意思決定がなされる。

したがって、「公の原理」とは、国家による直接の監督や規制を受ける領域で通用する原理であり、「私の原理」とは、国家による直接の監督や規制を受けない領域で通用する原理ということになる。

以上、ドイツの大学は、歴史的に見れば、特権をもった自治団体としての性格と国家の施設としての性格という二重構造をしていること、そして、前者を成り立たせているのは私の原理であり、後者を成り立たせているのは公の原理であることが明らかになったであろう。

このように、相互に矛盾する二つの力、「公の原理」と「私の原理」とが大学に作用しており、大学はこの二つの力の統合体として存在している。これが、ドイツ大学の歴史的態様にほかならない。

(2) ドイツ大学における大学教師団の成り立ち

ヤスパースの言う「国家のほうを向いた顔」と「国家から自由な顔」、公の面と私の面という二つの顔を象徴的に示している指標として、教師と講義を挙げて説明しよう[3]。

① 教師の種類

公と私という二つの原理を象徴的に表している重要な要素の一つが、教師層の構成である。ドイツの大学は、歴史的に、国王から任命された教授層と大学内部の意思決定によって教育することを許可された私講師層とによって構成されている。すなわち、ドイツの大学は、その成立期から、国王的（königlich）・国家的原理とアカデミック（akademisch）な自治団体・ギルド的原理との結合（統合）によって、成り立っているのである。したがって、"königlich"という言葉と"akademisch"という言葉は、国王的・国家的原理（公）とアカデミックな自治団体（私）を象徴的に表す対概念として使われている。

正教授（Ordentlicher Professor）は全員が領邦国家から俸給を受けていた。正教授は、定められた時間に、定められた教授内容を、無料（正講義）で教える義務があった。

員外教授（professoribus extraordinarius）は、正教授が授業をもっていない時間（この意味において非正規の時間ということになる）に講義をし、正教授が授業をもっていない日（非正規の日）に討論を行う教授のことであると定められている。したがって、員外教授とは、非正規に教える、すなわち、学則に定められた正規の教授の他に、俸給なしかあるいは定員外の俸給を受けて教える教師のことを意味する。

私講師（Akademischer Privatlehrer、Privatdozent）として教えたい者は、あらかじめ学部に学部加入（inceptio）しておかなければならなかった。その学部加入（学部への採用）にさいしては、学部成員のまえで論文発表をしなければならなかった。

私講師として学部に採用されるばあい、私講師希望者は、学部の規則や制限を守ること、教授が講義しているのと同じ講義を同じ時間に開講しないこと、また、学部長およびその学問領域を担当している教授にあらかじめ知らせることなく、いかなる講義も開かないことなどを、かたく約束しなければならなかった。

このように、私講師は国家から任命された教授や学部長の強い規制のもとに置かれていたのである。

②　講義

講義や演習といった授業形態にも公的な性格をもつものと私的な性格をもつものとが、歴史的に形成されてきた。公的な性格をもつものは正講義（publica）と呼ばれ、私的な性格をもつものは私講義（private）と呼ばれた。公（publica）とか私（private）という名称からして象徴的といわなくてはならない。

正講義は、教授たちが俸給を支給される見返りとして行う義務のある講義である。学生は、それを無料で聴くことができた。正講義の内容は、大学の正規の教育を意味していた。

これにたいして、私講義は、教師たちが聴講料を取って教える講義を意味していた。それは、学位試験を受ける前提条件ではなかった。

このように、ドイツの大学では、その発生時から、「正規に教える」ことと「私的に教える」ことという二重の教授形態が作り出されていた。したがって、ドイツの大学では、公的職務執行と私的営業を行う場所を区別するという近代的組織にみられる特徴が存在しない。双方が、同じ場所で、違和感をもたれずに行われてきたというのが、ドイツの大学の実態にほかならなかった。

③　講義の種類

一九世紀には、講義の種類は、どうなっていたのか。その実態をバイエルンのミュンヘン大学についてみてみよう。一八四九年の規定によれば、「正講義」(Publica) と「私講義」(private) および「最も私的な講義」(privatissima) の三種類があることが明記されている[4]。

講義の種類についてみてみても、私的要素と公的要素とが、混然一体となり、統合されていることを看取できよう。

このように、ドイツの大学の歴史的構造、大学教師団の構造や講義の種類をみてくると、公が国家的なるもの、私が自治団体的なるものを意味していることは疑いない。すなわち、正教授や正講義が公・国家的なるものを象徴し、私講師や私講義が私的・自治団体的なるものを象徴している。ドイツの大学は、このように「公の原理」と「私の原理」との絡み合い、よく言えば統合・統一のもとに運営されてきたというのが、歴史的実態にほかならなかった。現代の組織にみられる私的営業と公的職務執行との区別がみられないのである。

2　カントによる公私論の展開

(1)　カントの『啓蒙とは何か』にみる公私論

カントはその著書『啓蒙とは何か』(Was ist Aufklarung ?) の冒頭部分で、次のように言っている。カントが主張している趣旨を全く変えないで、要約紹介しよう[5]。

カントは「啓蒙とは、人間が自分の未成年状態から抜けでる」ことを意味すると言う。未成年とは、他人の指導がなければ、自分自身の悟性 (Verstand) を使用しえない状態のことである。この状態にある原因は、悟性が欠けているためではなく、むしろ他人の指導がなくても自分自身の悟性を敢えて使用する決意と勇気とを欠くところにある。したがって、啓蒙の標語は、「敢えて賢かれ」、「自分自身の悟性を使用する勇気をもて」ということになる。

このように、カントは、自分自身の悟性を自覚的に使うことが、啓蒙に密接に繋がっていることを強調する。

さらにカントは、「ところでこのような啓蒙を成就するに必要なものは、実に自由にほかならない。しかも、およそ自由と称される限りのもののうちで最も無害な自由――すなわち、自分の理性をあらゆる点で公的に使用する自由である。(中略) どんな制限が啓蒙を妨げ、またどんな制限なら啓蒙を妨げないで、むしろこれを促進し得るのであろうか」という問題を設定する。

そして、この問いに対して、カントは自ら「自分の理性 (Vernunft) を公的に使用することは、いつでも自由でなければならない」が、「自分の理性を私的に使用することは、時として著しく制限されてよい、そうしたからとて啓蒙の進歩はかくべつ妨げられるものではない」と自答している。

これまでの叙述のなかから、カントの言う「理性の公的使用とは何か」、「理性の私的使用とは何か」ということが問題になってくる。この問題に論点にしぼって、議論を展開していこう。

（2）カントの「理性の公的使用と私的使用」の意味内容

では、カントの主張する「理性の公的使用とは何か」、「理性の私的使用とは何か」、カントの説をもう少し聞いてみよう[6]。

カントが理性の公的使用（der offentliche Gebrauch seiner Vernunft）というのは、「或る人が学者として、一般の読者全体の前で彼自身の理性を使用すること」を意味している。ここで重要なことは、理性の公的使用とは、「ある人が学者として、一般の読者全体の前で理性を使用すること」であるという概念規定に留意しておかなければならない。

さらに、カントが理性の私的使用（der Privatbrauch seiner Vernunft）という意味は、ある人が「一公人として或る地位もしくは公職に任ぜられている」ばあい、「その立場においてのみ彼自身の理性を使用することが許される」のであって、「このような使用の仕方が、すなわち理性の私的使用」と定義されている。すなわち、「理性の私的使用」とは、公職にある人が、その立場において理性を使用するばあいのことを指している。しかも、このばあい、自由は制限されても仕方がないのである。

カントの説では、現在日本に生きている私たちの通常考えている公と私の概念の内容が、逆さまになっていることに、お気づきであろう。

（3） 理性を公的および私的に使用する職業人の実例

カントが、理性を公的および私的に使用する職業人の例として具体的に挙げているのは、将校、教会の伝道者（聖職者）、そして公共体を構成する公民（これは、厳密に言えば職業人の範疇にはいらないかも知れないが）である。

では、これらの人々における理性の公的・私的使用を、カントの叙述に沿いつつ、検討してみよう。そうすれば、さらに具体的に理性の公的・私的使用の内実が明らかにできると考えられるからである。その上で、カント自身もその職に就いていた当時の「大学教授」についても、応用問題として考えてみたい。

① 将校

将校が、理性を公的にあるいは私的に使用するばあいは、どうなるか。上官からあることを為せと命じられた将校が、勤務中にもかかわらずその命令が適切であるか、有効であるかどうかなどと問題にし、論議するとすれば、それは有害であるとカントは考える。彼はあくまでも服従しなければならない。すなわち、将校という職業にある限り、理性を私的に使用して、その職務を果たさなければならない。これが、将校の職務である。

しかし彼が学者として、理性を公的に使用し、軍務における欠陥について彼の所見を述べ、またこれらの所見を公衆一般の批判に供することを禁じるのは不当な行為となる。これは、「理性の公的使用」にほかならないからである。

② 公民

カントは、「公民は、課税の納付を拒否することはできない、まして納税の義務を果すべきばあいに、賦課に関して差し出がましい批難を口にすることは、（全国的に反抗を誘発するおそれのある）不届きな行為として処罰されてよい」と考えている。すなわち、理性を私的に使用して、納税するのが公民としての義務なのである。それとは反対に、公民が学者として、賦課の率や方法、手続きが適正と公平とを欠くばあい、それに反対する見解を公表することは、公民としての義務に背反するものでない。むしろ、これは理性の公的使用と考えられる。

③ 聖職者

聖職者の理性の使用についてはどうか。カントは、宗教の問題を重視していたので、他の職業人よりも多くの文言をさいて説明している。聖職者には「自分のところで教理問答を学ぶ人達や、また自分の教区に属する信者たちに対しては、彼の勤務する教会の信条書通りに講義し或いは説教する」義務がある。彼は信条書通りに講義・説教する条件で聖職者に叙せられているからである。

すなわち聖職者が、「教区の信者達を前にして彼の理性を使用する仕方は、もっぱらその私的使用」である。なぜかと言えば、「教会の会衆は、いくら大勢であっても所詮は内輪の集まり」にすぎないからにほかならない。このように理性を私的に使用するばあい、牧師である彼は決して自由でない。教会からの委任された任務を聖職者として果たしているのであるから、自由であることを許されない（カント『啓蒙とは何か』から引用）のである。

しかし、聖職者が学者として、「信条書の欠点に関し、周到な検討を経た好意ある意見を述べ」たり、また宗教にかんする事項や教会制度などを改善する提案を公衆一般にも知らしめることは、完全な自由をもっている。カントは、「それどころか、そうする使命をすらもつ」と考えている。

すなわち、聖職者が、世界に向かって話す学者として、著書や論文を通じて、本来の意味における公衆一般すなわち世界に向かって話すことは、自由でなければならない。理性を公的に使用する聖職者としては、自分自身の理性を使用する自由や、彼が個人の資格で話す自由は、いささかも制限されないのである。

この三つの実例からも明らかなように、カントは、官職における職業人、公民、将校そして聖職者が、その職務上の義務を果たすばあい、理性の私的使用と言い、公民にしろ将校にしろ聖職者にしろ、個人の資格で、学者として、所見や意見を世界に向かって表明するばあいを、理性の公的使用と特徴づけているのである。

カントは、職務にあるばあいと「学者の資格で」意見を表明するばあいとを意識的に使い分けている。両者に対応して、理性の私的使用と公的使用が語られていることは、明らかだ。

ここで、カントが、理性を公的に使うのは「学者の資格で」と繰り返し言っているのは、一定の職業やポストを意味するのではなく、職業やポストからはなれた「自由な個人的存在としての人間」を意味すると考えられる。

とすれば、カントが「啓蒙」と考えていた内容も透けて見えてくる。公民のばあい、賦課が適正と公平を欠くとき、反対意見を自由に公表することを義務と考え、またその義務を果たす力量をもった個人を育てあげることが啓蒙と考えられていたのではないか。

聖職者にあっては、信条書の欠点、宗教に関係する事項や教会制度を改善する提案を、世界・公衆一般にも発表しうる、完全な自由をもった学者としての個人を育てあげることが啓蒙と考えられていたのではないか。

将校にあっては、軍務の欠陥について所見を、世界・公衆一般に向かって発表しうる、完全な自由をもった学者としての個人を育てあげることが啓蒙と考えられていたのではないか。

以上、将校、公民、聖職者における「理性の公的使用」と「理性の私的使用」を検討してきた。カントは、職務を果たすのが私であり、学者として個人の資格で公衆に向けて発表するのが公であると考えていた。

このように、カントは、自由に意見を公表できる社会を想定していたと考えても大きな間違いを犯したことにはならないであろう。

④　大学教授

では、カント自身が職務を果たしていた大学教授というポストは、どのような特性をもっていたのか。そして、その特性は、カントの言う公私論とどういう関係にあるのだろうか。カント自身は、大学教授については述べていないが、上記の将校、聖職者、公民の事例から類推して答えを出すことは、そんなに難しいことではない。

大学教授は、上に述べたように、アカデミックな（akademisch）自治団体・ギルド的原理（私の原理）に立っている私講師とは異なり、国王的（koniglich）・国家的原理（公の原理）に立っている。全員が領邦国家から俸給を受け、定められた時間に、定められた教授内容を、無料（正講義）で教える義務がある。

とすれば、カントの主張する「理性の公的使用」と「私的使用」と、ドイツ大学を成り立たせている「公の原理」と「私の原理」とは、対極的な位置にあると言わなければならない。なにしろ、カント理論に従えば、正教授が大学内で無料で講義を持つのは「理性の私的使用」となり、個人の資格で講演をしたり、論文や著書を発表すれば「理性の公的使用」になるのだから。

公民のために、大学教授をはじめとして、将校も聖職者もあると考えていたと判断しても間違いを犯したことにはなるまい。

ではなぜ、カントは、当時のドイツ大学や教師団を成り立たせている原理とは、全く反対の主張をしたのかという強い疑問が湧いてくる。この疑問に直接答えるまえに、カントの猟官運動について述べておきたい。というのは、この運動が、大学史における「公」の側、カントの言う「私」の側に、身を置くことと密接に関連しているからである。

⑤　カントの猟官運動

カントは、一七五五年六月『火に関する若干の考察の略述』でマギステル学位を取得した。当時は、マギステルの学位で、教壇に立つ資格があったが、実際に教壇に立って教えさせるか否かは、学部が判定した。同年九月『形而上学的認識の第一原理の新しい解釈』と題した論文により、哲学部の教授会は私講師として当学部で教えてもよいと判定し、私講師（原文では magister legens）の位置に就くことができた。しかし、カントは正教授に昇格するまで、それから一五年のあいだ私講師の位置に甘んじなければならなかった。

この間教授に昇格する機会はいくどか訪れはした。一七五六年には恩師クヌッツェンの死にさいして、一七五八年には論理学および形而上学の正教授キュプケの死んだとき、一七六四年には、詩学の教授ボック（Bock）の死去のさい、ケーニヒスベルク大学だけでも、少なくとも三度は教授職に就く機会があった。

他の大学からの招聘もあった。一七六九年、カントはエルランゲンおよびイェーナの両大学から教授として招聘されたが、ケーニヒスベルク大学で教授に昇進の道が開けつつあることを予想して、両大学の招聘を辞退した。一七七〇年、ラングハンゼン（Christoph Langhansen）教授が逝去したあとを襲って、ついに教授に就任した。齢すでに四七歳になっていた。就職論文は『感性界および叡智界の形成と原理について』であった。

以上は歴史的事実に沿って、カントがケーニヒスベルク大学の教授になるまでを年代順になぞってみたが、カントはその間、実に多くの人々に手紙を書き、自分を有給のポストあるいは員外教授職や正教授職に任命してくれるようにと依頼している。その事例をいくつか示そう7。

事例1：プロイセン国王フリードリヒ二世あてに書いている（ケーニヒスベルク、一七五六年四月八日）。

「私はこれらの哲学的諸学問の一つにおいて教授資格を得たく、とくに切望致しておりますので、故クヌッツェン教授の逝去によって欠員になっております当地の大学の論理学および形而上学員外教授の職を賜わりますよう、おそれながら国王陛下に懇願申し上げる次第でございます。」と。ここで言われている教授資格とは、員外教授のポストのことである。故クヌッツェン教授（Martin Knutzen, 1713-51）とは、一七三四年以来ケーニヒスベルク大学の論理学および形而上学の員外教授であった。カントは、この人に数学および哲学を学び、影響を受けている。

ただし、カントのこの願いは、一七五六年に七年戦争が勃発し、この員外教授の席は補充されないことになったため、希望は実現されなかった。

事例2：ロシア女王エリザベートあてにも書いている（ケーニヒスベルク、一七五八年一二月一四日）。

「故教授キュプケ博士の逝去によりまして、彼がその職にありました当地ケーニヒスベルク大学の論理学および形而上学正教授の席に欠員が生じました。これらの学問は、つねづね私の研究のもっとも重要な目標でございます。私は講師（原文　D ozent）として当地の大学の講壇に立ってきましたこの数年間、私は毎学期これら二つの学問をプライヴェートな講義（in Privata Collegiis）で講述してまいりました。（中略）

私はこれらの学問において大学のお役に立ちたいと自負し念願して教授資格を得たのでございますが、学問を庇護し恩顧を与え給うにふさわしき女王陛下の仁慈深き御心に力を得て、この空席となりました正教授の地位につきまして、私のためにみめぐみ深き御配慮を頂きますよう、謹んでお願い申し上げる次第でございます」。

七年戦争の間、東プロイセン地方はロシアによって占領されており、したがってケーニヒスベルク大学の管理権も、ロシア女王にあった。だから、カントは、ロシア女王エリザベート宛に書簡を送ったのである。


事例3：プロイセン国王フリードリヒ二世あてに書簡を送っている（ケーニヒスベルク、一七六五年一〇月二四日）。

「ゴライスキー宮廷顧問官が、氏が従来奉じておられました当地の王城図書館における副司書官の地位を辞任せられましたので、畏れながら国王陛下に対し奉り、この地位を私に頂くことによりまして、奉公のために待ち望んでおりました機会を与え給うとともに、当地の大学における私の生計の窮乏を軽減するための御援助を賜わりたく、伏してお願い申し上げます」。

プロイセン国王フリードリヒは、「親愛なる臣下たちよ。朕はベルリン先月二四日づけさらに二八日づけの勅書によって、一般の好評を博しつつ当地の大学において教授する、きわめて練達せるカント学士を最初の機会に昇進させるよう」に温情ある命令を下し、このカントの請願は聴許した。一七六六年二月一四日づけの勅書で、カントは王域図書館副司書官の地位に就き、年俸六二ターラーを受けることになった。でもカントはどうしても自分の望む大学教授のポストに就きたかった。

実例4：大学監督官カール・ヨゼフ・マクシミリアン・フォン・フュルスト・ウント・クプフェルベルク男爵あてに次のような書簡を送っている（ケーニヒスベルク、一七七〇年三月一六日）。
「ラングハンゼン博士の逝去によりまして欠員となりました教授職は、数学教授の地位でございます。しかしもし私の希望を私の熟練と傾向とに適った地位にだけ限ることをお許し頂けますならば、勝手ながら地位の交換を申し出たいと存じておりますので、どうかあしからずお考え頂きたく、謹んでお願い申し上げます。この交換は、大学のためにも最善のものであり、同時に私にも満足なものであると思われるのでございます。道徳学の正教授クリスティアーニ氏は、私どもの大学でこの地位に志願しうるどんな人にも劣らず数学的学識をもっておられ、しかもいつも好評を博しながらこの学問を教えておられます。氏は故人の女婿であり、その年齢から申しましても性質から申しましても、氏の岳父がその職にあったアルベルティヌス寄宿学校の監督官へのもっとも有力な後継者でございます。この地位は多くの副収入を伴っておりますし、しかも同校には無料宿舎もございます。そうでなくてもこの監督官の地位は、数学教授の地位と結びついているのが慣例でございますが、それは天文台およびそれに付属した機械が同校にあるからでございます。もし閣下が、クリスティアーニ教授にこの監督官の地位を御提供下さり、氏が上述の数学教授の地位に就任しうるようお計らい下さいますならば、私は道徳学の教授職に応募致しまして、私の本来の使命に従いえますよう、謹んで閣下のお口添えをお願い致す次第でございます。もし私のこの請願が予期に反して障害に出会うと致しましても、公正さも公益も害されない途が一つ残っております。つまり現在論理学および形而上学の教授職にありますブック博士が、この地位に移られることでございます。この人はかつて長年数学の員外教授であった方でございますが、ただたまたまロシア政府の治下にありました際に、当時欠員となりました論理学および形而上学の教授職につかれたものでございまして、この地位に対しましては、かつて私も大学から強い推薦を受けていたのでございます。

このような次第で、おそらく私の生涯の幸運は、閣下の好意ある賢明な御判断に懸っております。私にその地位を保証しうる機会は、きわめて僅かしかございません。私はこの春で四七歳になるのでございますが、年齢をとるにつれまして、将来の窮乏に対する心配は増すばかりでございます。閣下の御高配を信頼申し上げておりますので、他へのあらゆる志願は捨てて省みませんし、枢密宮廷顧問官ズッコウ氏の申し出や、またまもなくそれに続いて昨年一一月エルランゲン大学から受けました論理学および形而上学の正教授職への招聘状も、私の故郷の市街で暮らしてゆこうという希望の下でそれらを謝絶してお断わりするのに、ちっとも克己を必要としなかったような次第でございます（pp.90〜91）」。

カール・ヨーゼフ・マクシミリアン・フュルスト・ウント・クプフェルベルク（Karl Joseph Maximilian von Furst und Kupferberg, 1717-1790）は、一七六三年から一七七一年まで、プロイセン諸大学の監督長官であった。プロイセン国王フリードリヒ二世は、三月三一日に勅令を発して、カントを今までブックがその地位にあった論理学および形而上学の正教授に任じている。

こうして、カントは、一七七〇年三月三一日づけのフリードリヒ二世の文書により、晴れてケーニヒスベルク大学哲学部の論理学・形而上学の教授になれたのである。

このように、カントの猟官運動を、現代日本に生きるわれわれが歴史を見るばあいに気をつけなければならないことは、現在のわれわれの基準でこのカントの行動を判断してよいか否かという問題である。教授資格（venia legendi）、正教授（ordontlicher Professor）、員外教授（ausserordontlicher Professor）など、当時のケーニヒスベルク大学やドイツの諸大学のシステムを知っておく必要があろう。また、カント特有の行動であったか、当時の恵まれない大学教授志願者が、自分を売り込むのによくあるごくありふれた行動であったか、よく知る必要があろう。この件について軽々に判断を下すことは、歴史の本質をつかみ損ねるおそれがあろう。

（４）カントが「理性の公的使用と私的使用」を主張した理由

では、なぜカントはこのような「理性の公的使用と私的使用」についての主張をしたのであろうか。当時のドイツ社会にあっては、官職にある者がその職務にはげむのが「理性の公的使用」であり、職務をはなれて、著作を出版したり、公民の集会に出席して自説を述べたり、講演をしたりするのが「理性の私的使用」という理解、共通認識が成立していた。大学もそのような構造になっていた。すなわち、当時の「公私」についての人々の共通認識は、カントの主張とは全く逆であった。そうだとすれば、カントはどうしてこのような主張をしたかが問われなければならない。

①　ユルゲン・ハーバーマスは、「ドイツ語圏では、公論という論点がまだ市民権を得ないうちに、市民的公共性の理念が理論的に完熟した形態を得た。それは、カントが公開性の原理を法哲学的および歴史哲学的に展開したことによる」と言っている[8]。公共社会が完全に成立するまえに、公共性の理念が理論的に先だって展開されたのである。すなわち、カントは、フランス革命の精神に賛意を示していたという事実からも知られるように、そしてカント自身、自由・平等・個人としての独立を主張したことからも明らかなように、理論的にフランス革命の精神を先取りをして、このような主張をしたと考えられる。

②　カント哲学の特徴である「思考の転換」を、「公私論」でもはかろうとしたと考えられる。思考の「コペルニクス的転換」をはからねばならない要因が公民啓蒙とのかかわりで社会のなかにあった。それは、公民の啓蒙（教育）ということである。すなわち、公民を啓蒙（教育）して、自ら考え（Selbstdenken）る能力、精神の自律性や自律

的主体性を獲得させるためには、公と私を逆転させ、共同体を構成する人々を公民と規定し、公民に向かって働きかけることを、「理性の公的使用」と概念規定したのである。

③　身分制的・封建的社会から公民の社会への移行を、哲学的に理論づけたものであった。むしろ、公民が自立して自分の意見を自由に発表できるまでに育て上げることが、カントのいう「敢えて賢かれ」、「自分自身の悟性を使用する勇気をもて」という標語の目的だったと考えて間違いではない。

こう考えても、カントの意図をねじ曲げることにはなるまい。

坂昌樹氏は、西村稔氏が「カントは、旧い『公』（君主や教会）を『私的』とすることによって、旧い『私』を新しい『公』へとスイッチしようとした」と主張しているのを、「思弁的なのものを感じないわけにはいかない」と書いているが、カントがこう考えた史料が出てこない限り、私がここで述べた解釈も西村氏の解釈も、仮説として存在理由をもっているのではないだろうか9。

3　結　語

以上、ドイツ大学史における「公私」論を、ドイツ大学の組織構造とカントの主張する「理性の公的使用と私的使用」と対比させつつ、検討してきた。

このドイツ大学史の事例は、現代日本に生きる私たちになにを物語っているだろうか。もっと言えば、私たちは、これからなにを学べばいいのだろうか。

たとえば、現在の私たちは、緊急教授会や学科会議というような大学の用件のために授業を休むとき、「公務で休講する」と届け出たり、告知したりするのが一般的である。また、出版社とののっぴきならない打ち合わせでやむを得ず授業を休むときは、「私用で休講する」と届け出たり、告知したりする。こういう実情を考えると、われわれも無意識のうちに、カントの公私論ではなく、ドイツで通常支配的な思考様式の強い影響下にあることが分かるであろう。

こういう日本の実情に、カントの公私論を重ねてみると、なにがみえてくるであろうか。大学における研究の成果として著作物を出版することは、カントの言う「理性の公的使用」であるから、世の中の人々（全体）のために、その教授は奉仕していることになると考えられる。現に私たちは「公刊する」という言葉をもっていることを考え合わせれば、このことは十分首肯できるであろう。

今盛んに言われている大学の「アカウンタビリティ」（説明責任）も、大学人の社会全体にたいする説明する義務・責任の意味で使われていると考えられる。さらに、大学の情報公開と言えば、その重要な要素の一つに、入試成績や定期試験の成績の個人への開示が含まれるであろう。

このように考えてくると、カントの主張するように、私たちは、これまでの国家や地方公共団体を公として考えるのではなく、社会全体を公と考えるべく、まさに公と私の転換を公然と行うべきではないだろうか。

阿部謹也は、日本では「世間」と呼ばれてきた概念の中に特異な形で公共性が表現されてきたと考えている[10]。小論で社会全体と呼んできた概念は、もちろん「世間」をも含みこんでいる。世間というと親密圏や生活空間や国境に閉ざされた社会をイメージするが、社会全体あるいは全体社会という概念は、世間や国家の枠をも超える存在として考えられてよい。これは、国家や地方公共団体を公と考える思考から、全体社会・社会全体を「公」と考える思考への転換と特徴づけていいだろう。

この思考方法に立って考えてみると、公共事業（現在の公共事業には問題が多いことは認識した上で言うのだが）も、税金を使って政府が全体社会のために行う事業と解釈しても間違いではない。公務員を「公僕」と特徴づけるのも納得できる。

この考え方は、教育の機能や大学の機能をもかなり分かりやすくする。教育の機能には、個人的・心理的側面と社会的側面がある。個人的・心理的側面は個人の私的領域（個人の能力の伸張と人格の形成）にかかわり、社会的側面は、国家を超えて、全体社会の公共的領域（体系的社会化）にかかわってくる。したがって、「公教育」とは、国家が公金（全体社会の税金）を使って、個人の人格を形成し、能力を伸張するとともに、全体社会のなかに取り込んでいく社会化作用であると定義できる。

個人が取り込まれ、かつ能力や人格を生かし、自己実現する世界は、公共性をもった全体社会であるということになる。

全体社会・社会全体は、個人の領域と国家・行政の領域との両方を包みこみ、かつ地球規模をも包括する概念と考えられる。とすれば、国家の枠を超えて、地球規模でものごとを考える一つの理念型と見なしうる。この中に、私的領域、人的ネットワーク、国家や行政は言うに及ばず、ボランティア活動、非営利組織の活動（たとえば国境なき医師団）、環境問題など一つの国だけにとどまらない世界的規模の問題も当然含まれることになる。

したがって、カントの公私論は、大学という壁を越えて、われわれが世界を見る見方にまで拡大していく可能性をもった概念であると言うことが出来よう。

註及び引用・参考文献

1 Jaspers,K., und Rossmann, K., *Die Idee der Universität*, 1961, S.114.　別府昭郎『ドイツにおける大学教授の誕生』創文社　一九九八年　三〇五〜三〇六頁。

2 Jastrow, I., *Die Stellung der Privatdodenten*, 1896, S.2 〜 3.　別府　前掲書　三〇八頁。

3 Arnoldt, Daniel Heinrich, *Ausführliche und mit Urkunden versehene Historie der Königsbergischen Universität.* Band A 1746, Band B 1746, Band C 1756, Band D 1782. Nd.1994. Band D, S.36 〜 37.　別府　前掲書　三〇九〜三一三頁。また、一八世紀ハイデルベルクにおける私講師と員外教授については、Petra Emundts-Trill, *Die Privatdozenten und Extraordinarien der Universität Heiderberg 1808-1860*,1997, S.19 〜 24 を参照。

4 *Satzung für die Stüdierenden an den Königlich Bayerischen Universitäten 1849*, §69.　別府　前掲書　三一五〜三一六頁。

5 Kant, Immanuel, *Was ist Aufklärung?*. S.22.　カント　篠田英雄訳『啓蒙とは何か』岩波文庫　一九七四年　一〇〜一三頁。以下特に断らないかぎり同書からの引用。

6 「理性の公的使用と私的使用」という用語については、ミヒャル・シュトライス編　佐々木有司・柳原正治訳『一七・一八世紀の国家思想家たち』木鐸社　一九九五年二月　五八二頁を参照。

7 カント『書簡集』理想社　二五頁以下を参照。以下特に断らない限り、本書からの引用。

8 ユルゲン・ハーバーマス　細谷貞夫・山田正行訳『公共性の構造転換』第二版　未来社　一九九四年五月　一四三頁。

9 西村　稔『文士と官僚―ドイツ官僚の淵源―』木鐸社　一九九八年　二一二頁。坂　昌樹『啓蒙の「学識」と「公・私」のヤヌス』桃山学院大学総合研究所『国際文化論集』一八号所収　一九九八年九月　八〇頁。

10 阿部謹也『「世間」とはなにか』講談社現代新書　一九九五年。

第二部　古典的大学の創設と変容

1840年頃のベルリン大学（出典：ベルリン大学のパンフレット）

【解　題】

第二部は「古典期における大学の創設と変容」を取り扱っている。ドイツ大学史で古典期というばあい、一八一〇年のベルリン大学の創設から、世界中の大学が学生騒乱で揺れた一九六〇年代の末までを指す。この部ではベルリン大学創設を扱うとともに「大学・学部とは何か」というように大学概念と学部概念を問題とし、ベルリン大学に即して考えてみる。さらにこの部では前の部を受けて、「ハビリタツィオン」や「私講師」というように大学教師にかんすることを問題とする。学部概念問題と関連して、テュービンゲン大学における哲学部の分裂を扱う。

第一章「ベルリン大学創設の理念」は『教育学研究』第七〇巻第二号（二〇〇三年六月）に掲載されたものである。『教育学研究』の編集委員会の依頼原稿であった。原題は「ヴィルヘルム・ヴォン・フンボルトとベルリン大学創設の理念」であったが、このようにあらためた。一八世紀を受けて、思考の自由を前提とした新しい学問理念、フィヒテ、フンボルト、シュライマッハーらの新しい思想を基調とした大学の設立自体に意味があったのである。

第二章「ベルリン大学における大学と学部概念」は、はじめ東京工業大学で開催された『大学史研究会』のシンポジウムで発表し、知泉書館の『大学再考』（二〇一一年三月）に掲載したものである。大学については、①国家の施設、②学部の集合体（大学は学部から成り立っているというのがドイツの常識である）、③教育と研究を主要任務とする組織体ということが考えられる。学部については、①同じ系統の学問の集合体、②人（教師と学生と事務職員）の集合体、③大学運営の基礎単位ということが考えられよう。

第三章「一九世紀ベルリン大学における私講師」は当初「一九世紀初頭における私講師の歴史的性格」と題して『大学史研究』第四号（一九八三年七月）に掲載したのもである。これを書いた当時『大学史研究会』では私講師（Privatdozent）が大きな話題となっていた。私講師はハビリタツィオンと並んでドイツの大学を特徴づけるものであった。したがってドイツの大学史上はじめて明文化したと言われるベルリン大学のハビリタツィオンと私講師を問題にしたのが小論である。あらかじめ簡単に説明しておくと、ハビリタツィオンとは大学教授資格試験であり、それに合格すると教授資格（venia legendi）が授与される。試験をする主体は学部である。この教授資格を持っていないと教授はおろか私講師にもなれない。

若干の例外はあるが、たいてのばあい、私講師から教授が任命された。だから、私講師は大学でポストを得る登竜門である。したがって大学教師の質を問題にするとき私講師問題は避けて通れないと考えている。

第四章「近代ドイツ大学史における学部編成」は寺﨑昌男先生が中心となって編集しておられた『大学史研究通信』(評論社、日本図書センターから二〇〇四年六月に復刻版がでている）第五号に載ったものである。各大学における学部編成がどうなっているかを、Deutsches Akademisches Jahrbuch, Deutscher Universitäts-Kalender, Minerva などを使ってトレースしたものである。こういう作業を通じて外国語の文献や本に書いてあることではなく、データや史料から直接言えることで論文を作るという思考訓練を、当時指導教授であった横尾先生から受けた。

あるとき科学史の中山茂先生（「大学史研究会」の創立者の一人　神奈川大学名誉教授　故人）が「こういう作業をしているメンバーが「大学史研究会」にはいるんだと科学史の友人に話したら、びっくりしていたよ」と言われたのを覚えている。

第五章「哲学部の歴史的変容―テュービンゲン大学の理学部の設置をめぐって」はドイツではじめて哲学部を分裂させたテュービンゲン大学に即して、分裂するさいの学問的議論、自然科学部や哲（文）学に包摂された学問領域、背景などを当時の史料に基づいて明らかにしたものである。『教育学研究』第四二巻第一号（一九七五年三月）に掲載された。なお同じ問題意識でハイデルベルク大学を中心に作業したものが「一九世紀ドイツ大学哲学部における研究教育体制の変容」『歴史評論』№.３０１（一九七五年五月）である。今ではこの題名は重すぎると思っているが。本書には収録されてない。

第一章　ベルリン大学創設の理念

1　主題の設定と大学史における時代区分

本章のねらいは、フンボルトの考え方とドイツの大学史上古典期の大学の先駆けとなったベルリン大学の創設理念の関係を実証的に明らかにすること、そして、この考え方・理念が、現代ドイツにあってどのように評価されているかを検討し、大学問題を考えるさいの視点を確立するとともに、考えるべき方向性を模索することにある。

まず、古典期とは、どの時代を意味するかを明らかにしておこう。ドイツの大学史をはじめて体系的に時系列に即して叙述したフリードリッヒ・パウルゼンは、時代区分を、「中世：発生」（一三四八年のプラハ大学の創設から一五〇六年のフランクフルト・アン・デァ・オーダー大学の創設まで。かっこ内は筆者の補足。以下同じ）、「ルネッサンスと宗教改革」（一五世紀後半の人文主義の大学への浸透から一五一七年の宗教改革まで）、「一六・一七世紀：領邦宗派主義時代の大学」（一五二七年のマールブルク大学創設から一六四八年のヴェストファーレン条約まで）、「一八世紀：近代的大学の勃興」（一六九四年のハレ大学から一八一〇年のベルリン大学創設に至るまで）、「一九世紀：科学的研究の優位」というように、分類している[1]。

現在ドイツでも研究の進捗や歴史認識の変化に対応した新しい時代区分や概念を創り出す努力が行われている。ギーセン大学の歴史学教授ペーター・モーラフの時代区分が、多くの研究者に受け入れられている。

P・モーラフはドイツの大学史を、⑴中世から一九世紀はじめまでの「古典期以前の大学」(vorklassische Universität)、⑵一九世紀はじめから第二次世界大戦を中に挟んで、一九七〇年ごろまでの「古典期の大学」(klassische Universität)、⑶一九七〇年以降現代に至るまでの「古典期以後の大学」(nachklassische Universität)という時代区分を提唱した。この時代区分の中心に置かれているのは、言うまでもなく、古典期の大学にほかならない。言葉を代えて言えば、これは、ドイツの大学史を古典期の大学を軸にして見ようとする歴史観の提唱でもあった[2]。

では、三つの時代に対応するそれぞれの特徴はなにか。小論の表題およびテーマと密接に関係しているので、補足しつつ簡単に解説しておこう。

⑴　モーラフは、古典期以前の大学の特徴として、聖職禄大学(Pfründeuniversität)、家族大学(Familienuniversität)の二つを挙げている。

聖職禄大学：中世の大学教師は聖職者とみなされ、独身であり、教会聖職禄をもらうというかたちで、俸給を受けていた。宗教改革の時代以降は、有給教師たちは「教授」(Professor)と呼ばれるように変わっていき、教会聖職禄が恒久的な教授職維持のための財源として使われた。歴史的に「聖職禄は固定した教授職の母胎」と呼ばれたのは故なしとしない。

家族大学：ルネッサンス、宗教改革の時代以降は、妻帯するのが常態となってきた。結果的に、テュービンゲン、バーゼルといった小規模大学において、教授職（講座）が、あたかも家屋や土地、家財道具、あるいはギルドの成員資格や領主の地位のように、血縁者の内で、相続される事態となった。こうした大学においては、血縁者を教授ポストに据えるので、競争原理が働かなかった。批判があるとすれば、この範疇は、プロテスタント大学には妥当しても、カトリック大学に妥当しないという事実であろう。

⑵　古典期の大学の特徴として挙げられているのは、業績重視の大学（Leistungsuniversität）、正教授支配の大学（Ordinarienuniversitat）の二つである。

業績重視の大学：血縁を重視する家族大学とは反対に、教師の学問的業績が重要なファクターとなる大学である。学問的な競争が唯一の基準となる。具体的には、教授資格試験（ハビリタツィオン）およびそれと裏腹の関係にある私講師制が導入された。さらに、一九世紀の後半には同じ大学のなかで、私講師、員外教授、正教授と昇進していくのを禁止する「同一学内招聘の禁止」（Hausberufungsverbot）という慣行が形成された（現在では単なる慣行ではなく、大学大綱法には規定がある）。こうした背景には、学問の主要任務が伝統的知識の伝達から新しい知識を創造・発見する学問へと変化したことが挙げられよう。

正教授支配の大学：正教授が大学や学部の運営権を独占し、寡頭的に支配していく状況は、一六世紀に完成するが、この情況はこの時代になっても変わらない。一九世紀の後期になってくると学問の大規模経営が進行し、この傾向は、一層強くなってきた。

モーラフは、この二つしか挙げていないが、筆者はさらに第三の特徴があると考えている。それは、教養概念と結びついた「精神貴族主義的な学問訓練」である。教授や学生は新しい知識を創造・発見するための学問に携わるのであるが、その学問的訓練は、「孤独と自由」のなかで行われる貴族主義的な性格をもっていたと言わなければならない。

(3)　古典期以後の大学の特徴として、集団運営の大学（Gruppenuniversität）と大衆大学（Massenuniversität）が挙げられる。集団運営の大学とは、正教授が大学運営権を寡頭的に独占している「正教授支配の大学」とは異なって、員外教授、講師、助手、事務職員、学生というように、大学を構成している人的成員が選挙で代表を選出し、それらの代表が大学の意思決定を行い、運営していくシステムである。大衆大学とは、読んで字のごとく、ドイツでは、一九六〇年代以降大学の数を増やす政策が採用され、大学数、学生数、大学教師の数が飛躍的に増大した。学位授与権や教授資格授与権を持つ伝統的「大学」（Universität）とはみなされなかった工科大学をはじめとして、商科大学や鉱山大学なども大学の範疇に格上げされ、学位授与権や教授資格授与権が認められるようになっていった。

以上に述べてきた古典期以前の大学、古典期の大学、古典期以後の大学という時代区分が受け入れられる背景には、個別大学史をも含む大学史の研究が非常に細分化してしまい、全体を見通すことが困難になってきている状況のなかで、ごくおおまかでもよいから何とか全体を見通すことのできる概念装置を持ちたいという学問的要請が潜んでいると言ってよいであろう。このモーラフの概念は、批判されながらも、有力な若い世代の歴史研究者に受容され、学問的成果を生み出している。以上により、ごく大まかにドイツ大学史の流れを時代区分によって把握できるであろう。

以上により、叙述していく理論的前提ができあがった。モーラフの時代区分に従って言えば、ベルリン大学は古典期の大学の劈頭に位置している。この歴史認識を受けて、フンボルトの考え方とベルリン大学のシステムを具体的に検討していこう。

2　フンボルトの大学論

まず、ベルリン大学の創設に、行政官として深く携わったヴィルヘルム・フォン・フンボルト（Wilhelm von Humboldt）の大学論から入ろう。

フンボルトが生きた時代は、年表を繰ってみればすぐ分かるように、ヨーロッパ大陸の動乱期である。大学や教育にかんする事項だけをとってみても、プロイセンは一七九四年に「一般国法」（Allgemeines Landrecht für die preussischen Staaten）を施行し、一七八八年にはヴォン・マッゾーがアビトゥーア（Abitur）制度を導入した。一八〇三年には「世俗化」（Sakularisation, 還俗と訳す学者もいる）すなわち、支配の世俗化、資産の世俗化、陪臣化（小国の直属性の喪失・大きな領邦への併合）が断行された[3]。一八〇六年になると、神聖ローマ帝国が解体し、バイエルンは王国となった。一八〇九年には、フンボルトがプロイセンの内務省教育局長になっている。この時期、一八世紀の終わりから一九世紀の初めにかけて、ドイツの多くの大学が統廃合されている。

プロイセンの教育行政の責任者として、フンボルトはどのような大学像を提示したのかを客観的に明らかにしておこう。「ベルリン高等学問施設の内的及び外的組織について」"*Über die innere und äußere Organisation der höheren wissenschaftlichen Anstalten in Berlin*（*Wilhelm von Humboldt: Werke* 1982 年所収）を手がかりに、フンボルトの考え方を検討してみよう[4]。

フンボルトの大学論を要約して表現すれば、以下のようになろう。

(1) フンボルトの言う「高等学問施設」（Hohre wissenschaftliche Anstalten）とは何を意味するのか。「大学とアカデミー」が、高等学問施設であると考えた。

(2) 高等学問施設の「内的組織」とはなんだろうか。フンボルトの言葉を使って表現すれば、「客観的学問と主観的陶冶との結合」を意味する。客観的学問とは、学問は個人の外部に存在し、個人は努力してそれを自己の内部に取り込むことを通じて、自己を形成する。自己は個人であり、主観である。このようにして、高等学問施設においては、個人が客観的学問を自家薬籠のものとすることによって、自己形成する。かくして、まさに「両者を結合する」のである。学問による自己形成ということである。

では、「外的組織」とはなにか。それは「学校の卒業と研究活動とを学者の指導の下に結合する」ことである。すなわち、ギムナジウムなどの中等教育学校を卒業して大学に入ってくる学生を、大学における研究活動へと誘い、スムーズに学問研究へと移行させることを意味する。

(3) フンボルトは、高等学問施設（大学とアカデミー）と学校（ギムナジウム）とを明確に区別することを、強く主張した。何故か。学校は既成の知識を教え、かつ学ぶ所である。これにたいして、高等学問施設は、「学問を、完全には発見されつくされていないもの、永久に発見しつくされることのないものとして」扱う場所であるからである。すなわち、高等学問施設は、学問を他の物のためでなく、学問として追求するからである。

したがって、フンボルトによれば、大学組織の理念は「学問を学問として追求する」という純粋な学問理念でなければならない。彼の言葉をそのまま引用すれば、「各人が可能な限り常に純粋な学問理念と向き合っていれば、これらの施設はその目的に到達するのだから、孤独と自由は、それらの範囲内における支配的な原理である」、「すべては、原則を保つこと、学問をいまだ完全には発見されていないもの、決して完全には発見されえないものとして考えること、そして絶えず学問をのようなものとして追求することに、立脚している」ということになる。

すなわち、フンボルトは、大学やアカデミーにおいては、「常に研究しつづけること」が学問に携わる者の務めであり、そこで施される教育は、自己修養を目的としており、研究も教育も「孤独と自由」(Einsamkeit und Freiheit) のなかで行われる。

(4) 総合大学は、学部 (Fakultät) によって構成されるべきである。

伝統的に、ドイツの大学は神学、法学、医学、哲学の四学部によって構成されてきた。この学部体制が一八世紀の末には硬直していると批判されたが、フンボルトは、大学は伝統的な四学部体制で構成されるべきであると考えた。

(5) フンボルトは、大学は、これまでそうであったように、国家の教育施設であってはならないと考えた。すなわち、大学は、教授の選任をのぞき、あらゆる領域において、自主運営を行うべきであると考えた。したがって、フンボルトの考える国家の役割は、総合大学を訓練学校あるいは専門学校や職業学校として取り扱ってはならない、教授の選任を通じて、大学の精神的豊饒さ・強さ・多様性に配慮すべきである、教授活動の自由に意を用いるべきであるということになる。教授の任免を除き、大学の自主的運営に期待した。

(6)　フンボルトの講じた処置で、ドイツの大学史上重要な意味をもつものは、一八世紀にはどこの領邦でもあった、他の領邦大学で学ぶことを禁止する条項を、プロイセンで廃止したことである。すなわち、学生はどこの領邦の大学でも学べるようにしたのである。言葉を換えて言えば、転学の自由を保障したのである[5]。領邦宗派主義からの脱却と言っても良い。

フンボルトと同時代に大学について豊富な考え方をしめし、思想的にベルリン大学の創設に貢献したシュライエルマッハー、シェリング、フィヒテの大学論にもごく簡単に触れておこう。

シュライエルマッハーの大学論は、「哲学部は誰もがその独立性をみとめ、またそれは他の学部のように、うっかり外面上の結びつきから目をそらせようものなら、たちまち種々雑多なものに分裂解体してしまうようなものではないことを認めざるを得ない性格のものであるがゆえに、第一の地位を占めるべきである。また、大学のすべての成員はどの学部に所属する人でも、哲学部に根を下ろしていなければならないものであるから、それは第一の地位を占めるべきであり、むしろ事実上すべての学部の女王である」というものであった[6]。

シェリングは、『学問論』のなかで、「哲学の学部は他の学部のように、特権はあたえられているが、国家義務を負った教師（ドクトル）ではなく、自由な学術の教師（マギステル）をつくるものである」と言っている[7]。

フィヒテは、『ベルリンに創設予定の、科学アカデミーと密接に結びついた、高等教授施設の演繹的プラン』において、大学やアカデミーが成立する予備的条件として、大学やアカデミーで教育を受けるだけの「適切な準備が下級学問学校でおこなわれていること」、学生が「自己の目的に全生活を集中すること」、「学問を志すものに現在の生活および将来の生活について適切な保障を与えることによって、彼らを物質的な面で四苦八苦するわざわいから解放してやること」を挙げている。教師にかんしては、「大学教師の本質は学問の技法家そのものを養成する技法にある」と断言している8。

以上から明らかなように、総括して言えば、フンボルトたちは、次のことを考えたと言って差し支えない。①フランス式の専門学校という考え方を完全に拒否すること。②国家の保護のもとにおける四学部から成るドイツに伝統的な団体的大学システムを復活させること。③大学は、教育と研究とを結びつける場として位置づけなければならないこと（教授は教育にも研究にも同じように義務があり、教授は彼の研究の方法や成果を教育の中において取り扱うべきであるし、教育の内容は、常に学術の最先端の成果に立脚しているべきである、すなわち「研究しつつ教え、教えつつ研究する」こと）。④大学と入門教育・準備教育を担当するギムナジウムとを明確に分離すること。⑤学問の自由があること（国家は、学術の営みに干渉したり、これを統制してはいけない。教授は、教育と研究において自由であり、学生は学習と自己形成において自由である）。⑥転学の自由を保障すること（学問の自由と同じく、他の領邦大学で学ぶことを禁止する規定を廃止する）。⑦学問を通じての教育・自己修練（教育や学習にとっては、訓練的な型にはまった知識の伝達が大学における学習の中心にあるのではなく、研究的学習が中心にあり、それにより自己形成をすること）。⑧学問的訓練は、「孤独と自由」のなかで行われる精神貴族主義的な性格をもっていること。⑨大学の自己補充権と国家の選任権とを調和させる、すなわちバランスをとること。

このような思想を背景にして、ベルリン大学は創設されたのである。次に、ベルリン大学が、どのような組織構造をしていたかを検討してみたい。

3　ベルリン大学の創設と一九世紀ドイツ大学の変容

上にフンボルトの大学論を中心に、一八一〇年前後の大学論の特徴を明らかにした。次に、ベルリン大学のシステムが実際にどうなっていたのかを見ておこう[9]。ベルリン大学が創設された一八一〇年ごろになると、中世に端を発する「スコラ的な学部構造」を解体し、旧式の講演形式の授業に代わって、学術的討論が行われるべきだという考えが主流になってきていた。この学術改革の思想は、ハレ、ゲッティンゲン両大学から出てきた。その根源は、合理主義と理想主義哲学および新人文主義的教育論にあった[10]。この新しい大学学問についての思想は、大学を国家に奉仕する学校から「学者共和国」（Gelehrtenrepublik）に変えていこうとするものであった。その大学は、研究と教育を原則的に結合するという新しい課題を担っていた。

ペーター・モーラフが「古典期の大学」と定義した一九世紀前期のドイツの大学の不可欠な前提条件および典型的要素は何であったのかは、ベルリン大学の組織とその背景にある考え方を検討すれば、明らかになる。

（1）　国家の施設と自治団体という二重性格

ベルリン大学は、プロイセン一般国法にあるごとく、「学校および大学は国家の施設であって、青少年に有益な知識および学問を教授することを目的とする」（第一条）と同時に、「大学は特権を有する団体があらゆる権利を保持」（第六七条）していたのである。このように、大学は、「国家の施設」であるという性格と「特権団体」という性格との統合体として成り立っていた[11]。この性格は、ベルリン大学に特有なものではなく、伝統的なドイツの各領邦の大学がもっていた性格と全く変わりがない。

しかし、プロイセン一般国法が施行される前と後では、学問の性格がかなり異なってきたことを無視してはならない。それ以前は、ライナー・A・ミューラーも指摘しているように、国家に須要な学問が主流であった[12]。一般国法（ALR）が施行されたあとは、基礎的理論的研究が強く意識されるようになり、実践にかんすることは大学では取り扱わない、基礎的理論的研究をする場所が大学であるという共通理解ができてきた。言葉を換えて言えば、学問のための学問という考え方が共通認識となってきた[13]。

（2）　学部構成：伝統的な神学・法学・医学・哲学の四学部制

ベルリン大学創設時の学部構成は、「ツンフトの中で硬直した大学」という批判が一八世紀になされたが[14]、フンボルトが主張したとおり、神学、法学、医学および哲学という伝統的な四学部体制であった。四つの学部が、大学教育の目的、すなわち高度の学問的教育を担った。四つの学部は、それぞれ一個の独立した団体としての性格を持っていた。

（3）　正教授支配の大学：意思決定機構、大学運営の担い手は正教授

学部には、広義の学部概念と狭義のそれとがある。広義においては、学部は、正教授、員外教授、大学教授資格を取得しかつ実際に教えている私講師、登録した学生から成り立っている。これら四者が学部の構成員と見なされた。事務職員は入らなかった。狭い意味の学部、すなわち運営機関・意思決定機関としての学部は、正教授だけにより構成された[15]。この意味における学部は学部長を長とし、学部に属する権限および職務を規則に則り、大学全体の意思決定を任務とする大学評議会（Senat）から独立して遂行した。

式典にあっては、全学部の権利の同等性を損なうことなく、神学部、法学部、医学部、哲学部の順で席を占め、この順序で在任学部長による署名も行われた。

全正教授ならびに全員外教授は任命された順序に準じ、同様に全私講師は正式に大学教授資格試験が実施された日付に準じ、学部名簿に登録される。その名簿には、誕生地および誕生日、博士号取得日、学部任命の辞令（Patent）ないし命令（Decret）の日付のごとき履歴、同様にある部署からの退任ないし他の部署への転任が詳細に記録されていた。

学部に籍を置いている教授は、彼の専門領域の全ての分野にわたって講義を行う権利を有する。教授は官職に応じてのみ正講義を行う義務がある。

正教授が私講義を行うと告知した題目と同じ題目の講義を、私講師が同一学期に無料で行うことは許されなかった。

（4）学部の任務

各学部は、包括する学問分野の教育の完遂に全面的に責任を負わなければならなかった。このばあい、正教授、員外教授および科学アカデミー正会員の講義だけが考慮に入れられるが、私講師のそれは考慮に入れられなかった。

学部業務の指導や監督のために、各学部はその構成員の中から年に一度学部長を選出した。狭い意味における運営機関としての学部の任務は、明確に学則に規定されていた。まず第一に、「学部に属する学問の教授とその完全な遂行にかんする監督」が任務として挙げられていた。次に、「学習および品行の点で学生を監督」しなければならなかった。第三に、「給費および奨学金の給付」があった。第四に、誰に博士学位を授与するか、決定する権限を学部は持っていた。学位授与権は学部のみがもっている。

これからも明らかなように、学問の教育、学位の授与、学生の監督（奨学金の授与も含む）という教育の全てに、学部が権能と責任をもっていたのである。

これらは、共通の任務であるが、たとえば神学部は神学にかかわる意見書を作成したり、医学部は、法医学上の報告書を起草するというように、学部独自の任務があった。

このように見てくると、学部は、学問に携わる人々（教師や学生）の集合体、教育体、運営機関という三つの性格があることが分かる。

(5) 哲学部の教育の使命

哲学部の教育は二重の使命を担っていると考えられていた。(1)あらゆる専門教育の基礎となる一般的・科学的教育を学生に授けるという任務。すなわち、神学、法学、医学の研究に必要欠くべからざる一般的および補助的知識を学生に授けるという任務である。

⑵学部固有の学問を学問自身のために促進し、そのことのなかで後継者（教師）を養成するという任務である。ただし、哲学部は、この二重の目的を通常二種類の教授方法によってではなく、純粋な科学的興味を損なうことのない講義を通して、追求するのである。さらに、哲学部には、本来の意味における哲学の外に、数学、自然科学、歴史学、言語学および国家学すなわち官房学が含まれていた（哲学部学則第四条）。

（6）教授任命の方法

教授の任命方式も定式化された。正教授のポスト（職）が空席になったばあいには、学部はその職に適当な三人の人物を、文部省に推薦することができる。現在でも、大学は三人推薦する。そのなかから、国家（文部省）が適当な人物を選任する。一人の教授が二つの講座を一身に兼ねることは禁止されていた。

このやり方は、正教授職をめぐる競争原理の導入と言ってもよい。

（7）競争原理の導入

前に述べたように、ベルリン大学で講義を行う権利は、正教授もしくは員外教授、科学アカデミーの正会員、大学教授資格を取得している私講師の三者がもっていた。

私講師志望者は、開講しようと思っている学部において、大学教授資格を取得しなければならないとされていた。志願者は、大学教授資格試験（ハビリタツィオン）に志願すると同時に、講義しようと意図している学問分野を申告しなければならない。申告した学問分野に関してのみ講義資格を得ることができた。大学教授資格試験には、博士号を持っている者のみが、神学部と哲学部にあってはリケンティア学位を持っている者も、志願できた。志願者が講義資格を得ることができるか否かを決めるのは、学部の判断であった。

一八世紀の後半から次第に各大学で行われるようになってきていたハビリタツィオンを、初めて明文化したのはベルリン大学の学則であった。ハビリタツィオン・私講師制度の導入・確立は、競争原理の最たるものと言ってよい。

上述のように、正教授を中心として大学・学部は動くというのが、ベルリン大学の実態であった。「正教授支配の大学」と言われる所以である。

（8）大学は総合大学（Universitas Litterarum）であるべきである

ベルリン大学の創設当初に鼓舞されたのは、全ての学問を網羅・統合した総合大学（Universitas Litterarum）の理念であった。「その最も小さな部分も全体の組織を反映している、それ自体において統一的有機体としての学問」というシェリングの言葉は、総合大学（Universitas Litterarum）の理念、「諸学の全体性」（eine Gesamtheit der Wissenschaften）を具体的に表現したものである[16]。

現に、ベルリン大学創設記念祝祭日（一八一〇年一〇月一五日）にクレメンス・ブレンターノの作詞によるカンタータ、その名も"UNIVERSITATI LITTERARAE"がうたわれた[17]。

実際に大学の教壇に立った教授はどう考えていたのか。テュービンゲン大学の植物学者フゴー・フォン・モール

(Hugo von Mohl,1805 ~ 1872) は、「大学の課題は全ての学問を包括し、それら諸学問を通じて教授活動を行うことにあるが故に、我々は大学を Universitas Litterarum と呼称するのである」と断言している。

さらに、別の哲学教授の「人間は、哲学〔精神科学のこと―筆者注〕と自然科学を結びつけることのできない要素として引き裂き、そしてそうすることによって、実際には存在しない深淵を両者の間に設定するいかなる権利も有しない」という言葉は、Universitas Litterarum の理念、「諸学の全体性」を物語っている[18]。

このように見てくると、ベルリン大学のシステムは、古い大学の組織構造に基礎を置いていたことが分かる。古典期の大学と、中世的・人文主義的学者共和国や近世初期の国家に奉仕する学校から区別する指標は何かと言えば、それは一八四八年以来いくつかのドイツの領邦において憲法で保障されるようになった「研究と教育の統一」、「研究と教育の自由」、「学問による自己形成」、「孤独と自由」という考え方であった。しかし、大学の組織構造、教授方法、学位、教授の広範な自己補充権、大学に対する各領邦の責任といったことは、歴史的、伝統的に生き残っていた。比喩を用いて言えば、古い皮袋に新しい酒を盛ったのである。

この新しい大学の精神は、根本において、偉大な「改革の精神」の持ち主イマヌエル・カントや前述したフリードリッヒ・ヴィルヘルム、シェリング、ヨハン・ゴットリープ・フィヒテ、フリードリッヒ・シュライエルマッハーの理念に基礎を置くものであったことは、ベルリン大学の実態から見ても明らかであろう。これらのユートピアとでも形容すべき理想主義的プランを、フンボルトは、一八一〇年に国民的大学と目されるベルリンの創設にあたって総まとめにし、そして、世界に通用することを可能にした大学を作り上げたのである。後の時代に「フンボルト理念」と総称される大学理念の内容は、ただ単にフンボルト一人の手によって作り上げられたのではなく、カント、シェリング、フィヒテ、シュライエルマッハーといった優れた哲学者たちの思想を基礎として創造された思想の総称であると考えた方が、事実にあっている。フンボルト一人の栄誉ではないことは銘記しておく必要があろう。

(9)　一九世紀におけるドイツ大学の変容

一九世紀が進むにつれて、フンボルトらの考え方やベルリン大学創設の理念はいかに変容していったのか、簡単に概観しておく必要があろう。

①　総合大学の理念、もろもろの学問を統一した組織体という理念は、次第に弱体化していき、個別学問の専門化を防止できなかった。前述したフゴー・フォン・モールは、前に引用したすぐ後で「もし大学がその教授活動のなかで科学を促進するものであるならば、大学は科学に相応した発展と変革をとげるものとして把握されねばならない」と主張した[19]。これは、総合大学（Universitas Litterarum）の理念を単に不用のものとして投げすてるのではなく、学問の領域で画期的な発展がおこれば、それに応じて大学の理念そのものも形態を変えねばならず、そしてまた大学の内部組織の改革を断行しなければならないことを主張したと解しえよう。

このように、Universitas Litterarum の理念は、伝統的な学部体制の崩壊を防止する強力な精神的阻止力として作用してきた。この理念のゆえに大学の古典的な学部体制は維持されてきたといってよい。しかしそれは、産業化と学問の専門化との過程のなかで揺らぎ出した大学の内部構造の伝統的形態を支えるに足るものではなかったと判断してもさしつかえあるまい。

②　学問の専門化と密接に関連しているが、理念的には全ての学問を統合・包括していると考えられていた哲学部が分裂した。すなわち歴史や言語学、文学などの文科系の学問を包括した学部（名称だけは哲学部）と理科系の学

問の学部（理学部あるいは自然科学部）に分離した。哲学部の分裂を推進した前述のモールは、「自然科学と哲学（精神科学を意味する―筆者注）との間にはおおいがたい深淵があり、それら両学問の精神的方向性と方法には非常に大きな対立がある。そのような結びつけることのできない要素（Elemete）をひとつの学部組織に統合すべきいかなる内的理由も存在しない」と主張した[20]。この方向で、事態は進行し、学部が多様化していった。

③　多くの実践的職業分野にかんする学問（獣医、技術、林業、教育など）が発達してきた。しかし総合大学（Universitӓt）の内部で一個の独立した学部を形成することは認められず、単科大学（Hochschule）として、発展した。したがって、フンボルト流の考え方やベルリン大学創設の理念は、こうした実用的学問が総合大学のなかの学問になることにたいして、阻害要因として作用したという側面は否定できない。

④　多くの実践的職業分野にかんする学問の発達と密接に関連して、大学・高等教育機関の専門教育的機能が重さを増してきた。この過程は、今日でも進行中と考えて良い。

⑤　教育と学問研究の結合、研究者と教育者としての大学教授の二重機能は、両立し難くなってきて、どちらかと言えば、研究に重きが置かれる傾向があった。この傾向は、競争原理や同一学内招聘禁止規定によってさらに促進された。

⑥　ゼミナールやインスティトゥートなど学問研究の大規模経営が盛んとなってきた。そこでは、教授が教育と研究内容を決定した。とくに、一九世紀の後半から20世紀にはいって、この「教えつつある研究の場」は「学術の大規模経営」へと変容していった[21]。

変わらなかったのは、「正教授支配の大学」（Ordinarienuniversitӓt）という特性である。大学運営も学部運営も学位授与権も後継者の決定も正教授が独占するという正教授支配の大学という特性は、一八四八年の革命によっても、それ以降も盛んに批判されたが、一九六〇年代まで存続し続けた。しかし、一九世紀のドイツ大学の実態は、当初の理念から次第に乖離していったのである。

4　ベルリン大学創設理念についての現代における評価

現代ドイツの大学からみたばあい、フンボルトたちの理念およびベルリン大学創設の理念は、有効なのかどうか。もし、有効であるとすれば、どういう点で有効なのか。有効でないとするならば、どうしてなのか。論点を整理して検討しておこう。

総括的に言えば、大多数のドイツ大学の法的地位は、連邦や州（国家）の官庁から強い独立性をもつ「公法上の社団」（Korperschaft des offentlichen Rechts）であり、州（国家）の機関である。給与は州から支給され（したがって国家公務員と同じ）、学長選任権、研究・教育の内容決定権、学位授与権、後継者養成権、教授招聘権というような伝統的ギルド的自治権をも持ち続けている。

しかし、二一世紀の今日、ドイツの大学も大きな変化の圏外にあることはできなかった。ドイツの大学を囲む環境は、当然のことながら、ベルリン大学が創設された時代とは大きく異なっている。代表的な環境の変化を挙げれば、大学の大衆化、欧州連合の結成、国際化、市場経済原理の大学への浸透、実学志向など多様である。一番大きい波は、国際化と欧州連合（ＥＵ）が進展しつつあり、近代国民国家が揺らぎつつあることであろう。

では、現在、ドイツ大学の明確にあらわれている変化とそれにたいして採用されている対策について検討してみよう。

（1）教育目標の変容

フンボルトらの時代は、大学はエリート教育の場であり、学問による自己形成の場であった。孤独と自由が標語であった。現在の大学大綱法（Hochschulgesetz, HRG と略される。直近の改正は二〇〇二年）は、大学の使命および教育目標については、次のように規定している[22]。

大学の使命については、「高等教育機関は、研究、教育、学習、継続教育を通じて、学術や芸術の育成と発展に貢献する。それは、学術上の知識や学術的方法を促進する職業的活動を準備するものである」と定めている（第二条第一項）。さらに、学習の目標については、「教育と学習は、学生を職業上の活動領域にむけて準備させ、そのために必要な知識、技能、方法を各学習課程に応じて教授すること、学生が学術的、芸術的仕事ができるようにすること、また、民主的、社会的法治国家の中で責任ある行動がとれるようにすること」（第七条）と定めている。

すなわち、ドイツの大学教育は、職業準備教育、学術的・芸術的教育、民主的・社会的責任の教育という本質的に三つの使命をもっている。フンボルトの時代とは明確に異なっている点は、職業教育と民主的・社会的責任の教育という新しい使命が二つ加わっている。

教育重視という視点からみれば、フンボルトらの根本理念は、もはや二一世紀の大学教育には通用しないといってよいだろう。現代の大学は今や全く新しい相貌と新しい構造になっている。とりわけ、①教育（授業）の質は大学教師として評価されるばあい、その比重は教師経歴にとって、大きな意味を持つようになってきている。②学習課程はより短く、より実践的になり、より国際的になってきている。さらに、③大学の財政支援は、教育（授業）

や研究、学習についての定期的な評価に依るようになってきている。

大学教育をめぐっては、この三つの変化が特徴的である。これらの改革を推進することによって、「ドイツの大学は再び国際的水準になり、世界的名声を得るように努力するべきである」と、時代の要請にあわせて、大学の授業を改革していく必要性を提唱している学者もいる[23]。

（2）大学運営システムの変化

さきに「正教授支配の大学」という特性は、一九世紀には変わらなかったと述べたが、一九七〇年代以降大きく変わったと言わざるを得ない。六〇年代後半の世界的大学紛争を受けて作られた「大学大綱法」（一九七五年）により、大学運営は、学生、事務職員、助手、員外教授、正教授といった大学成員各層の代表者による会議体に委ねられることとなった。これは、集団運営の大学（Gruppen-Universität）と呼ばれる。現行の「大学大綱法」では、「大学運営委員会」（Hochschulrat）を置くことになっている。これは、経済界、メディア、文化、政界、ノーベル賞受賞者など学外各界の代表者から成る諮問委員会であって、学長委員会（Presidikalkollegium）が、「大学運営委員会」の委員を選ぶ。学長は自動的に委員になる。委員会の役割は、①よい大学像を形成するためにイニシァティブをとること、②教育・研究における重点を形成するためにイニシァティブをとること、③学修内容をより一層発展させるためにイニシァティブをとること、④大学運営にかんする重要事項について、大学を援助すること、以上の四点である。こうした委員会を設けなければならなくなった背景には、大学人だけに大学運営を任せていたのでは改革は進まず、ドイツの大学は沈滞してしまうという危機感があったのである。

この変化は、大学が社会から孤立して存在してきたわけでは決してないが、「教授による教授のための大学運営」から「大学人による大学人のための大学運営」へ、「大学人および学外者による社会全体のための大学運営」へ、と端的に表現してもさしつかえない。

(3) 大学の大衆化

フンボルトの時代とは異なり、現代のドイツ大学は大衆化している。大学に入ってくる学生はもはやエリートではなく、アビトゥーア(大学入学資格)をもっていても、上下様々な学力をもった学生たちである。こうした事態に対応するために、様々な方策が採られている。代表的な事例を挙げれば、一つには、大学における学修を専門的に助言するポストが作られた。このポストは、大学生活の送り方や進むべき道、試験などについて、助言する役割をもっている。もう一つは、バチェラーコース、中間試験、マスターコースというコース・オブ・スタディを明確に定め、従来の学位に加えて、バチェラー、マスターという新しい学位を授与することである[24]。

このような対策は、「孤独と自由」のうち「大学教師の教育自由と学生の学修の自由」を制限するものであるという批判もあるが、もっと広い「学生の学ぶ自由」をシステムの上で保障し、大学の大衆化に対応するものであるという積極的解釈も成り立つ。

コース・オブ・スタディの設置やカリキュラム改革、学位の多様化という対策は、大学の大衆化への対応であることに間違いはないが、それだけではなく、実は、実学志向、国際化、在学期間の短期化にも有効な手段として採用されたのである。

（4）総合大学（universitas litterarum）の理念

この理念は、すでに一九世紀に崩壊したことは述べた。講座も学部も、個別学問領域の細分化に対応して、多様になってきている。しかし、大学はあらゆる学問を包括し、それら諸学問を通じて教授活動を行うという考え方は、伝統であろうか、ドイツの大学人の胸の中に脈々と流れている[25]。

（5）「統一」という考え方

「研究と教育の統一」というときの「統一」という考え方はどうであろうか。たしかに、研究と教育が統一され、学問と一般教養教育が統一され、学問と啓蒙が統一され、諸科学が統一されれば、上記の総合大学の理念ともかかわり、理想的な大学のあるべき姿であろう。しかし、そういう理念は、現代では、その形をはっきりと変えてしまっていると言わざるをえない。というのは、諸学問が専門化・細分化され、多様となってきており、もはや統一あるものとして、あらゆる機能を束ねることのできる媒体を作り出すことは不可能な状況になっているからである。大学における学修課程は、ハーバーマスが言うように、大学のもっている職業準備教育を越えた学問的な思考方法の訓練、事実と規範に対する仮説的な考え方を訓練することによって、「一般的な社会化現象への貢献を果た」すほかはなくなってきているのが実状であろう[26]。

（6）国際化、欧州連合の結成への対応

ヨーロッパの各国が協力しあって、通貨（ユーロ）を統合し、一つの大きな連合体を構成しようとしている。教育や文化も例外ではない。大学については、ボローニャで会議がもたれた。欧州連合のどの国の大学で学んでも不利益を被らないようにするために、単位（credit point, Leistungspunkte）システムが導入された。それは、ソクラテス・エラスムス計画の具体化の一環である。単位システムは、アメリカの大学ではごく一般的なものであるが、ドイツの伝統的大学文化には全くなかったものである。

一時間は四五分であり、上級になるほど時間あたりの単位数が多くなる。たとえば、講義や演習は二時間で六単位、プロゼミナール二時間で八単位、ハウプトゼミナール二時間で一二単位となっている。このように、単位を集めていけば、バチェラー、マスターやディプロームなどの試験を受けることができるのである[27]。

（7）ジュニアプロフェッサー（Juniorprofessor）制の導入

ハビリタツィオンと言えば、私講師と並んで、ドイツ大学の特徴として、真っ先に挙げられるものであった。ドイツでは、学術大学の教授になるには、必ず教授資格（venia legendi）を取得していなければならなかった。しかし、最新の「大学大綱法」によれば、必ずしもハビリタツィオンを受け、大学教授資格を取得しなくても、教授（かつての正教授や員外教授に相当するポスト）になる道が開かれている[28]。それが、ジュニアプロフェッサー（Juniorprofessor）制度である。かつての助手に相当する職務を果たすが、教育と研究については、教授と同等の権限を持っている。た

だし、学部長や学長に選出される権限はない。

古典的大学の象徴であったハビリタツィオンが廃止されたわけではないが、洋の東西を問わず、人は安きに流れるもの、こちらの道を選択する教授志願者が増大し、いずれはこちらが主流になるとドイツの研究者は口を揃えて言っている。

以上挙げた対策は、表面的には個々バラバラに見えるが、本質においては、国際化・産業化（市場原理）という同じ現象にたいする異なった対策であり、相互に関連した統一的性格をもつものと言わなければならない。

5　結　語

最後に筆者なりの見解を述べて本稿を閉じよう。現代のドイツの大学は、根本においては、学問研究を軸にした伝統的古典的大学の原理と市場原理・国際化という新しい動向との闘いの場であると言っても過言ではない。

しかし、大学改革が問題になるとき、常にフンボルトやベルリン大学創設の理念が引き合いにだされるのはなぜであろうか。その理由を述べる前に、どのように引きあいに出されているか、代表的な実例を二つほど挙げておこう。

第二次世界大戦の終了後すぐにヤスパースは、ドイツ人はフンボルト時代にたいして、忠誠心をもっているがゆえに、研究施設の形式において何らの根本的に新しいものを創造する努力をしていないこと、あらゆる社会学的、国家的・個人的前提、一九四五年以降の世界存在の内容、知識と能力といったものは異なってきているので、古典的時代を再建できないこと承知したうえで、「保守革命の意味に於いて回復する」ことを主張している[29]。

シェルスキーは、「孤独と自由」というフンボルトが定式化した大学の社会的理念像は、従来と同様、いかなる大学改革においても一つの規制的原則となっていること、教養観の帰結は、やはり従来と同様、フンボルト流の大学における教養理想に従うものであって、その理想を死滅したものとして片づけたりせずに、首尾一貫して現代科学の本質やその社会的関連に当て嵌めて考えてゆくものであり、今日の科学文明になかにあってもなお学問による教養の理想を維持できるような答えを出すべく試みていることを描き出している[30]。

以上二つほど事例を挙げた。先に挙げたハーバーマスも例外ではない。これらの事例から理由は明らかであろう。すなわち、ミュンヘン大学の「大学史・教育史」の講座保持者であったリティティア・ベームが言っているように、フンボルトたちの大学・学問思想やベルリン大学の創設理念は、たとえその新人文主義的教育理念が有効性を失ったとしても、現代でもなおその根本的な意義をもっていると考えられるからである。なぜかと言えば、フンボルトの考え方は、国家が大学を統制するという考え方に対抗して大学の自主的運営に有利である、あまりにも職業教育機能を強調によって基礎研究を圧殺することに反対しており、過度の学問の専門化により教育という任務からかけ離れてしまうことなどに警鐘を鳴らしているからである[31]。

ドイツの大学は変化の最中にあり、創設六〇〇年を祝ったハイデルベルク大学パンフレットの標語「伝統から未来へ」がいみじくも語っているように[32]、現在のドイツ大学は、上記二つの原理の葛藤の場である。二〇年か三〇年後には、時代と社会に適した新しい安定したシステムを作るであろう。そのときは、実学や市場原理よりも学問研究を軸とした新しい大学の型を作っているのではないかというのが、筆者なりの予想である。

註及び引用・参考文献

1 Paulsen,Friedrich; *Die deutschen Universität und das Univeisitätsstudium*, Berlin 1902. Neudruck 1966.

2 Moraw,Peter; *Aspekte und Dimensionen älterer deutscher Universitätsgeschichte*, t in: ACADEMIA GISSENSIS, Historische Kommission für Hessen,1982.S.7～23. Moraw,Peter, *Vom Lebensweg des deutschen Professors*（Gekürzte Fassung eines Vortrages 1988).

3 ミッタイス＝リーベリッヒ　世良晃志郎訳『ドイツ法制史概説』創文社　一九七一年　五〇八頁。

4 「ベルリン高等学問施設の内的及び外的組織について」（*Über die innere und äußere Organisation der höeren wissenschaftlichen Anstalten in Berlin*)。これは、von Humboldt, Wilhelm, Werke, 1982 に収めらている。また、この論文の翻訳は、梅根　悟・勝田守一監修　梅根　悟訳『大学の理念と構想』明治図書　一九七〇年に、フィヒテの「ベルリンに創設予定の、科学アカデミーと密接に結びついた、高等教授施設の演繹的プラン」、シュテフェンス「大学の理念についての講義」とともに収録されている。さらに、Wilhelm von Humboldt: Werke, 1982 も参照。

5 *Über Aufhebung des Verbots, fremde Universitäten zu besuchen 1810 IV*, Werke, S.239～240.

6 シュライエルマッヘル「ドイツ的意味での大学についての随想」梅根悟・梅根栄一訳『国家権力と教育―大学論・教育学講義序説―』明治図書　一九六七年所収。五七頁。

7 シェリング　勝田守一訳『学問論』岩波文庫　一〇三頁。ただし訳語は少し変えた。

8 フィヒテ『ベルリンに創設予定の、科学アカデミーと密接に結びついた、高等教授施設の演繹的プラン』二〇～二六頁、二七頁。ほかにフィヒテの大学・学問にかんする論文として、*Die Wissenschaftslehre in ihrem allgemeinen Umriß*. 1810. や *Über die einzig mögliche Störung der Akademischen Freiheit*. 1811. がある。

9 ベルリン大学の組織構造についての叙述は基本的に、*Statuten der Universität zu Berlin*, 1816（ベルリン大学の学則）および *Statuten der Philosophischen Facultät der Königlichen Friedrich-Wilhelms -Universität zu Berlin*. 1838. に依拠している。ベルリン大学史にかんする基本的な文献として、マックス・レンツの四巻本 Max Lenz; *Geschichte der Universität Berlin*. 1910. がある。そのほか、潮木守一『近代大学の形成と変容』東京大学出版会　一九七三年を参照。

10 Christiano Thomasio; *De libertate Philosophandi*, 1713. 高柳信一『学問の自由』岩波書店　一九六三年　九頁以下を参照。

11　一七九四年のプロイセン一般国法をみよ。

12　ライナー・A・ミューラー　別府昭郎訳「近代初期におけるドイツの『前古典的』大学―人文主義的な学者共和国から啓蒙主義的な国家に奉仕する学校へ―」明治大学国際交流センター　一九九一年。

13　二〇〇二年一一月一七日開催の「大学史研究会」での石部雅亮氏の教示による。

14　シェルスキー　阿部・田中・中川訳『大学の孤独と自由』未来社　一九七〇年　二四頁。

15　正教授による寡頭的大学運営は、実は一九世紀に成立したのではなく、一六世紀に成立したのである。詳しくは、別府昭郎『ドイツにおける大学教授の誕生』創文社　一九九八年。とくに第二章「正教授職の成立とその随伴現象」（二〇七頁以下）を参照。

16　Spranger, Eduard; *Wandlungen im Wesen der Universität seit 100 Jahren*, Leipzig, 1913. S.22.　島田雄次郎「ドイツの大学における学部学科編成の歴史―Universitas litterarum について―」『大学とヒューマニズム論』勁草書房　一九七〇年、所収。

17　Brentano, Clemens: *UNIVERSITATI LITTERAIAE. Kantate auf den 15ten October 1810.*

18　別府昭郎「哲学部の歴史的変容―テュービンゲン大学の理学部の設置をめぐって―」『教育学研究』第四二巻第一号一九七五年　一四頁。

19　別府　前掲論文　一九頁。

20　別府　前掲論文　一四頁。

21　ライナー・A・ミューラー　別府昭郎訳　前掲論文を参照。

22　最新の『大学大綱法』の改正は、二〇〇二年八月八日である。その第五八条を参照。

23　ディートリッヒ・フォン・クバイアス　別府昭郎訳『ドイツにおける大学教育の構造、諸問題及び改革動向』明治大学国際交流センター　二〇〇一年。

24　Humboldt-Universität. *Vorlesungsverzeichnis. Sommersemester 2002.*

25　たとえばエドムント・フッサール　立松弘孝訳『現象学の理念』みすず書房　一九六五年はその例として挙げられる。

26　ユルゲン・ハーバーマス「大学の理念―学習過程―」、H・G・ガタマー他　赤刎弘也訳『大学の理念』玉川大学出版部

一九九三年　所収。一七一～一七二頁。

27 Katholische Universität Eichstätt. *Kommentiertes Vorlesungsvezeinis. Wintersemester 2000/01.*

28 最新の『大学大綱法』第四二～四八条を参照。

29 ヤスパース　桑木努編『大学の本質』新潮社　一九四九年　五六頁。

30 H・シェルスキー　前掲訳書　二六五頁　二七七～二七八頁。

31 リティティア・ベーム　別府昭郎訳『ドイツの大学の勃興と改革』明治大学国際交流センター　一九八七年。

32 Ruprecht-karls-Universität Heidelberg. *Leitpunkte 2001 bis 2004 des Rektorates: Aus Traditoin in die Zukunft.*

なお本稿は、金子勉氏の遺稿集『大学理念と大学改革　ドイツと日本』(二〇一五年五月　東信堂)の「ドイツにおける近代大学理論の形成過程」において、原題「ヴィルヘルム・フォン・フンボルトとベルリン大学の理念」(『教育学研究』第七〇巻第二号)の名で参考文献として挙げられている。

また木戸裕氏は、別府の「忘れてならない」業績として挙げている(『尚志の士魂～紫紺に映えて』二〇一六年　三九頁)。

第二章　ベルリンにおける大学と学部概念

1　問題の設定

日本が大学というシステムを導入した時期（一八七七、明治一〇年）ドイツの大学の典型と目されるベルリン大学は、どのような組織構造をしていたのであろうか。この問題意識のもとに作業をしてみると、さらに具体的な問題が浮かびあがってくる。すなわち、①ベルリン大学はどのような学部によって構成されていたのか、②大学はどのような教師階層によって構成されていたのか、③大学と学部との関係はどのようにとらえられていたのであろうか、④大学と国家との関係はどのように考えられていたのだろうか、⑤どのような学問が教えられていたのか、などなどの具体的問題を考えることが出来るだろう。

こうした問題を、とりわけベルリン大学にかんする史料を中心にして、明らかにしようとするものである。

ベルリン大学を中心に「大学」や「学部」概念、学位、ハビリタツィオン、講義目録などを、実証的に考察していくことによって、それぞれの事項についての当時の考えを明らかにする手法を取りたいと思う。特に学則は、当時の考え方やシステムを学内規則化したものであるが、学則と制度的実態とはずれがあるとも予想できる。たとえ制度的実態とのずれがあるにせよ、学則から、当時の大学や学部がどの様に考えられていたのか、その大まかなシステムは分かると考えられる。そうした意味において学則からの叙述を中心に据えて述べていくことになるが、その前に、ベルリン大学が創設された時代は、大学史の時代区分から見たばあい、どのような位置を占めているのか、現代のドイツの中世史家が大学をいかにとらえているか、概略的に検討しておくことは、われわれの研究にとって有益であろう。ベルリン大学の歴史的位置づけに深く関係してくるからである。

2　ベルリン大学はいかなる位置をしめているか——大学史における時代区分

(1)　P・モーラフによる時代区分

ドイツの大学史を大まかにとらえるにあたって、ギーセン大学歴史学教授P・モーラフは、「古典期以前の大学」、「古典期の大学」、「古典期以後の大学」という時代区分を提唱している（Mraw, S.7-23）。

古典期以前の大学（vorklassische Universität）の時期とは、一三四八年、プラハに神聖ローマ帝国内の初めての大学が創設された時から、一八一〇年にベルリン大学が創設されるまでの四六〇年間を言う。古典期の大学（klassische Universität）の時期は、ベルリン大学の創設から、一九六〇年代後半の大学紛争を経て、一九七〇年前後の大学改革が始まるまでの約一六〇年間である。古典期以後の大学（nachklassische Universität）は、一九七〇年以降の大学を言う。

この時代区分の中心に置かれているのは、言うまでもなく、古典期の大学である。なぜこの時代が歴史の中心に据えられうるのか。この時代は、ドイツ国家の興隆期と重なり、大学史においても黄金期と特徴づけられる時代だったからである。しかも、現代におけるドイツの大学を特徴付ける歴史的基礎条件をなしているからにほかならない。
では、三つの時代がそれぞれにもっている特徴は何なのかということが問題になるが、P・モーラフの見解を手がかりにして、とりわけ古典期の大学の特徴を考えてみよう。このばあい、P・モーラフが挙げている見解を基にするが、それにとらわれないで、筆者なりの歴史解釈や批判を軸にして、各時代の特徴を列挙していくことにすることを、あらかじめお断りしておく。特に各節の最後の（　）でくくったまとめは筆者の責任であり、原著にはない。

（2）古典期における大学の特徴

では、古典期の大学はいかなる特徴をもっていたのか。挙げるべき特性は多々あるが、以下にとりわけ重要なものだけを摘記しよう。

血縁を重視する古典期以前の「家族大学」とは反対に、教師の学問的業績が重要なファクターとなる。そのために、学問的な競争が行われるシステムが採用されなければならない。こうして、教授資格試験（ハビリタツィオン）およびそれと裏腹の関係にある私講師制が確立された。私講師のなかから、学問的な競争に打ち勝った者だけが、員外教授や正教授に昇進するのである（**競争原理の導入**）。

競争原理と密接に関連して、一九世紀の後半以降「同一学内招聘の禁止」(Hausberufungsverbot) という慣行が形成された。これは、同じ大学のなかで、私講師、員外教授、正教授と昇進していくのを禁止するものである。この同一学内招聘禁止という慣行は、上記の競争原理をうまく機能させるための知恵であったと言ってよい。現在は、大学大綱法のなかに、明文化されている（**同一学内招聘の禁止**）。

一九世紀それも後半になってくると、学問の細分化が進行するとともに、研究が大規模化してきた。一人の人間がコツコツと研究するのではなく（もちろん、こういう方向が全面的に否定されたわけではないが）、大きなテーマに、予算をかけ、正教授を筆頭にして大人数で取り組むようになった。その傾向は、文科系や社会科学系のゼミナールでもみられたが、とくに自然科学や医学の研究所においてめざましかった。この動きは、研究の大規模経営化と呼ばれる（**研究の大規模経営化**）。

マックス・ヴェーバーが言っているように「国家から特権を与えられた一人の指導者の手中に物的経営手段を集中することによって、丁度資本主義的経営が労働者をその生産手段から分離するように、研究者や教官を彼らの『生産手段』から分離する」のである（ヴェーバー　世良晃志郎訳　一〇五頁）。

ギーセン大学のリービヒの化学研究所はその典型と言ってよい。こうした体制で研究するようになれば、正教授の支配力はますます強化され、絶対化するに至る。

大学教育の目的はエリートの養成であり、学問訓練は精神貴族主義的な性格をもつものと考えられていた。ここでいう「貴族」という言葉は、社会階級的な意味ではなく、精神的意味で使われている。学問的営みは、フンボルトのいう「孤独と自由」のなかで行われる精神貴族的作業にほかならない（**学問的訓練の精神貴族的性格**）。

ベルリン大学の創設理念によれば、学問的活動そのものを全体的かつ根本的に把握するのは哲学（根本知そのものの学問）である。哲学は「学問のなかの学問」（Wissenschaft der Wissenschaften）にほかならない。哲学諸科を包含する哲学部の教育は、①神学、法学、医学という専門教育の基礎となりうる一般的・科学的教育を学生に施すこと、②

および哲学部固有の学問を学問自身のために促進し、そのことをつうじて哲学の専門家を養成するという二重の使命を担っていた。哲学部は、この二重の目的を二種類の教授方法によってではなく、外面的な合目的性によって純粋な科学的興味を損なうことのない講義を通して、追求するのである。こういう純粋に哲学的教育を任務とする哲学部は、国家がその教育内容に関心をもつ上級三学部と区別され、それらの学部の優位にたつと観念された（**哲学および哲学部の重視**）。

さらに、古典期においては、「**研究と教育との統一**」（Einheit Forschung und Erziehung）が強調されたことも忘れてはならない。

Ｆ・パウルゼンが、「科学的研究の優位の時代」と呼んでいるように、科学的研究がめざましく進展した時代であった。とりわけ自然科学や医学の急速な発達はめざましかった（Paulsen, F., S. 39, 60ff.）それに対応して、相次いで研究所が開設され、人員が拡大された（**科学的研究の急速な発達**）。

こうした自然科学の発達は、結果的に伝統的な学問観の変更と大学組織の制度的改変をせまった。そして、中世以来自然科学と人文・社会科学を統一的に包含してきた哲学部は、ついに文科系のみの哲学部と理学部に分裂するに至った（**哲学部の分裂**）。

このように、競争原理の導入、同一学内招聘の禁止（Hausberufungsverbot）という慣行の形成、研究の大規模経営化、学問的訓練の精神貴族的性格、哲学および哲学部の重視、研究と教育との統一（Einheit Forschung und Erziehung）の強調、自然科学的研究の急速な発達、哲学部の分裂などが古典期の大学の主な特徴として挙げられるだろう。

以上によって、ベルリン大学を述べる大学史上の理論的前提ができあがったので、次に本稿の主題であるベルリン大学のシステムについて述べよう。

3　大学や学部は当時どう考えられていたか—ベルリン大学の大学・学部概念

(1)　ベルリン大学学則にみる大学概念

①　現代中世史家の大学概念

まず大学についてベルリン大学の学則がどう定めているかを検討することになるが、その前に現代の大学研究者が中世大学をいかに性格規定しているかを見ておくことは、本研究にとって、有益なことであると言わなければならない。原文の意味を全く変えないで、要約・説明してみよう。

中世史家ミューラー（Rainer A. Müller）は、講演のなかで中世大学の特徴全般について以下のように言っている。

①　大学は、原則的に教育施設（Lehranstalt）であって、研究機関ではなかった。その本質的なやり方は、講義にあった。それは、ふつう固定した教科書の解説や聞き取り、テキストのコメントから成り立っていた。

②　大学は学位授与機関であった。かなり長い期間にわたる学習ののち（約三年から八年に及ぶ）学生は、所属する学部の「バカラリウス」、「マギステル」あるいは「ドクトル」学位を取得する。そして、大学卒業者として、国家あるいは教会において、高い地位を得ることができた。

③　大学は、広範な「教会の施設」であった。教授は、教会の聖職禄から俸給を受けていた。彼らは、根本において、寮舎の中で僧侶のように生活していた。カンツラーは、教義の正統性を監視した。

④　大学は、どう見ても「民主的に」組織された団体であった。教師や教授は、委員会の委員や学長、学部長を自分たちの手で選出した。教師団は、その成員を選び、学則を作った。学部は、相互的に独立して、教授案を作成し、試験を行った。あとで述べるように、ここで言われている「民主的」とはかなり限定された「民主」的であった。

⑤　大学は、特権を受けた組織であった。大学は、法律の面から言っても、税金の面から言っても、「自由な空間」であった。その成員は独自の司法権のもとにあり、税金を支払わなくてもよかった。これらの特権の総体は「大学の自由」と呼ばれている。

以上によって、大学は、原則的に教育施設であったこと、講義にあっては固定した、決まった教科書の解説や聞き取り、テキストのコメントであったこと、学位授与機関であったこと、大学卒業ののち国家あるいは教会において、高い地位を占め得たこと、「教会の施設」と見られていたこと、「民主的に」（あくまでも同格の成員の中でという制限はあったが）組織された団体であったこと、学部は、相互的に独立した存在であったこと、特権を受けた団体とみられていたこと、などがわかってくる。

大学は、以上の特性を持つ団体と歴史的に理解されていたし、現在でも理解されている。これらの特徴が、ベルリン大学学則にどう反映されているかを探ることを通じて、日本が大学というシステムを導入した時のドイツの大学（とりわけベルリン大学）のシステムを知ることが出来よう。

②　ベルリン大学学則にみる大学概念

(1)「国家の施設」としての大学：学則によれば、大学（Universität）の性格は「国家の施設」（Staatliche Anstalt）、それも「教育施設」にほかならなかった。学則から見るかぎり、大学は研究機関ではなく、教育施設であると見なされていた（Statuten der Universität）。このことはいくら強調してもし過ぎることはない。現在でも大学の機能が中世から、「研究と教育」であったと考えている自称大学専門家が存在するからである。これは、歴史の実態を知らない似非大学史研究者といっていい。

大学を管理する機関は、プロイセン邦（ドイツでは国家を意味する）の内務省である。一七九四年に制定されたプロイセン一般国法（Allgemeines Landrecht für die Preußischen Staaten 1764, ALR と略される）第二部第一二条は、「学校および大学は国家の施設である」と定め、第二条において「このような施設は国家の承認と認可によってのみ開設することができる」と規定し、さらに、その第六七条において「大学は、特権を与えられた団体の持つ全ての権利を有する」と定めている。実は、学則はこの一般国法の枠内にあると言っても差し支えない。

(2)「大学の目的」：では、「教育施設」たる大学の目的とは何であろうか。それは、高度の学問的教育、学問的訓練を施すことを通じて、学生を、国家および教会での職務の諸分野で活躍する高度の人間にしたてあげることであるものである。「高度の学問的教育」とはギムナジウムでは教えられない、大学特有の学問を意味する。具体的には後述する神学部、法学部、医学部、哲学部の包括学問領域をみれば理解できるであろう。

(3)「大学の特権」：大学はいかなる特権をもっていたのか。特権とは、他の団体は持たないが、その団体だけが、他の団体に優越して持っている権利のことである。大学の最大の特権は、学位授与権と教授資格授与権である。ドイツにあっては、学位を授与しない、教授資格をださない、そういう大学というものは考えられない。その他の権利、たとえば、交通税の割引などの免税特権は、学位授与権や教授資格授与権にくらべれば、ヨリ低い位置しか与えられない。学位と教授資格については後述する。

(4)「大学を構成する者」：大学を構成する者はだれか。学則によれば、教師団全員（招聘され任命された正教授、員外教授のほか私講師も含む）、大学の名簿に登録されている学生もしくは入学を許可された学生、大学の業務を遂行のため不可欠で所定の職場に適切に配置された職員および下級職員、これらの三者が大学を構成する。

(5)「学部構成」：学部構成は神学、法学、医学および哲学の伝統的な四学部構成である。神学、法学、医学の諸学部は、専門的な職業人を養成することを任務にしている。これに反して哲学の分野には、本来的意味における哲学のほかに、数学、自然科学、歴史学、言語学および国家学すなわち官房学といった諸々の学問を含んでいる。

(6)「運営機関（Behörde）としての学部」：学部が団体であるかぎり、どうしてもその運営をしなければならなくなってくる。運営機関としての学部を構成する者は正教授のみであった。それで一九世紀のドイツの大学は、「正教授支配の大学」（Ordinarienuniversität）と特徴づけられるのである。次に述べる大学評議会（Senat）も各学部の正教授のみで構成されたのであった。

(7)「大学評議会（Senat）」：大学評議会の役割と構成する者について述べよう。評議会（Senat）の役割は、大学自体のもっている諸権利が規則通りに実行されているかどうかを監視すること、各学部に共通する業務を司ること、学生にかんする共通の監督をすること、上級の官庁に報告すること、以上の任務が評議会（Senat）にはあった。学長がこの会の議長を務めた。上に述べたように、この評議会も正教授によってのみ構成されることになっていた。

(8)「大学で教えうる者」：大学では誰でも授業を担当できるものではない。現在でもそうである。だから、誰に教える権利を認めるかが大きな問題になる。この当時は、大学で講義を行う権利は、①あらかじめ大学教授資格を取得したのち、正教授もしくは員外教授に任ぜられた者、②科学アカデミー正会員、③開講しようと意図している学部で大学教授資格を取得している私講師、この三者にかぎられていた。大学で授業を持つ資格、大学教授資格（venia legendi）については後で述べる。まず、ベルリン大学の学部ごとの職階別にみた教師数を示しておこう（一九〇〇年）。

　医学部と哲学部の両学部が、教師数も私講師数も断然多いことが分かる。また正教授数が最も多いのは哲学部である。

（2）学部概念

　ベルリン大学では学部（Facultät）は当時どのように理解されていたのだろうか。学部は大学のなかの一つの団体（Corporation）と考えられていた。当時の学部概念については、一八三八年ベルリン大学各学部の学則による学部の性格規定が考える手がかりを与えてくれる。

　神学部については、神学部学則の第一章第一条から第五条まで、法学部については、法学部学則第一章第一条から第六条、医学部については、医学部学則第一章第一条から第五条、哲学部については、哲学部学則第一章第一条から第四条で知ることができる。いずれの学部も学則の劈頭で、その性格規定をしている（Preussishe Universitäten, eine Sammlung der Verordnungen）。

①　神学部

(1)　神学部の使命は、もっぱら福音教会（プロテスタント）の教義にしたがって神学を教授すること、さらに言え

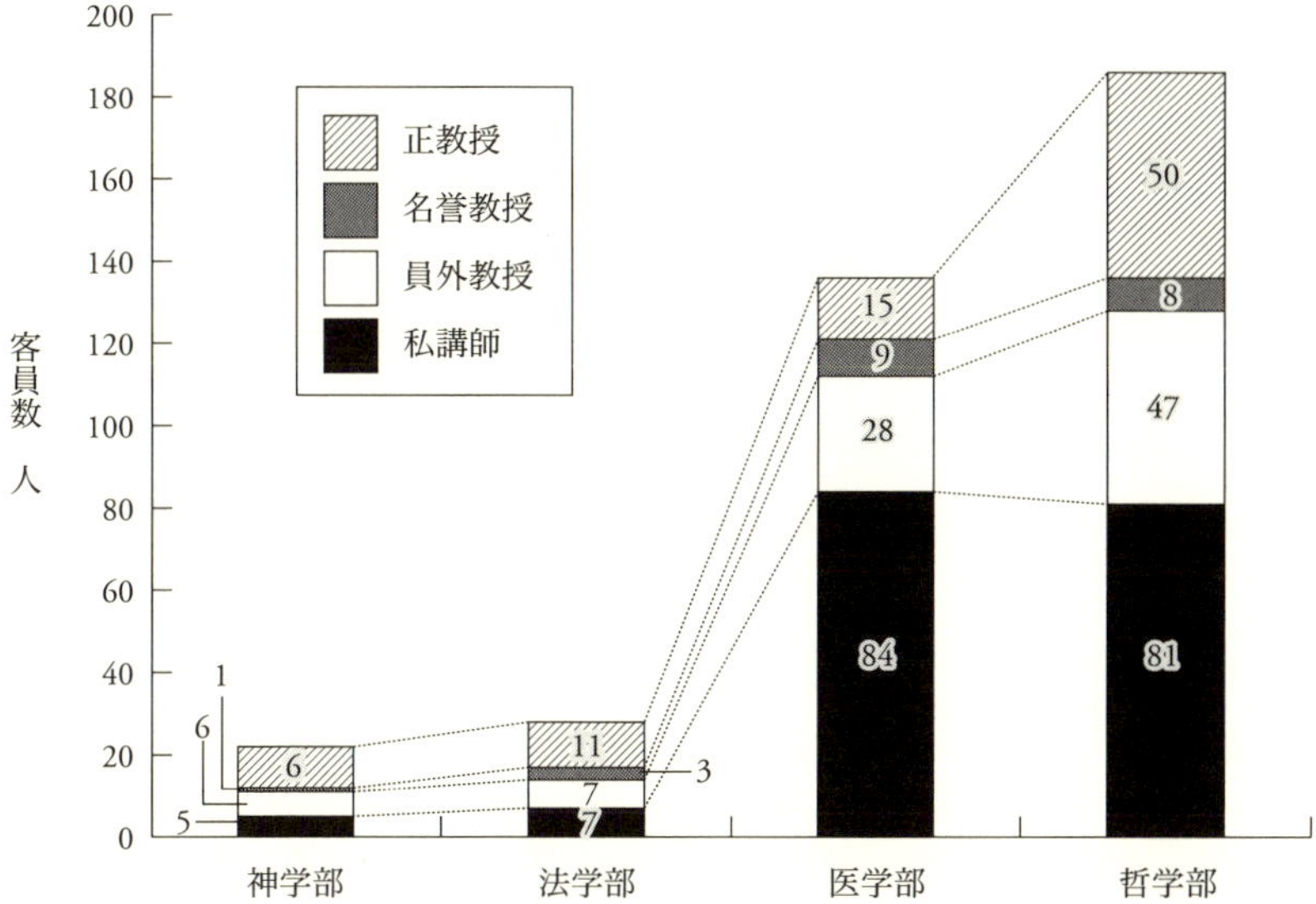

図 1　1900 年ベルリン大学の学部ごとの職階別教師数

ば、講義及びその他の学問的訓練を施すことによって教会奉仕に専念する青年を鼓舞することと定められていた。

(2)「学部」という概念には広い意味と狭い意味があった。広義の神学部を構成するのは、正教授、員外教授、当学部において教授資格を取得し、かつ実際に教授している私講師、並びに学部名簿に登録されている学生、以上三者であった。

狭義の学部としての神学部は、神学博士号（Doctor theologia）を取得している正教授のみで構成された。狭義の神学部では、会議（教授会）のさい、学部長を議長として、学部に属する独自の権利及び義務を、大学（評議会）から独立して執行した。学部が、評議会から独立した団体であると言われる所以である。

(3) 神学部の独自の権利及び義務とは、どういうものであったのか。それらを箇条書きにして示すと、以下のようになる。

① 神学部に属する学問の教授とその完全な遂行に関して監督すること。

②　学習及び品行の点で学生を監督すること。給費及び奨学金を給付すること。
③　学位を授与すること。
④　上級機関（評議会や国家の機関を意味すると考えられる）から要求された神学上の意見書や回答を起草することであった。それらは、拒否されることもあった。

(4)　神学部の学内における序列は、どうであったか。中世以来四つの学部のうちで一番プレステージが高く、年俸も高かった。神学部は、一九世紀でも全ての意味で筆頭であった。すなわち、式典のさい、全ての学部の権利の同等性をそこなうことがないようにして、神学部長は最上席についた。神学部長、法学部長、医学部長、哲学部長の順序で署名も行われた。「全ての学部の権利の同等性をそこなうことがないようにして」という条件がついていても、やはり長い間のしきたりにしたがって、神学部の学部長が最上席に座ったのである。

(5)　神学部における教師の名簿の順番は、正教授並びに全ての員外教授は任命された順序に準じ、私講師は正式にハビリタツィオンが実施された日付に準じて、記載された。

学部名簿には、誕生地及び出生日、博士号取得日、学部に任命・命令の日付などが記載されていた。これは、全員が納得できるやり方であった。

神学にはどのような学問領域が属していたのだろうか。一八六五年五月一九日学長評議会の決定によれば、神学部では以下の科目が教授された（Daude, S.386 ~ 388.　以下各学部同じ）。

①神学入門（百科全書）・教授法　②旧約聖書　③新約聖書
④教会史、教義史、神学史　⑤宗教哲学〈哲学部をみよ〉　⑥護教（弁証論）・教義
⑦キリスト教倫理学　⑧教会法〈法学部をみよ〉　⑨実践神学、説教説、実習、結社

②　法学部

法学部の使命は、プロイセン国法を特に考慮に入れ、法学全体を教授することであった。

法学部でも神学部と同様広狭両義の学部があった。広い意味の学部は、正教授および員外教授、当学部において教授資格を得かつ教授している私講師が含まれていたが、狭い意味の法学部は、正教授のみによって構成されていた。

学部名簿には、登録日、学部に任命された辞令ないし命令の日付といった履歴、おなじくある部署からの退職ないし他の部署への転任が、詳細に記録されることになっていた。

法学部の任務は、以下のように、考えられていた。

(1)　法学部に属する学問の教授とその完全な遂行にかんして監督すること。

(2)　学習及び品行の点で学生を監督すること。給費及び奨学金を給付すること。

(3)　学位を授与すること。

(4)　法学上の意見書や回答を起草すること。

法学部が教えなければならない学問領域には以下の諸学問があった。

①百科全書・教授法　②自然法もしくは法哲学　③ローマ法
④教会法・婚姻法　⑤ドイツ法　⑥国法、国際法
⑦訴訟　⑧プロイセン法　⑨刑法・刑事訴訟
⑩法医学は医学部をみよ　⑪復習

③ 医学部

医学部の使命は、医学（Heilkunde）および治療法（Heilkunst）の全ての分野を教授して、基礎的な学説によって科学的予備教育のために教授活動を実行し、治療法に専心する学生を職業実践に向けて十全に準備させること、であった。

医学部の広義の学部は、正教授および員外教授、当学部において教授資格を得かつ教授している私講師、学部名簿に登録された学生、これら四者から構成された。

狭義の運営機関としての医学部は、医学博士号を取得している正教授のみによって構成された。医学部の会議は、学部長を長として開催された。

医学部の持っている権利及び義務には、以下の四つがあった。

(1)　学部に属する学問の教授とその完全な遂行にかんする監督。
(2)　学習及び品行の点で学生を監督すること。給費及び奨学金の給付。
(3)　学位の授与。国外の大学で授与された博士号の承認。
(4)　国内のないし国外の官庁または個人によって請求される法医学的な報告書のごとき医学的審議文書の起草。

医学部長は、式典のさい、全ての学部の権利の同等性をそこなうことなく、法学部のすぐ次の席につき、この順序で在任学部長による署名も行った。

名簿に掲載される順番は、全ての正教授並びに全ての員外教授は任命された順序に従い、全ての私講師は正式にハビリタツィオンが実施された日付に従い、学部名簿に登録された。学部名簿には、誕生地及び出生日、博士号取得日、学部に任命された辞令ないし命令の日付といった履歴、おなじくある部署からの退職ないし他の部署への転任が、詳細に記録される決まりになっていた。

医学部で教授された学問領域は、以下の通りであった。

①動物学、植物学、鉱物学、化学は自然科学をみよ　②百科全書・教授法
③医学史　④解剖学　⑤生理学
⑥病理学・治療法　⑦精神病学　⑧調剤学・製薬学
⑨外科　⑩歯牙疾病　⑪眼病
⑫助産法　⑬臨床講義　⑭法医学

④　哲学部

哲学部の使命および業務一般については、学則には次のように定められていた。哲学部は、教授分野に関連し、哲学、数学、自然科学、歴史学、言語学、国家学すなわち官房学を包括していた。

哲学部における教育は、二重の使命をおびていた。一つは、あらゆる専門教育の基礎となる一般的・科学的教育を学生に授けることであった。具体的には、神学、法学、医学の研究に必要欠くべからざる一般的および補助的知識を学生に授けることであった。

第二は、学部固有の学問を学問自身のために促進し、そのことのなかで教師を養成することであった。ここで言われている教師とは、おそらくギムナジウムの教師のことであろう。

ただし、哲学部はこの二重の使命を果たすとは言っても、それを通常二種類の教授方法によって果たすのではない。教師（筆者注―ギムナジウムの教師と考えられる）を養成するという目的によって、純粋な学問的興味を損なうことのない講義を通して、追求していくのである。

狭義における哲学部の権利および職務は、以下のごとくであった。

(1) 学部に属する学問の教授とその完全な遂行に関して監督すること。

(2) 学習及び品行の点で学生を監督すること。給費及び奨学金の給付。

(3) 学位を授与すること。

学部の包括していた学問領域は、上級三学部と異なって、多様であった。哲学部の最初の学則（一八三八）によれば、学部が担当の主要分野は、一七の公式講座（Nominalprofessur）と定められていた。

1. 理論哲学
2. 実践哲学
3. ギリシア語
4. ローマ文学
5. 東方語
6. ドイツ文学
7. 歴史学
8. 国家学・官房学
9. 考古学・芸術史
10. 純粋数学
11. 応用数学
12. 物理学
13. 化学
14. 工芸学
15. 動物学
16. 植物学
17. 鉱物学

ここには、雄弁、天文学、地理学の講座は見てとれない。しかし教えられなかったわけではない。それらの学問は最も近接した分野と関連づけて教えられることになっていた。一七の公式講座全てが保持されていれば、正教授職は空席とは見做されなかった。一人の正教授が二つの公式講座を一身に兼ねることはできない決まりになっていたから、一七の学問領域が正教授のポストでもあった。これからも、一人一講座であることが分かる。

一九世紀の後半になってくると学問も細分化され、多種多様になってきた。哲学部が包括する学問分野は、哲学、数学、自然科学、国家学、官房学、商学（Gewerbe wiss.）、歴史、地理、芸術学、芸術史、言語学、体育など多岐にわたっていた。それらを整理して示せば、以下のようになる。

哲学の分野

①入門　②哲学史　③論理学・形而上学
④哲学的物理学・自然哲学　⑤倫理学　⑥宗教哲学
⑦法哲学ないし自然法は法学部をみよ　⑧教育学　⑨歴史哲学
⑩美学は芸術学（Kunstlehre）をみよ　⑪演習

数学の分野

自然科学の分野

①物理学　②化学　③製薬学は医学をみよ
④鉱物学　⑤植物学　⑥動物学
⑦解剖学・生理学は医学をみよ

国家学・官房学・商学（Gewerbe wiss.）の分野

①国法は法学部をみよ

歴史・地理の分野

①教会史は神学部をみよ　②法制史は法学部をみよ

③個々の学問史および芸術史についての講義はそれぞれをみよ

芸術学・芸術史の分野

言語学の分野

①概論（例：筆跡学、比較言語学等）　②ギリシア語・ラテン語

③ローマ法の領域と同類のものについての講義は法学をみよ

④古代哲学についての講義は哲学をみよ　⑤ドイツ語

⑥ロマンス語　⑦スラブ語　⑧サンスクリット、パリ語、古代ペルシア語

⑨アルメニア語　⑩セム語　⑪旧約聖書の文献についての講義は神学部をみよ

⑫エジプト語　⑬ペルシア語　⑭トルコ語　⑮フィンランド語

⑯中国語　⑰速記術

体育の分野

ドイツの大学の哲学部は、一九世紀の後半から、文科系の学部と理科系の学部とに分裂するに至る。ベルリン大学の哲学部も例外ではなく、二〇世紀にはいると理学部（数学や自然科学を含む）と文学部（文学、歴史学、言語学を含む）に分裂してしまう。哲学という概念が制度的・組織的担保を失ってしまったのである。哲学部の分裂には色々

な要因が重なり合っているので、簡単に結論を出すことは厳に慎むべきではあるが、自然科学の急速な発達という要因は見逃せないであろう。

以上神学部から哲学部まで学部ごとに述べてきたが、もう一度四学部に共通する学部概念をまとめておこう。学部の概念には、狭義の学部と広義の学部があった。狭義の学部は正教授だけで成り立っていた。古典期（一八一〇年のベルリン大学の創設から一九六八年頃の大学紛争まで）のドイツ大学が「正教授支配の大学」（Ordinarienuniversität）と呼ばれる所以である。広義の学部は、員外教授、私講師、学生も含むものであった。

学部の任務には、①学部に属する諸学問の教授とその完全な遂行に関して監督すること、②学習及び品行の点で学生を監督すること、給費金及び奨学金を給付すること、③学位を授与すること、④意見書を出すこと、諮問に回答すること、これらの四つがある。

さらに以上の検討から、学部には三つの姿があることが分ってくる。すなわち、①学問の組織体としての学部、②人間の集合体としての学部、③運営体・意思決定機関としての学部の三者である。

現行日本の「学校教育法」が、「大学には、重要な事項を審議するため、教授会を置かなければならない。②教授会の組織には、准教授その他の職員を加えることができる」（第九三条）と教授会必置義務を定めていることおよび「准教授その他の職員を加えることができる」としているのは、ドイツ大学の遠い影響と見なすことができよう。

大学は「教育施設」であるから、講義目録と講義の告知にも言及しておかなければならないであろう（Daude, S.384～386）。

（3）講義目録

全ての他の大学と同じように、ベルリン大学においても、半年ごとに、個々の学部長によって集められた、全ての教師の講義報告書よりドイツ語とラテン語の講義目録が作成された。そして大学学則第八章第一〇条の規定に基づいて、学長及び評議会の権威により、その学期の規則に定められた終結の二週間まえに印刷して公開された。

ラテン語の講義目録は次の表題ではじまっている。

Index lectionum .... ad ....ad d....habebuntur.

学部ごとに分けて記載されたこの講義目録には、個々の当該学部の正教授、員外教授そして私講師の講義が特定の題目に従って、別々に分類されている。そのほか、どの講義が「正講義」（publice）であり「無料」（gratis）であるか、どの講義が「私講義」（Pvivatim）であるか、あるいは「最も私的な」（privatissime）であるかが記入されていた。目録に記載されている個々の教師（Docent）はアルファベット順に配列されていた。

一八二〇年九月八日の省令によって、諸学問をより容易に一覧することができるために、また大学の全ての講義目録の作り方を同じ形式に統一するために、学部ごとに配列されたラテン語の講義目録が作られることになった。そのほかに学問ごとに配列されたドイツ語の講義目録を作成することが定められた。しかしながら時がたつにつれて、この規定を実行することは、正確には守られなくなった。

講義時間の配分についてラテン語の講義目録で示された旧い一覧表は、一八七七年五月四日の省令（Ministerial-Erlasses）の規定によって、ドイツ語で書かれるようになった。

哲学部にどれくらい講義の数があったのか、何曜日のどの時間に行われたのか、正講義なのか私講義なのか、私講義でも無料なのか有料なのか、を**表1**で示しておこう。ただし時代は少し下って一九〇〇年である。これによってどういう名称の講義がベルリン大学で行われていたのかが分かろう。実はパウルゼンやディルタイといった日本でもよく知られた人も教えていたのであるが、ここには名前を掲載しなかった。

数学や物理学などの自然科学の科目が見あたらないのは、自然科学は一九世紀の後半に別の学部に移動してしまっていたからである。

（4）学位規定（Promotionsbestimmungen）

学則による規定では学位を表す Grade という言葉は使われていなくて、昇格・卒業（Promotion）という言葉が使われている。昇格・昇進・卒業を表す Promotion という言葉が使われていることに留意しておきたい。ドイツでは学位をとることは、まさに昇格（進）・卒業なのである。日本人の感覚とだいぶん違う。

ベルリン大学に限定して言えば、学位試験は以下の三つの部分から成り立っていた。

①　自分で起草した学術論文

②　口述試験への出席

講義名	曜日	時間	講義の種類
⑯未開民族の国家と社会（近代社会の発展を考慮に入れて）	水	6–7	無料
⑰宗教哲学（民族学的・歴史学的Material に特に考慮して）	火・金	5–6	私講義
⑱教育学	月・火・木・金	10–11	私講義
⑲一般教授学	水・土	11–12	私講義
⑳中等学校教職のための教導学	木	5–6	正講義
㉑哲学演習	金	12–1	正講義
㉒カントの純粋理性批判に関する哲学演習	水	9–11	正講義
㉓アリストテレスの形而上学についての哲学演習			最も私的な講義・無料
㉔プラトンのソフィスト論についての哲学演習	土	11–12	最も私的な講義・無料
㉕判断の諸理論についての哲学演習	水	10–11	最も私的な講義・無料
㉖心理学ゼミナールにおける演習	水	12–1	最も私的な講義・無料
㉗心理学ゼミナールにおける演習	土	12–1	最も私的な講義・無料
㉘実験心理学実習（Experimentell-psychologisches Prakticum）〔Dr.med. Schäfer との協働〕	水・土	3–4	私講義
㉙ Experimentell-psychologische Arbeiten Fortgeschritter			最も私的な講義・無料
㉚教育学演習	水	12–1	最も私的な講義・無料

表 1　ベルリン大学哲学部 1900 ～ 1901 年冬学期の講義

講義名	曜日	時間	講義の種類
①大学と大学研究	水	12–1	正講義
②神の存在証明	水	5–6	正講義
③現代に至るまでの一般哲学史（文化史との関連において）	月・火・水・木・金	12–1	私講義
④一般哲学史	月・火・水・木・金	4–5	私講義
⑤近世哲学史	月・火・水・木・金	9–10	私講義
⑥カントの純粋理性批判解説（演習 Übungen）による	月・火・水・木・金	9–10	私講義
⑦カントの生活と学説	水・土	9–10	私講義
⑧ 19 世紀の哲学（同時に哲学入門として）	水・土	4–5	私講義
⑨論理学と認識論	月・火・水・木・金	10–11	私講義
⑩認識論と論理学	火・木・金	9–10	私講義
⑪認識論と論理学	月・火・木	3–4	私講義
⑫ 心 理 学（mit psychophysische n Demonstrationen）	月・火・木・金	10–11	私講義
⑬一般心理学	土	9–11	私講義
⑭精神科学としての心理学	月・火・木・金	11–12	私講義
⑮倫理学と社会哲学（現代の生活問題を考慮に入れて）	火・金	3–4	私講義

③　公開討論

これらのうち一つも欠くことができなかった。

一八三八年の哲学部学則（Statuten der philosophischen Facultät der Königlichen Friedrich-Wilhelm-Universität zu Berlin,1838）によれば、哲学部で授与した学位は、ドクトル、哲学博士（Doctor philosophie）とマギステル（Magister artium liberalium）であった。ごく一般的に言えば、中世においては、マギステルとドクトルは同格の学位と見られることもあったが、一九世紀のこの時代になると、マギステル学位を持っていないとドクトル学位をとることができなくなっていた。言うまでもなく、ドクトルが上位学位であった。

一八世紀の後半以降教授用語は圧倒的にドイツ語に代わっていたが、いくつかの学問領域、すなわち古典言語学、オリエンタル言語学、古代学、古代史、古代言語学、こうした学問では、学位試験にラテン語を課していた。学問研究上必要だからである。その他の領域、とりわけ自然科学の分野では、ドイツ語のみであった。

学位試験の評価は四段階で行われた。

最優等（summa cum laude）

優等（magna cum laude）

良（cum laude）

可（sustinut）

ドクトルにしてもマギステルにしても、学位を与えるか否かは学部の判断に任されていた。すなわち、学位を授与するか否かの決定は、正教授たちの手に握られていた。

合格した者は、宣誓（Sponsion）をラテン語で行わねばならなかった。

（5）ハビリタツィオン規定（Habilitationsbestimmungen）

一八世紀の後半にハビリタツィオンが導入されるまでの時期は、学位が大学の教壇に立って授業をする基礎資格であった。ハビリタツィオン導入以後は事態が異なってきた。

ハビリタツィオンについてはじめて明文化したのは、ベルリン大学の学則（一八一六）だと言われている。

それによれば、ハビリタツィオンは、学位と同じく、三つの部分によって構成されていた。

①　論文の提出（論文のテーマは、学部によって与えられたテーマか、志願者が学部の同意を得て選択したテーマであった）

②　試験講義

③　口頭試問（コロキウム）

この三者から成り立っていた。論文によって研究能力が、試験講義によって教授能力が試された。試験に合格した者は、学部によって、教授免状（venia legendi）が授与された。

一九世紀になると、「私講師は例外なくハビリタツィオンによってのみ講義する権利を獲得すること」が全ての大学で行われるようになった。現在ではジュニアプロフェッサー（Juniorprofessor）制度は導入されてはいるけれども、現代ドイツでもハビリタツィオンは生きている。現在は、二つの制度の併存状態であるが、どちらの制度を取るかは、大学ごと学問領域ごとに異なっている。

一九世紀の大学教師のヒエラルキーは、当時正教授、員外教授、私講師であったが、最下層に位置する私講師は、ハビリタツィオンが確立してくると、開講しようと意図している学部において、ハビリタツィオンによって「教授資格」(venia legendi) を取得しなければならなくなった。すなわち、私講師志願者は、大学教授資格試験に志願すると同時に、講義しようと意図している学問分野を申告しなければならないとされていた。申告した学問分野に関してのみ講義資格を得ることができたのである。

学部はあらかじめ規則で定められている方式に則って、志願者の才能を判定した。志願者が講義資格を得ることができるか否かは、当然学部の判断のみに委ねられた。また志願者を拒否するのも学部の意向によった。

大学教授資格試験に志願する条件は、博士号を持っている者のみが、神学部と哲学部にあってはリケンティア学位を持っている者に限られていた。しかし、たいていの者は博士号をもっていた。

ハビリタツィオンの導入は、従来から大学で教えていた多様な私的教師（①将来、大学の正教授になることを目標にしている若い研究者、②市民的職業〔医師、弁護士、教師など〕に就くまで、暫定的に私的教育活動に従事し、生活の糧を得ている者、③大学の特権〔税金負担からの自由、都市や領邦裁判所管轄からのがれる権利など〕を享受するために、すでに、市民的職業についていながらも、大学で私的教授活動に従事している者、④学費・生活費を得るために、学部の許可を得て、教えている学識ある学生）を淘汰するにいたった。

私講師制度は、私的教師を淘汰しつつ、全てのドイツの大学に普及していった。パウルゼンも「カトリックの諸大学では私講師制度は自然発生的には見られない」と指摘しているように、たしかにカトリック系の諸大学においては、私講師は自然発生しなかった。しかし、カトリックを奉ずるバイエルンのインゴルシュタット大学でも一七九九に大学の改革が行われ、「私講師制度」が導入されている。インゴルシュタットでは、私講師になるには次の条件を満たさねばならなかった。①論文によってドクトルの学位を得ていること、②若干の講義によって教授能力を実証すること、③大学評議会（Senat）と大学監督局（Curatel-Behörde）の承認を得ることであった。同じくバイエルンのヴュルツブルグ大学においても、一九世紀にはいって私講師制度を採用するに至った。

一八世紀の末から一九世紀のはじめにかけての時代に、「大学教授資格試験」が導入された。これを契機として、私講師層が大学教師の位階の最下位に位置づけられ、将来の大学教授の「貯水池」となった。

ある大学から他の大学に移って私講師として開講しようとするばあい、以前に開講していた大学で取得した資格は、そのまま通用したのか、それとも取り直さなければならなかったのか。この問題は、教授資格を考えるとき、資格保持者にとって重要な問題である。結論から言えば、取り直さなければならないケースが多かった。とくにミュンヘンやベルリンといった規模の大きい大学のばあいそうであった。

ベルリン大学では、一九世紀の後半、他の大学から移り、私講師として開講を希望する者が押し寄せてきたので、再教授資格（Umhabilitation）取得の規程が作られた。

ミュンヘン大学哲学部の一八八八年の大学教授資格試験規定は、「他の大学から本学に転任することを望む私講師は、一八三〇年二月二一日および一八五五年四月一四日の文部省決定に従って、当該学部であらためて、しかも相応の結果をもって、大学教授資格を取得しなければならない」（第三〇条）と明確に定めている。二〇世紀にはいっても事情は変わらなかった。一九一五年の規定も「他の大学から本学に転任を希望する私講師は、定められた大学教授資格試験の条件を、あらためて満たさなければならない。すでに経験を積んだ年輩の講師にあっては、コロキウムを免除することができる（第八条）と、基本的に一八八八年の規定を踏襲している。

なぜ再び教授資格を取得することを要求しているか。それは、聴講料を主な収入源としている私講師の経済的利益にかかわるからである。ミュンヘンやベルリンは当時ドイツで最大規模の大学であり、多くの聴講料収入が期待できた。規制せずに、他の大学で取得した資格を無条件に認めれば、外様の私講師と両大学で教授資格を取得した私講師との利害が対立するからである。自分の大学で資格を取得した私講師の経済的利益を守るために、外部に対して、制限規程を設けたのであった。このようにして、現実には大規模大学の授与する教授資格と小規模大学の教授資格との格差が作り出されたのである。しかし、教授として招聘されるばあいには、再び教授資格を取り直す必要ななかった。

こうしてハビリタツィオンは、私講師というドイツ大学に特有な大学教師の階層をうみだし、ドイツの大学に特有の教授資格試験と認知されるにいたった。

4　大学と学部との関係

（1）大学は、外から見れば一つの組織であるが、内部からみれば、四つの学部（団体）から成る組織であった。したがって、大学と学部の関係はどう考えられていたのだろうかという問題が問われなければならない。ベルリン大学も、すでに設置されていた他のドイツの大学と同じように、四つの学部から構成されていた。すなわち、神学、法学、医学および哲学の四つの学部であった。したがって、大学は学部の寄りあい所帯であったとも言うことができよう。しかし、寄り合い所帯であるとは言っても、ともかくも四つの学部を持っているのが「大学である」という考え方がドイツには伝統的にあったから、四つの学部を置いて成立したのがベルリン大学である。

これら四つの学部は、プロイセン国王が正教授として招聘し、給与を支払っている人々の団体とみなされていた。彼ら正教授の運営の下で、それぞれ相互に独立していたのである。すなわち学部は、相互に独立した団体を形成していた。

各学部には、学部教授会がおかれ、学部の業務を遂行した。一方、大学全体の共通業務を遂行するために、大学の中に評議会がおかれていた。それは正教授のみによる委員会であった。成員のなかから学長が選ばれ、学長がその会の長となり、議長を務める仕組みになっていた。だから、内部的に見れば、大学所属の人間は、誰もいなかったことになる。全員が学部の所属であった。

大学の諸権利（学位授与権や免税特権）を享受するのも、実際は各学部の教授であった。学位も、教授資格も授与するのは学部であるが、授与するばあい、大学を代表する学長の名前で出したのである。

運営機関としての学部の主要任務は、伝統的に、①学位や大学教授資格を授与すること、②学部が担当している学問領域を首尾よく教授するための方策を講ずること、そして③学問の面でも、生活の面でも学生を監督し、奨学金を与えることであった。

このような運営機関としての学部は、一六世紀に正教授職が確立されたときにできあがり、ほぼ一九世紀の終わりの時期まで、正教授によって寡頭的に支配されてきた。しかし、二〇世紀にはいると、正教授の独占体制は崩れ、員外教授や私講師の全員とはいかないまでも、彼らの代表が学部運営に参画するようになった。

（２）大学評議会では、誰を学長に選ぶか、大学財産をどう運用するか、といった大学全体にかかわる事項が審議された。それは、基本的には、各学部の教授会と同じく、伝統的に正教授のみによって構成されてきた。しかし、一九世紀にはいり、大学の規模が大きくなってくると、大学ごとの事情の相違も生じてきた。ゲッティンゲンやマールブルクのように比較的小規模の大学では、全ての正教授がその成員になっていた。これにたいして、ベルリンのような大規模の大学では、正教授の代表による狭義の大学評議会を設けなければ、大学運営が難しくなってきた。二〇世紀にはいると、学部教授会とおなじく大学評議会にも、員外教授や私講師の代表がその成員として加わるようになった。

5　大学と国家との関係

大学と国家との関係は、ドイツの大学史を研究するとき、いつの時代においても無視することの出来ない大きな問題であるが、クルーゲの説を媒介にしつつ、粗雑ながら簡単に考察しておこう。A・クルーゲは、「国家による大学監督」を①中世における大学監督（一四世紀から一六世紀まで）、②初期絶対主義的大学監督（一六世紀から一七世紀まで）、③一八世紀における大学監督と古典的大学監督、④一九世紀および一九四五年までの伝統的大学監督、⑤現代における大学監督（法による監督）と四つに分け、一九世紀の大学監督を「伝統的大学監督」として特徴づけている（Kluge, A., S. 226ff.）。国家は、国家の都合・利害（国家理性と政治学では呼んでいるが、何も国家が理性をもって行動することを意味するものではない）によって、大学を動かそうとする。一九世紀の大学監督は、はじめは一八世紀の絶対主義的性格を抜けきっていなかったといわれているが、時が経過するにしたがって、おおまかに言って、大学監督の制度化と教育にかんする事項はだんだん大学自身が決めるようになる傾向が強くなってきた。大学監督の制度化とは、フンボルト、シュクマン、アルテンシュタインというような見識ある、有力な職にある個人が大学政策を動かすのではなく、できるだけ組織・システムで動かしていく傾向である。教育にかんする自治とは、大学は国家の中の国家ではないが、できるだけ学問にかんすることは大学に任せる傾向を言う。

そういう傾向があるにもかかわらず、ベルリン大学はプロイセン邦の「国家の施設」であった。しかも、プロイセン一般国法（ＡＬＲ）によれば、大学は国家の承認と認可によってのみ開設することができるのであった。また、他方で大学は、学長や学部長を自身で選び、学位を授与する団体でもあった。学長を選ぶ、学部長を選ぶ、学位を授与する、そういうことは、教育にかんする事項だから、国家は国家は認めざるを得なかったのである。ここに、大学は「国家の施設」であるとともに「特権的自治団体」であるという二重性格が出てくる。この二重性格をとらえて、クルーゲは一九世紀の大学政策を特徴づけていると思う。

自治団体としての大学と国家による監督との関係が端的にあらわになってくる場面は、大学史上いくつかあるが、教授の後継者人事はその場面の一つと見なすことができよう。ベルリン大学の各学部で正教授職が空席になったばあいには、学部は理由を明示した意見書により、その職に適当な三人の人物を文部省に推薦することができた。誰にするか決めるのは、大学ではなく、プロイセン国家の方であった。国家は、学部の要求及び所管の財源に応じて、講座数を増加することができた。ここで講座というのは、明治二六年に導入された帝国大学の教授一、准（助）教授一、助教（手）一～二という講座制ではなく、一人一講座のことである。この点に注意を促しておきたい。専門の研究者にも誤解があるからである。

大学や正教授が出版する論文や著作についての「検閲」はどうか。国家による検閲は当時あった。このことについても、学則は定めている。大学は、大学という総称および学長の署名のもとに、刊行される印刷物にかんして、一七八八年の検閲令において承認された検閲からの自由を享受していた。全ての正教授も時事的政治問題に無関係の全ての学問的出版物にかんし、この検閲からの自由を享受した。教授は、自分の氏名と地位等を付記し、その中には法律に反する事柄は何も記されていないという自己責任において出版できた。

逆に言うと、教授といえども、時事的な政治問題にかんした著作や論文のばあいには検閲を受けねばならなかった。教授は、自分の氏名と地位等を明記し、その中には法律に反する事柄は何も記されていないという自己責任において出版しなければならなかった。出版の自由はなかったと言って良いであろう。

こう見てくると、国家と対応するのは学部（Fakultät）ではなくて、アンシュタルトとしての大学であった。大学が、大学の業務について上級の省（上級審庁）に報告し、国王が他の国家官庁と協議するために、大学の中に大学評議会がおかれている。

大学と国家との関係を、ヤスパースは、次のように書いている（Jaspers, K., und Rossmann, K., S. 115）。

「大学は、自治団体として創設され、法王や国家の創設文書によって、権限を授与され、独自の財産とりわけ基本財産を付与されていた。

この自治団体の自己運営という理念は、この歴史に由来するものである。大学は、自らその組織を構成し、その成員を選択し、その教育を構成し、今日博士学位として残っている学位を授与する。

しかし、大学は、公法上の団体（Körperschaf öffentlichen Rechts）として、国家の意思・保護・援助によって存立する。大学は二つの顔をもっている。すなわち、国家のほうを向いた顔と国家から自由な顔である。大学の理念にしたがって、大学は自分自身で定款をつくり、それにしたがって運営する。大学は、大学を承認している国家に、この二つの顔をみせている。

大学の自己運営は、教授たちが担っている。教授は、まず第一に、団体の成員なのであって、国家官吏ではない」。


これが、ヤスパースの考え方である。

ヤスパースは、歴史的に言えば、大学は、国家の方を向いた顔と国家から自由な顔との二つの顔を持っていること、大学の自治の担い手は正教授であるが、正教授はその根本においてまず団体の成員であって、国家の官吏ではないこと、これらことを指摘している。

このように、学則において、大学を、一方では「国家の施設」として、他方では「特権をもつ団体」として規定している。これは、ヤスパースも言っているように、ドイツ大学の歴史的な特殊事情に由来するものにほかならない。

このように、団体としての大学と創設機関としての国家との関係を歴史のなかで検討してみると、次のことが明らかとなってこよう。国家は、一方では大学を特権団体として認めつつ、他方ではその特権をできるだけ小さくして、国家の単一的な支配網のなかに取り込もうとする。それにたいして、大学の方は、独自の団体的特権を守り、自らの判断や意志決定を優先させようと努力する。したがって、ドイツの大学の実態は、学者の完全な共和国（小国家）でもなかったし、ましてや国家の単なる下部官庁でもなかった。これらの極限形態の中間的性格をもつものであったと言えよう。

しかし、歴史の事実（たとえば、ヴィルヘルム・フォン・フンボルトの大学行政やアルトホフ体制）が示しているように、中間的性格とは言っても、それは静的なものととらえられるものではなく、その時の学長、学部長、有力教授の判断や国王や文部省の意思決定者といった人間的要因、さらには財政事情や社会情況、学問や学者、大学にたいする社会の要求などの様々な要因によって、「国家的なるもの」と「自治団体的なるもの」との関係は多様に変容するダイナミックな構造をもっていたと言ってさしつかえない。

6　私講師の教授への昇格

私講師の教授職への昇進については、次のように言えよう。たいていのばあい、正教授や員外教授は私講師のなかから選ばれた。私講師が大学教授予備軍と呼ばれた所以である。しかし、長期間にわたって私講師職にあったとしても、教授職を要求しうるいわゆる「官職請求権」は認められていなかった。

一九世紀の後半になると、「同一学内招聘禁止」(Hausberufungsverbot) という慣行が成立した。この慣行は、同じ大学のなかでの昇格を禁止するものである。具体的にいえば私講師から員外教授、員外教授から正教授と昇格するばあいに、原則的に同一大学では不可能で、必ず大学を変わらなければならない(例外がないわけではない)。

教授資格の授与および私講師の採用は、ひとえに学部の必要と判断に任されていた。すなわち、教授資格試験の受験者に教授資格 (venia legendi) を与えるか否か、私講師として採用するか否かは、学部の専決事項であった。それだけ学部の意向は強かった。大学教授の後継者養成すなわち私講師資格の授与とその採用にかんしては、一九世紀はじめの時代までは、国家は関与しなかった。将来の大学教授予備軍としての私講師の養成と採用は、全く大学の内的事項として、認められてきた。しかし、プロイセンにおいては、一八九八年の「私講師処分法」(Gesetz, betreffend die Disziplinarverhältnisse der Privatdozenten an den Landesuniversitäten, der Akademie zu Münster, und dem Lyceum Hosianum zu Braunsberg）が議会に提出され、可決された。この法律は通称アロンス法と呼ばれている。アロンスというただ一人の私講師をやめさせるために作られたからである。この法律は、文部大臣が私講師にたいして直接に秩序罰（戒告と譴責）を科す権利および教授資格（venia legendi）を剥奪する権利を認めている。

7　教授の任命方法

一八一六年一〇月三一日のベルリン大学学則第八章第一条によれば、「大学で講義を行う権利は、以下の者に存する。1. あらかじめ大学教授資格を取得したのち、正教授もしくは員外教授に任ぜられた者。2. 科学アカデミー正会員。3. 開講しようと意図している学部で大学教授資格を取得している私講師」。

私講師については、上に述べた。教授の任命方法についてはどうか。一九世紀における正教授の選任の仕方は、ベルリン大学の学則に典型的に見られる。一八三八年のベルリン大学哲学部学則は、「正教授職が空席になったばあい、学部は理由を明示した意見書により、その職に適当な三人の人物を文部省に推薦することができる」（*Statuten der phiosophischen Fakultät.* §42）と定めている。このように、正教授職が空席になったばあいには、学部はどうしてその人にしたのか理由を明示した意見書によって、その職にふさわしい三人の人物を上級審官庁である文部省に推薦するのである。文部省は、通常三人の中の筆頭者を指名するのが普通であった。

しかし、そうでないケースもあった。すなわち、三人の中の筆頭者でなく、二番目であったり、三番目であったり、名簿にない人を指名したりすることも可能であった。学部の要求や所管の財源に応じて、講座数を増加することもあった。

このように、大学や学部が三人の候補者に順位をつけて、文部省に提案し、その中の一人を文部大臣が任命するという方式が一般的に採用されていた。大学の推薦した者はどれくらい任命されたのか。あるいはまた文部大臣は、大学の提案に拘束されたのか。この問題は、大学と国家との関係を考察するとき、大変重要な事柄である。

一八一七年から一九〇〇年の間にプロイセンの諸大学において神学部で三一一、法学部で四三二、医学部で六一二の教授人事が行われた。そのうち、神学部では二〇九件が学部提案どおり、一〇二が提案になかった者や学部提案の順序どおりではない者が任命されている。法学部では三四六が学部提案どおり、それ以外のケースは八六、医学部では四七八が提案どおりで、それ以外のものは一三四であった（Paulsen, S.101 ~ 102）。

この数字は、学部はたしかに提案権を保持していたが、文部大臣は、必ずしも提案された三人の候補者や順位にとらわれずに任命しえたし、また実際に任命したことを物語っている。大学が推薦権を、国家が任命権を握っていたと考えて良いが、ドイツにおける「大学の自治」は、このような事実を基として考えられなければならない。手放しで、ドイツの大学は「大学の自治」を謳歌していたとは言えないであろう。

まとめ

（1）　大学について

ベルリン大学を中心にドイツの大学について述べてきたが、最後に大学と学部について総括して、本稿を終わることにしたい。

大学（Universität）は、まず何よりも「国家の施設」（Staatliche Anstalt）しかも「教育施設」（Lehranstalt）であった。大学の目的は、高度の学問的教育、学問的訓練を施すことを通じて、学生を、国家および教会での職務の諸分野で活躍する高度の人間にしたてあげることであった。

「高度の学問的教育」の中身は、神学部、法学部、医学部、哲学部の各学部で教授される知識と技能であった。大学を設置し、管理する機関は、プロイセン邦（ドイツでは国家を意味する）の内務省である。その性格は、一七九四年に制定されたプロイセン一般国法（ＡＬＲ）に規定されていた。

大学は、学位授与権をはじめとするいくつかの特権をもつ団体であった。だから、大学は、国家の設置する特権団体という二重の性格をもっていた。

大学を構成する者は、教師団の全員、学生、職員および下級職員であった。

大学の構成は、神学、法学、医学および哲学という伝統的な四学部から成り立っていた。

大学の運営機関としては、大学評議会（Senat）が置かれていた。

大学は、閉じた団体であったから教えうる者も限られていた。ベルリン大学で講義を行う権利は、①あらかじめ大学教授資格を取得したのち、正教授もしくは員外教授に任ぜられた者、②科学アカデミー正会員、③開講しようと意図している学部で大学教授資格を取得している私講師、この三者にかぎられていた。

（2）学部について

学部概念について、ベルリン大学に象徴的に見られる学部の特性を考えておこう。それを要約すると、次のような特性をもっていると言って大過ないのではないだろうか。

①　狭い意味の学部は、閉じた構造をもっていて、普遍性をもたない一つの団体とみなすことができる。「閉じた構造」と「普遍性をもたない」とは、同じ意味であって、ともに資格をもたない者は成員になれないということを意味する。資格をもっていないから成員になれない。だから「閉じた構造」、「普遍性をもたない」ということになる。

②　学部は、メンバーの自由な合意に基づく、直接民主制的行政を行う団体である。学部長やその他の役職は、メンバー全員の選挙で選び、教育内容や教育課程も自分たちの手で決めうる。そういった意味で、学部は自治権をもった団体である。

③　学部は、正教授中心の貴族主義的性格をもつ団体である。「正教授貴族層」（M・ヴェーバー）という言葉さえある。ここで言う「貴族」とは、身分制度で言う「貴族」のことではなく、学部を正教授がリード（支配）しているという意味である。

④　学部は、広義においても狭義においても、資格をもっている者の団体であるから、有資格者を無資格者から分かつ「選抜装置」をもっているのが普通である。言い換えると、学部加入（inceptio）に際しては、審査を伴う厳格な試験（exsamen rigorosum）、たとえば論文試験（審査）、面接、学生や試験委員の面前での講義などが行われるのである。

⑤　学部は、学部からの追放権や処分権をもつ団体である。入れる権限を持っていれば、論理的に排除する権限をもっている普通である。

⑥　学部メンバーは、学部の成員である限り、心の自由、精神の自由が保障されている（ヴェーバー　世良訳　六四四〜六五六頁）。

このように、学部は、内に向かっては対内秩序の維持、外に向かっては対外防衛という二つの機能を持つ団体である。

（3）大学と学部との関係

ベルリン大学も、すでに設置されていた他のドイツの大学と同じように、四つの学部から構成されていたから、大学は学部の寄りあい所帯とみてよいだろう。

これら四つの学部は、プロイセン国王が正教授として招聘し、給料を支払っている人々の団体であった。

各学部には、学部教授会がおかれ、各学部の業務を遂行した。一方、大学全体の共通業務を遂行するために、評議会がおかれていた。その成員のなかから学長が選ばれ、学長がその会の長となり、議長を務めた。運営機関としての学部の主要任務は、伝統的に、①学位や大学教授資格を授与すること、②学部が担当している学問領域を首尾よく教授するための方策を講ずること、そして③学問の面でも、生活の面でも学生を監督し、奨学金を与えることであった。

（４）　大学と国家との関係

大学は「国家の施設」であったから、プロイセン一般国法（ＡＬＲ）の枠の中にあった。また、大学は、国家の法認した「特権団体」でもあった。ここに、大学の二重性格が生まれてくる余地がある。

正教授の後継者人事は、大学自体がその職に適当な三人の人物を国家に推薦し、国家の側が決定した。すなわち、大学には推薦権を与え、国家が決定権をもつという構造であった。

また､国家は検閲もした。大学および学長の署名のもとで刊行される印刷物にかんしては､検閲からの自由を享受していたが、正教授と言えども、時事的な政治問題に言及した著作や論文のばあいには検閲を受けねばならなかったのである。

国家に対応するのは、大学評議会であった。すなわち、国家からみれば、大学を代表するのは、大学評議会であったので、国家の指令や命令は、大学評議会あてに来たのである。そういった意味では、評議会は大学の機関であるが、大学と国家を繋ぐ機関でもあった。それだけ国家の支配権は、他方では大学の自治を唱えながらも、無視できなかったのである。

引用文献（本文出現順）

Moraw,Peter, *Aspekte und Dimensionen* älterer deutscher Universitätsgeschichte in: ACADEMIA GESSENSIS, 1982.
マックス・ヴェーバー　世良晃志郎訳『支配の社会学』Ⅱ　創文社　一九六二年。
Paulsen,F., *Die deutschen Universitäten und das Universitätsstudium,* 1902. ND. 1966.
Rainer A. Müller, *Die deutsche "vorklassische" Universität in der frühmoderne—Von der humanistische Gelehrtenrepublik zur aufgeklärten*

Staatdeinerschule--. 1990.（別府昭郎訳「近代初期におけるドイツの『古典前期』の大学―人文主義的な学者共和国から啓蒙主義的な国家に奉仕する学校へ―」）明治大学国際交流事務室　一九九一年。

Statuten der Universität vom 31. Oktober 1816
Statuten der theologischen Fakultät vom 29. Januar 1838
Statuten der juristischen Fakultät vom 29. Januar 1838
Statuten der medizischen Fakultät vom 29. Januar 1838
Statuten der phiosophischen Fakultät vom 29. Januar 1838

これらは、Daude: König.friedrich=*Wilhelms=Universität zu Berlin*. 1887 に収められている。

Friedrich-Wilhelms-Universität zu Berlin. *Verzeichnis der Vorlesungen 1900-1901 Winter-Semster*.
Allgemeines Landrecht für die Preußischen Staaten 1764.
Preussishe Universitaten, eine Sammlung der Verordnungen.
Kluge, Alexander, *DieUniversitäts-Selbstverwaltung*. 1958.
Jaspers,K., und Rossmann, K., *Die Idee der Universität*, 1961.

参考文献

Manfred Bruemmer, *Staat kontra Universität*. 1998.
Max Lenz, *Geschichte der Köiglichen Friedrich-Wilhelms-Universität Berlin, 4 Bände* 1910-1918.
Paulsen,F., *Geschichte des gelehrten Unterrichts*, BdI.1919, Leipzig (Nachdruck, 1965, Berlin.)

第三章　一九世紀ベルリン大学における私講師

序　本章のねらい

本章は、ドイツの諸大学において私講師制度が普及・確立した一九世紀前半期の私講師の実態を、とりわけベルリン大学に即して明らかにしようと試みたものである。

なぜベルリン大学をとりあげるのか。ベルリン大学を創設したプロイセン邦がドイツ政治史のなかで主導的な役割を果たしたということ、および、シュライエルマッハー、フンボルト、シェリングといった当代一流の学者・政治家により、豊かな理念をもって創設され、世界の大学に一つのモデルを提供したという理由のほかに、私講師の歴史を社会学的手法によって研究したA・ブッシュが指摘しているように、「大学教授資格試験」(Habilitation) の手続きを大学学則（一八一六年施行）に明記し、はじめて制度化したのは、ベルリン大学であったからである[1]。

筆者は、切りはなしがたく絡み合っているマクロな大学教師の歴史全体から一九世紀前半の時点における私講師を切りはなしてとり出し、その位置や性格を、できうるかぎり実態にそくして把握することに努めた。

なぜこの作業が必要なのか。

第一。大学成員の最も重要な要素は、歴史的にみれば、いうまでもなく、教師であった。私講師は大学教師の職階制の最底辺部に位置していたが、将来の正教授の主要な供給源でもあった。したがって、大学内部における私講師の役割・機能の解明は、正教授職の研究とならんで、大学成員史および大学教師の階層制史研究の重要な契機である。

第二。私講師をめぐる問題はたんに大学内部だけにとどまらない。私講師問題は国家と大学をつなぐ結接点の一つである。したがって、国家と大学との関係は、直ちに、私講師の採用、法的地位、経済状態、教授活動に反映してくる。したがって、私講師制度の質的変容は、国家と大学との関係の在り方の変容を示す一つの指標である。後述するように、一九世紀後半とりわけアルトホフ体制の下で、私講師制度が重大な質的変容をとげることを考慮すれば、大学の自治の歴史あるいは国家と大学との関係史という観点からみても、この作業は不可欠であるといえよう。

第三。私講師という概念は時代的・地域的制約を非常に強く受けている。すなわち私講師という言葉の示す実態は、時代により領邦により、時には大学により異なっている。本章は、一九世紀前半のベルリン大学における私講師に限定して述べたものであるが、これは、別の時代や別の領邦（大学）の私講師の実態を明らかにするときの比較素材となるであろう。

第四。一九世紀後半アロンス事件を契機として私講師制度が激しい論争の的となったが、そのとき、ホルン、パウルゼン、ヒンシウス、ダウデ、ボルンハック、といった論者たちは、多少のニュアンスの相違はあるにしても、一九世紀初頭の私講師の実態と概念を前提として論争を展開している。したがって私講師の歴史にかんする研究書を理解するためにも、この種の作業が不可欠であると思われる[2]。

1　「大学教授資格試験」による「教授資格」の取得

(1)「大学教授資格試験」のやり方

私講師になって大学の教壇に立とうと思う者は、ハビリタツィオン（Habilitation）と呼ばれる大学教授資格試験を受けて「教授資格」（venia legendi）を取得しなければならない。教授資格を取らずに私講師になる方法はなかったから、私講師志願者は教授資格試験を受けて、教授資格を取得するほかはなかった。

大学教師になることを希望する者に、ドクトル学位（教養学部にあっては、マギステル学位）の取得を前提条件とし、特定の試験を受けることを要求するようになったのは、一八世紀にはいってからのことである[3]。そして、それを制度化したのは、すでに述べたように一八一六年のベルリン大学の学則であった。

大学学則の第八章第四条は私講師職の志願手続を規定している[4]。その内容の要点のみを紹介してみると、私講師として講義することを希望する者は、当該学部で大学教授資格を得なければならないこと、講義しようと思う専門分野を届け出ること、博士号を持つ者（神学部および哲学部ではリケンティアート学位保持者でもよい）のみが志願しうること、学部が志願者の能力を審査し、認定された者は公開の講義を行うこと、志願者の合否はもっぱら学部の決定によること、である。これは、一般的な、規定にすぎなかった。大学学則の精神に則って各学部の実情に応じた学則が施行されたのは一八三八年一月二九日のことであった。教授資格試験のやり方にかんして哲学部の学則を中心に述べてみよう。

ⓐ　志願条件

私講師として講義を担当しようと思う者は学部で大学教授資格を獲得しなければならない。ハビリタツィオンによらない「教授資格」の取得はありえなかった。大学教授資格試験に志願する者は次の条件を満たさなければならないとされている。①学部でドクトル学位もしくはマギステル学位を取得している者。あるいは国内（プロイセン）の大学でドクトル学位を正規に（rite）取得している者。または国外（プロイセン外）の大学でドクトル学位を取得し、しかも国内か国外の大学で私講師であった者。②国内出身者は兵役義務を終えていること（この規定は国外およびドイツ連邦出身者にも適用される）。③大学での三年の学業期間を修了して、さらに三年以上経過した者。

上記の諸条件は、プロイセンの大学以外で学位を取得した者にとって、とくに厳しいものとなっている。ドクトル学位の通用範囲が狭いということは、後述する「教授資格」の効力との関連において、とくに留意しておきたい。大学での三年の学業期間を修了してさらに三年以上経過していなければならないという規定は、哲学部のみならず、神学部および法学部にもみられる。医学部のばあいは、臨床医としての資格を得てから三年以上経過しなければ、志願できなかった。

ⓑ　試験のやり方

上記の条件を満たす志願者は、まず学部にハビリタツィオンの願書（ラテン語）を提出する。それには、上記の諸条件を満たすことを示す証明書、履歴書（ラテン語）、講義を希望する専門分野についての論文（ドイツ語もしくはラテン語）が添付される。

学部長は願書とそれに添付された文書を学部教授会の審議に委ねる。そこで志願を許可するか拒否するかが決定される。許可しないばあい、学部は全く拒否するかそれともより良い論文をもう一度提出させるかを決定しなければならない。後者の決定を下された志願者は一年以内に試験論文（Probeschrift）を提出してはならない。また論文・文書を詳細に調査する必要があれば、そのために二名の委員が選出される。彼らには二週間の猶予が与えられる。志願を許可された者は試験講義（Probeverlesung）を行わなければならない。そのテーマは学部から与えられるか、志願者が学部の同意を得て選ぶかのいずれかによって、決められるテーマが決定してから四週間の猶予が志願者に与えられる。試験講義では普通ドイツ語が使用されるが、ラテン語で行うことは志願者の自由であるとされている。ただし、言語学と歴史学の分野に関しては学部からラテン語を指定されることもある。

試験講義が終わると志願者は教授の行う口頭試問（Collogium）を受ける。その後、私講師として講義することを認めるか否かが学部教授会の多数決によって決定される。会議の結果は学部長がこれを本人に通知する。

「大学教授資格試験」で重視されたのは、パウルゼンの指摘するように、たしかに、専門分野の論文（Abhandlung）であって、口頭発表能力や講義（教授）能力ではなかった[5]。しかしながら、この試験のやり方をみて、われわれが気づかされることは、①志願者の研究能力のみならず、形式的にではあったにせよ、教授能力が試されていること、および、②志願者に教授資格（venia legendi）を授与するか否か、さらには私講師として採用するか否かはひとえに学部の自由裁量に委ねられていたということである。

学部が「教授免状の授与」および「私講師職への採用」にかんする決定権を持っているということは、後述するように、この時代の私講師の性格を考察するうえで、非常に重要な意味を持っている。

ⓒ　私講師の就任講義

私講師になることを認められた者は公開の就任講義（die öffentliche Antrittsvorlesung）を行う。そのために三ヶ月の猶予が与えられる。就任講義の案内書（ラテン語）は一五〇部作られ、その費用は志願者の負担である。一部は公表され、一二部は文部省（Ministerium）へ提出され、残りは教官に配布される。

就任講義は、一種の歴史的慣例にすぎないとも言えようが、大学教師志願が学部教師団（facultas）に加入するばあいの、重要な儀式であった。

（2）「教授資格」の効力とその歴史的性格

「大学教授資格試験」によって取得した教授資格は非常に限定された効力しか持っていなかった。というのは、私講師は、正教授のように彼が属している学部の専門学問領域の全ての分野にわたって講義する権利を持っていたわけではないからである。私講師は、教授資格試験に志願するときに自分が教授したいと思っている教授分野を届け出る義務があった。教授資格を得たばあい、その分野にかぎってのみ私講義を行うことができたにすぎない。私講師の講義しうる学問分野の拡大は、一九世紀の六〇年代に医学部の私講師に若干認められたほかは、ほとんどありえなかった[6]。

一九世紀前半の「教授資格」の歴史的性格として、特に次の二点を指摘しておかなければならない。

第一に、ホルンによれば、ベルリン大学学則第八章第四条の規定は、従来は学部の抱括学問領域の全てを無制限に教えうる効力を持っていた教授資格を、特定の学問分野に制限した最初のものである[7]。この学則によって、私講師は特定の学問領域に束縛せられることとなった。結果的に、私講師の特定学問領域への拘束は、学問の専門主義化を促進する要因の一つとなった。

第二に、この時代の教授資格は、すでに中世大学の万国教授資格（ius ubque docendi）の持っていた普遍的な通用性を喪失してしまっており、各領邦間相互の通用性さえもなくなっていた。すでにみたように、ベルリン大学では、プロイセン以外の大学でドクトル学位を取得し、しかもプロイセン邦あるいはその他の領邦の大学で私講師であった者でさえも、あらためて大学教授試験に志願し、教授資格を再度取得しなければならなかったほどである。この時代の教授資格は、学問領域における通用範囲の狭さと領邦間もしくは大学間での通用圏の狭さという二重の意味における狭さを持っていた。この二重の狭さが、現実に私講師の教授活動を大きく制限していたと言えよう[8]。

（3）私講師職への採用

大学教授資格試験（ハビリタツィオン）に合格して教授資格（venia legendi）を取得することと私講師として採用されることとは密接に関連してはいるが、必ずしも同じことを意味しない。教授資格を持っている者を私講師として採用するか否かは当該学部の裁量に任されていた。その決定方法は学部教授会構成員の多数決であった。学部に採用された私講師は、教授資格を得た年月日順に学部名簿に登録された。

ここで後の時代との関連において留意しておきたいことは、私講師の採用は、完全に学部の内的事項とみなされていたということである。このことは、重要な意味を持っている。というのは、一九世紀の後半に私講師を国家——具体的には文部大臣——が罷免しうるか否かが激しい論争の対象となったとき、F・パウルゼンをはじめとする大部分の大学人が、私講師は国家と何らの法的関係を結ばず、ただ学部の同意（許可）を得て全く私的に教える者であるから、国家に私講師を罷免する権能はないと主張するさいの主要な論拠になるからである[9]。学則の規定からも明らかなようにベルリン大学では、私講師の養成と採用は、国家の関与する公の領域から全く独立して、伝統的な自治団体の原理に基づいて行われていた。私講師の補充権は学部に属していたのであって、国家に属していたのではなかった[10]。

2　私講師の教授活動

(1)　大学で教える権利を有する者

ベルリン大学学則および各学部の学則は、大学で講義を行う権利を有する者について、次のように定めている。①あらかじめ大学教授資格を取得して当該学部に任命されている正教授並びに員外教授。②王立ベルリン科学アカデミーの正会員。かれらはおもに哲学部で教えた。③講義を実施しようと意図している当該学部で大学教授資格を取得している私講師。当然のことながら、私講師も、大学で教える権利を有する者のカテゴリーにはいっている。しかし、私講師は、正教授や員外教授あるいは王立ベルリン科学アカデミー正会員と同一の教育機能を果たしたと言えるのであろうか。

(2)　私講師の教育機能

大学学則および各学部の学則によれば、明らかに私講師は「教える者」とみなされてはいる。しかし、正教授や員外教授と同一の教育上の機能を果たしたのではない。両者の教育機能には明瞭な相違があった。相違を明らかにするために、私講師の教授活動の特色を端的に示す事実・現象を整理して、提示すれば以下のとおりである。

第一に、哲学部の学生たちは連続してまる三年間大学で研究に従事し、全ての主要学科についての講義を聴かなければならなかった。このばあい、私講師の講義は全く考慮に入れられなかった。いくら私講師の講義を聴講しても、学位の取得には何の関係もなかった。

第二に挙げうることは、私講師が行う無料の私講義は学部の監督と規制を受けていたことである。一八三〇年二月一三日のプロイセン文部省の省令は次のように定めている。「……本省は、無料で行うと告知された私講師の講義を、本状により、当該学部の特別の監視と監督の下に置くものとする。したがって、全ての私講師は、無料と告知した個々の講義に至るまで、爾後学部の同意を第一に求めるべきものとする。このばあい、問題となった講義について、学部の同意を得られなかった私講師には、文部省への上訴か許されるものとする」11。

この省令の趣旨は、全ての学部の学則に明記された。たとえば、哲学部の学則は、「正教授が私講義を行うと告知した題目と同じ題目の講義を、私講師が同一学期に無料で行うことは許されない」と定めている。

この規定は、私講師の無料講義にたいする学部の団体的強制を物語るものである。さらに言えば、正教授の経済的利益を保護する以上の意味を持たない規定でもあった。なぜならば、正教授の私講義を聴く学生が少なくなり、それだけ聴講料が減るからである12。

第三に、私講師は、講義の告知方法についても学部の規制を受けなければならなかった。私講師は、学部長によって査察されておらず、学部長の認証および署名のない講義の提示を黒板にはり出してはならなかった。

第四に、すでに述べたように、私講師の講義しうる学問分野についても制限があった。私講師は、彼が大学教授資格試験に志願するさいに届け出た分野にかんしてのみ講義する権利を持っていた。

ここで言われている権利を裏返していえば、大学教授資格試験のさいに届け出た分野にかんしてしか講義を行ってはならないという制約が語られているにすぎない。たしかに、私講師には正教授および員外教授に課せられていた講義義務――この義務こそ、彼らの俸給に対応する職務の本質的部分を構成していた――はなかった。さらに、「正教授もしくは員外教授が特定の学問領域のための官職（講座）に任ぜられていたとしても、彼らは他の教師を排除してその学問を独占的に教授する何らの権利も有しない」（哲学部学則第四五条）として、官職を持った教授たちの教授権にも制限が加えられていた。しかし、それは、私講師の講義に加えられた制限とは本質的に異なる制限であった。私講師の権利は「権利なき権利」にすぎなかったと言っても過言ではない。

第五に、医学部の私講師は、さらに特殊な制約を課せられていた。私的な研究施設、臨床研究所、患者もしくは死体を取り扱う実習等にかんする私講師の全ての講義は、講義目録に掲載することも、学部の権威の下に置かれている黒板に掲示することもできなかった[13]。

以上見てきたように、私講師には「私的に教授する権利」が認められていたとしても、その権利の行使には幾重もの制限が付けられていた。その上、私講師の教授活動と正教授のそれとを対比してみると、いまだ生存権を確立していない学問や補助的・周辺的な学問領域を私講師が担当し、市民権を確立した学問を正教授が担当するという分業体制が存在していた。この分業体制は、金になる学問を正教授が優先的に私講義で教えるという正教授による独占的体制と対応していた。こういう分業体制と正教授による独占体制の下で、学問レベルにおける正教授と私講師との自由競争は可能であったのか。この疑問に対して否定的にならざるを得ない。

もし、これまでみてきたような体制のなかで学問上の競争原理が機能していたとすれば、それは正教授相互あるいは私講師相互といった同一教師階層間の自由競争にすぎないのではないか。正教授と私講師の間の競争は、現実的には不可能な状況であった14。

上記の階層的な編成の教育体制の下では、私講師は、補助的教育要員としての役割しか果たしえなかった。裏返していえば、補助的役割だけを果たすものとして、期待されていたとも考えられよう。

もちろん、学問研究という次元で考えれば、私講師も正教授も同等であった。ときには、私講師の方が正教授よりもすぐれた業績をあげることさえあった。しかし、大学内部における教育という次元においては、両者の差異、階層的上下関係はおおうべくもなかった。

3　教授職への昇進

（1）大学教授候補者の貯水池としての私講師制度

私講師制度は、ミヒャエリスがすでに一八世紀に定義しているように、将来の大学教授候補者を養成する苗床としての性格を持っていた。私講師として学部教師団へ採用された者は、階層的秩序に沿って、大学内での重要性がより少なく、経済的に不安定で、社会的評価のあまり高くない地位から、大学内で重要な地位を占め、経済的に安定した社会的威信の高い地位（教授職）への昇進を志向するのが常であった。しかし、私講師が教授職へ昇進するためには、客観的および主観的条件を満たす必要があった。すなわち、私講師の教授職への昇進は、ベルリン大学哲学部学則の規定によれば、「当該学部の必要性と私講師その人の有能さ」のみに依存していた。しかも「私講師の有能さ」を判定するのは学部教授会であった。私講師の採用と同じく、空席になった員外教授職もしくは正教授職への推薦も、学部の自由裁量の領域に属していたのである。

（2）教授への推薦の仕方

教授職への推薦の仕方を哲学部の学則にそくして具体的に見てみよう。

「正教授職が空席になったばあい、学部は理由を明示した意見書をもって、その教授職に適当な三人の人物を文部省に推薦することができる」（第四二条）。

これは、広く解釈すれば、学部の自己補充権を定めたものとみなされよう。仲間の共通の利益を守るために、後継者を選ぶ権利を要求するのは、自治的団体の常である。しかし、推薦はあくまで推薦にすぎなかった。教授任命の最終決定権は、国家の側にあった。学部の推薦権と国家の任命権との関係は、文部大臣の見識や個性、政治状況によって、流動的であった[15]。推薦権を大学側は定着させようと努力したが、文部省は、この推薦に法的にも事実的にも拘束されなかったと言われている[16]。

（3）教授職昇進のための条件

私講師の教授職への昇進について哲学部学則は次のように定めている。

「私講師は、年功もしくはそれに類する事由によって教授職への昇進要求を提出することはできない。私議師の教授職への昇進は、むしろひとえに学部の必要性と人物の有能さに依存する。私講師の昇進申請は、大学教授資格の取得から三年を経過せずしては、許可されない。昇進申請はまず学部に提出され、学部はそれについて情況を判断したのち文部省に報告する」（第五二条）。

以上からも明らかなように、私講師の教授職への昇進には、次の二つの条件がつけられていた。第一に、大学教授資格を取得してから三年以上経過していない私講師の教授職への昇進は認められないこと。第二に、私講師は年功もしくはそれに類する事由によって昇進要求を提出することはできないこと、である。学部学則によって私講師の年功による官職請求権は明瞭に否定されていた。

上記の私講師の教授職への昇進についての条件、特に第二番目の条件が設定されたのには、それなりの歴史的背景があった。文部大臣アルテンシュタイン（在職1817～1840）の時代はすでに私講師過剰の状態となっていた。教師数の増加をみてみると、一八一一年には、ベルリン大学全体で、二五人の正教授、八人の員外教授、一四人の私講師がいた。一八四三年には、正教授五五人（増加率二・二倍）、員外教授四七人（同五・九倍）、私講師五六人（同四倍）となっている。正教授の増加率に比べて、員外教授および私講師の増加率が大きいことが知られる[17]。

このように、私講師数の増加に対応して教授のポストは増えなかったので、私講師に採用された者は競って教授職への昇進申請を提出するようになった。しかもそれを当然のこととみなす風潮ができあがっていた[18]。私講師数の増加は重要な問題となったのである。このような歴史的背景によって私講師が正教授に昇進するばあいの条件が厳しく設定されたのであった。

私講師数は各学部の学則施行後も増え続けたので、一八五三年には大学教授試験（ハビリタツィオン）にかんする学則の規定をより厳格に適用するようにという省令も出されている。ただ後継者不足が深刻であった神学部では、E.W. Hengstenberg（1802～1865）やF.A.G. Tholuck（1799～1897）の例のように、学生時代から教授職につくべく予定されて助手としての報酬の給付を受ける者もいたが[19]。これらはもちろん例外的事例であり、神学部の特殊事情によるものであった。

以上のべてきたように、ドイツ大学にあって大学教授としての人生を歩く者は、私講師としてその教師としての人生の第一歩を踏み出すのが通例であった。しかし教授職に就任するもう一つのコースがあったことを見落してはならない。正教授職並びに員外教授職にドクトル学位や大学教授資格をあらかじめ取得していない者でも任命されることが、可能であるとされている。もちろん、そういう方法で任命された者は、就任後一定期間内に学位や教授資格（venia legendi）る義務が課されてはいた。

哲学部学則第四一条は次のように定めている。

「正教授ならびに員外教授は任命されてまだ就任していなくとも、すでに講義する権利および義務を有する。ただし、彼らは本学学則第二章第六条及び第八条により正教授に課された義務、すなわち、もし彼らが学位を取得していなければ学位を取得し、かつ大学教授資格を得るという義務を果たさなければならない。当然この規定は員外教授にも適用されるものとする」。

以上の考察から教授職に任命されるのに二つの道があったことは明らかである。第一の経路は私講師を出発点として、員外教授、正教授へと昇進していくコースである。このコースを大部分の大学人がたどった。第二は、ドクトル学位や大学教授資格をあらかじめ持たないで正教授や員外教授に任命され、そののち教授資格を取るコースである。

プロイセンでは員外教授は文部大臣によって、また正教授は国王によって任命されるという任命権者の相違はあったが[20]、任命権者の裁量によって、正規に（rite）学位を取得し、さらに教授資格（venia legendi）を獲得して学部に採用される私講師たちの教授職昇進への道がおびやかされることもありえた。

（4）公の原理と私の原理

このように学則の規定をたどっていくと、国家による大学教授の補充・任命と大学・学部による後継者養成とは、全く異なる原理で動いていたと考えざるを得ない。つまり、正教授の補充・任命は国家の関与する公の原理によって動かされており、他方私講師を主体とする後継者養成は団体的・私的原理によって動かされていたのである。ドイツの大学における大学教師予備軍の養成と正教授の任命は、両原理の微妙な絡み合いによって、行われてきた。両原理の絡み合いは大学教師のリクルートのみにみられるのではない。「正教授」と「非正教授」換言すれば、「国家の官吏である大学教師」と「国家の官吏ではない大学教師」、あるいは正講義と私講義、俸給（Gehalt）と聴講料（Honorar）というように、教師集団、講義、教師たちの口糊の資となる経済的側面にも、それは端的にあらわれているのである。

ドイツの諸大学は、こうした二重構造を、中世以来持ち続けてきている。とりわけ一九世紀にはいると、公の原理の通用領域である「国家の機関としての大学」と私の原理の通用領域である「自治団体としての大学」という二重構造の矛盾が露呈するに至った。

実は、私講師の経済的地位や法的地位の変容は、両原理の対立と妥協の所産であって、両原理の関係の在り方によって、揺れ動く不安定なものであった。私講師の経済的・法的地位の変化は、ただ単に私講師層だけの問題だけにとどまらず、大学の性格の変化とも深くかかわり合っていたのである。いわば、私講師問題は、大学と国家との対立・妥協関係を測定する一つの指標とみなすことができよう。したがって、次に、私講師と学部および国家との関係をみておく必要がある。

4　私講師と学部および国家との関係

これまで、「大学教授資格試験」（ハビリタツィオン）による教授資格の取得、教授資格の性格、私講師の採用、教授職への昇進、私講師の教授活動といった私講師の属性について考察してきたが、次に角度を変えて、私講師と学部および国家といった、私講師をとりまく組織・機関との相互関係という視点から考察することによって、より一層私講師の特質にせまってみたい。

私講師と学部との関係を述べるまえに、一九世紀におけるドイツの大学の特性について、ごく簡単に言及しておく必要があろう。

（1）学部の特性

ドイツの大学における学部の概念は、「広義の学部」と「狭義の学部」との二つに大別される。「広義の学部」は、正教授、員外教授、私講師および学生を、その構成員として含むものである。これは、学部の成員を最も広く解釈したものである。この概念にしたがえば、学部は一つの「教育団体」とみなされる。広義の学部にたいして、「狭義の学部」のは、任命され、国家から俸給を受けている正教授だけによって、構成される。「狭義の学部」は、ベルリン大学の各学部の学則の規定にあるごとく、「官庁」（Behorde）であった。学部を「官庁」とみなす考え方は、われわれになじみがうすいが、「学部の運営（経営）を担当する組織」と言いかえてよいであろう。「官庁とみなされた学部」は、次の三つの業務を、その主要な任務とするものであった。

① 包括学問領域の教授とその完遂についての監督。
② 学問および習慣の点で学生を監督し、給費および奨学金を与えること。
③ 学位の授与。

上記の学部の権利および義務についての規定は、各学部の特性によって、多少の相違はあるが、ベルリン大学の全ての学部に共通してみられる[21]。

学部は、正教授の「特別の指導と監督の下に置かれている一箇の独立した団体」（大学学則第一章第五条）であると性格規定されていたから、正教授層は学部内の支配集団としての機能を果たした。かれらのなかから、学長、学部長、評議員といった大学の「行政幹部」（Verwaltungsstab）は選出されたのである。他方、大部分の員外教授そして全ての私講師は被支配集団を形成した。

しかし、この支配集団と被支配集団との関係は流動的であった。被支配集団は、支配集団の成員を提供する母体でもあったからである。

（2）学部と私講師との関係

以上述べてきたことを前提として、まず学部と私講師との関係を学部の側面から考察してみると、どういうことが言えるのか。

① 学部は大学教授資格試験（Habilitation）を施行し、才能があると判断した者に教授資格（veria legendi）を授与する。

② 学部は、教授資格の保持者を私講師として採用するか否かを決定する。私講師職への採用は、学部における教授資格の行使を認めると同時に、正教授候補者として、学部教師団への加入をも意味する。

③ 学部は、私講師を指導・監督する責任がある。

④　それと関連して、学部は私講師の処分権を有する。ただし、それは学部内の秩序を維持するために制裁として科される「秩序罰」だけに限定され、教授資格（venia legendi）の剥奪は学部独自の判断では行いえない。

学部独自の判断で教授資格の剥奪ができないということは、視点をかえてみれば、政府——具体的には、上級官庁としての文部省——[22]が私講師を、学部の権利の乱用から、保護していたとも考えられないことはない。しかし、すでに述べたように、私講師にかんすることは、基本的には、学部の内的事項と考えられていた。上に記した事項は、私講師に対して、学部による強い団体的規制が行われていたことを示すものである。

次に、私講師の方から考察したばあい、私講師と学部との関係はどのように把握されうるのか。

①　私講師は、学部から許可を得て「大学の権威」の下で私的に教授活動をすることができる。

②　学部によって授与された教授資格を自らの意志で放棄することは、私講師個人の自由である[23]。

③　私講師が学部教師団から脱退することは、私講師個人の自由である。ただし、私講師は、脱退する旨を当該学部に文書で報告しなければならない。

④　私講師は、学部の発行する講義目録に講義告知を掲載することができる。ただし、二学期の間何らの講義告知をしないばあい、学部で講義を行うという権利は、私講師が再び講義目録に掲載されることを要求するまで停止される。私講師は、学部教師団に属していながらも、講義義務はなかったから、講義はしなくても、講義する権利は保持しえたのである。

以上の事項からも明らかなように、私講師には学部による制限だけが多く、私講師が学部のために積極的になしうることは何もないと言ってよい。

（3）私講師と国家との関係

私講師と国家との関係は、私講師と学部との関係ほど太い線で結ばれてはいなかった。たしかに、国王から任命された正教授たちが管理運営権を占有していた大学において、私講師は国家からその存在を法認されてはいたが、国家とは積極的な法的関係を持つものではなかった。強いて言えば、正教授の運営する学部教授会という運営機関を通した間接的関係だけがあった。学部教師団への採用は国家の官吏としての任用を意味するものではなかったし、私講師諸個人は、正教授のような国家の官吏（Beamte）としての身分を持たず、したがって国家から何らの俸給を受けるものでもなかったからである。したがって、一九世紀の前半には、文部大臣の私講師にたいする直接の処分権は、法的にも成立しえないと考えられていた。

5　要約と概観

以上大きな歴史の流れから切り離し、一九世紀前半という限定された時期における私講師の性格を考察してきた。この考察によって明らかになった私講師の基本的性格をいまいちど要約しておこう。その上で、一九世紀前半期における私講師を、マクロな大学教師の歴史に位置づけてみると、どういうことがいえるのであろうか。一九世紀の後半における私講師の性格の変容を、主に法的地位と経済状態の二つの観点から一瞥しておきたい。

(1) 一九世紀前半の私講師の基本的性格

① 私講師職は、官職ではない。
② したがって、俸給（Gehalt）は受けず、私講義の謝礼金（Honorar）で生活する。
③ 学部の許可を得て、「大学の権威の下で」私的に（個人の資格で）教える教師。
④ 私講師の講義は学位の取得には何の関係もない。周辺的な科目を教える補助的教育要員にすぎなかった。
⑤ 私講師の教授活動には学部による強い団体的規制が加えられている。
⑥ 大学教師の職階制の最下位に位置し、教授候補者の「たまり場」である。
⑦ 私講師は、「国家の施設としての大学」と「伝統的自治団体としての大学」というドイツの大学の歴史的二重性格の接点に位置するものであり、両性格の矛盾の集約点であった。しかし、基本的には、自治的団体としての大学の保護と統制の下に置かれていた。

(2) 一九世紀後半における私講師の性格の変容

① 私講師の法的地位

一九世紀の前半期には、いまだ文部大臣による「教授資格」の剥奪権は確立されておらず、また、学部による私講師の処分は秩序罰だけに限定されていたが、一八四〇年以降私講師資格の剝奪問題は、ボンのブルーノ・バウアー、ケーニヒスベルクのルップとロベックをはじめとして、いくつか発生した。この時代の「教授資格」の剝奪は、大きく分ければ、学部が発議して行われたケースと、国家が圧力をかけて学部に発議させて行われたケースとある。形式的にであれ、実質的にであれ、「大学の自治」が尊重され、私講師の処分は「学部教授会」を介して行われた。しかし、アロンス事件[24]を契機とする一八九八年の「私講師処分法[25]」の成立によって、学部を介さない直接の、大臣の私講師罷免権が確立された。

大臣による教授資格の剝奪権の確立は、私講師の法的地位を不安定なものにした。しかも、それはただ単に私講師個人の死活問題だけにとどまらず、大学の自治領域の縮少、すなわち私の原理の後退を意味していた。一九世紀後半には私講師問題は、法的には、学部の内的事項ではなくなった。これは、ドイツの大学の歴史的性格を変える重要な出来事といわなければならない。

②　経済状態

一九世紀の初頭においては、私講師の生活費は、主に私講義の聴講料によってまかなわれた。しかし、一八四五年になると、経済的に危機的状態にある有能な私講師に対して、Remuneration と呼ばれる、一定額の金が支給されるようになった[26]。Remuneration とは、ある特定の仕事の遂行に対して支払われる報酬・代償であって、俸給（固定給）とは明瞭に区別されるものである。この報酬・代償は、ゼミナールやインスティトゥートといった研究組織において学問の研究体制が巨大化してゆくなかで、助手として採用された私講師に支給されたものと解釈される。

さらに、一八七五年以降プロイセンの国家予算のなかに、若い研究者や私講師のために、五四、〇〇〇マルクの助成金（Stipendium）が計上されるようになった[27]。

上に述べたように、法的地位からみても経済状態からみても、一九世紀後半期における私講師の基本的性格は、一九世紀前半期におけるそれとは全く異なるものと変容していったのである。

今後の作業のエネルギーは、一九世紀前半期から後半期における私講師の性格の変容過程の解明、より一層具体的な私講師の法的地位と経済状態の調査・考察にむけられなければならない。

註及び引用・参考文献

1　Busch, A.,; *Die Geschichte des Privatdozenten.* 1959. S.21.

2　私講師の歴史は、ブッシュ（A. Busch）、パウルゼン（F. Paulsen）、ホルン（E. Horn）、ボルンハック（Bornhack）、ディングラー（Dingler）、ダウデ（Daude）、ラシュドール（H.Rashdall）といったドイツ大学史にかんして発言した人々によって、様々に論じられている。体系的かつ歴史的に考察したものは、E.Horn; *Zur Geschichte der Privatdozenten in: Mitteilungen der Gesellschaft fur deutsche Ergiehungs und Schulgeschichte.* Bd.XI. 1901. SS.26～70である。私見によれば、これが、私講師の系譜にかんして最も信頼できる論文である。

3　Michaelis,J.D.,; *Räsonnement über die protestantischen Universitäten in Deutschland.* Frankfurt und Leipzig 1768 -1776. 2. Teil S.106 および3. Teil S.2.　本書において、J・D・ミヒャエリスは、私講師を「将来の教授の苗床」と定義し、私講師志願者に「ハビリタツィオン」と一定の「義務の履行」（praestanda praestare）を要求している。

4　ベルリン大学の大学学則および各学部学則は、以下の文献におさめられている。

Daude; *Die Königl. Friedrich=Universität zu Ber1in.* Ber1in. 1887.

Koch; *Preussische Universitäten. Eine Sämmlung der Verordnungen.* 1839.

Berlin, Universität. *Philosophische Facultät.*

5　Paulsen, F.,; *Die deutschen Universitäten und das Universitätsstudium.* 1902. S. 128.

6　Daude, a.a.O., S.330.

7　Horn, a.a.O., S.61.

8　同じプロイセンの大学でありながら、ボン大学では、教授免状（licentia docendi）にもう一つの重要な条件が付されていた。ボンでは教授免状の有効期間が四年間に制限されていた。一八三四年に施行された各学部の学則には以下の規定がみられる。「教授免状は、学部によって、私講師に四年間だけ授与されるものであるが、それは、四年を経過した時点で簡単な学部の決定によって延長されうる」。Koch, J.F.W.,; *Die Preussischen Universitäten, Eine Sammlungen der Verordnungen*. 1839. を参照。

9　Paulsen, F.,; *Die deutschen Universitäten und die Privatdozenten* in: Preußische Jahrbucher, Band 83. 1896. SS.121～144. この論文は、文部大臣は直接私講師を処分しうるとする教会法学者ヒンシウス（Hinschius）の論文"*Die Disciplin über die Privatdozenten an den preußischen Universitaten* in: Centralblatt für die gesammte Unterrichts=Verwaltung in Preußen 1895"にたいする反論として書かれたものである。

10　これにたいして、私講師制度が自然発生的に存在せず、一八世紀の後半から一九世紀の初頭に私講師制度を導入したバイエルンやオーストリアでは、いささか事情が異なっていた。バイエルンでは一八四二年の国王の勅令によって、私講師の採用は、国王の同意を必要とすべきこと、教授と同じように憲法への宣誓、就任宣誓、その他の宣誓が義務とされるべきこと、が定められている。私講師の罷免も、国王の手中にあった。私講師の採用および罷免は、大学の内的事項ではなかったのである。なお、Paulsen, F., *Die deutschen Universitäten und das Universitätsstudium*. S.128, および、Daude,; *Rechtsverhältnisse der Privatdozenten*,1896. S.156 ff と S.218 ff を参照。

11　Daude,; *Die Königl. Friedrich=Wilhelms=Universität zu Berlin*. SS.345～346.

12　よく知られているように、ドイツの諸大学における講義は「私講義」と「正講義」とに大分される。私講義は私講師や正教授が個人の資格で学生から授業料（聴講料）を取って行う講義である。これに対して、正講義は、講座（官職）に任命された正教授や員外教授が彼らの職務を果すために行うための講義で、講義内容も学則で定められており、無料で行われた。

13　Daude, a.a.O., S.346.

14 よくひきあいに出されるのが、正教授ヘーゲルと私講師ショーペンハウエルとの対立である。

15 学部による教授候補者の推薦権と大臣による任命権との関係がどのように揺れ動いたかについては、上山安敏『ウェーバーとその社会』（ミネルヴァ書房　一九七八年）二四～二九頁参照。また、Lenz, a.a.O., II 2. S.162. 参照。

16 上山安敏『法社会史』（みすず書房　一九六六年）二四八頁。

17 Busch, a.a.O., S.46.

18 Lenz, M.; *Geschichte der königlichen FRIEDRICH-WILHEMS Universität zu Berlin*, 1910. II-1., S.408.

19 Lenz, M.; a.a.O., S.408.

20 上山　前掲『法社会史』二四八頁。

21 神学部学則第三条。法学部学則第三条。医学部学則第三条。哲学部学則第四条。

22 文部省を大学の上級官庁とする把握の仕方には、当然異論が出されるであろう。しかし、ベルリン大学学則第一章第一条は、「大学は、あらゆる点において、わが国の文部省の直接の監督の下に置かれる」と定め、大学と政府（文部省）と上下関係（審級制）を明確に定めている。ここには大学の、政府にたいする「官庁」間の階層制的従属が看取される。大学学則に「大学は政府の直接の監督の下に置かれる」という旨の規定が含まれていることは、すでに大学の私的自治団体的性格の限界状況を予想せしめるのに十分である。問題は、このような制約のなかで、大学の自治の及ぶ範囲がどれだけ拡大されうるかという点にある。

23 Daude, a.a.O., S.337.

24 上山安敏『ウェーバーとその社会』（ミネルヴァ書房　一九七八年）五三頁。潮木守一『近代大学の形成と変容』（東京大学出版会　一九七三年）一二一～一二七頁。

25 通称アロンス法（lex Arons）と呼ばれている。正式名称は“*Gesetz, betrefend die Disziplinarverhaltnisse der Privatdozenten an den Landes Universitäten, der Akademie zu Münster und dem Lyceum Hosianum zu Brandenberg. Vom 17. Juni 1898*”である。

26 Daude, a.a.O., S.334.

27　Daude, a.a.O., s.334.　および　Paulsen, a.a.O., S.136.

付記：本稿は一九七九年名古屋大学で開催された「教育史学会」において口頭発表した草稿に加筆訂正したものである。本稿にするまでに、国立教育研究所の天野正治先生を中心とする「ドイツ教育研究会」のメンバーや関東地区に在住する大学史研究会の若手の集りである「東京サロン」の人たちに聞いてもらい、助言をいただいた。さらに、東京大学の寺﨑昌男先生には原稿に目を通していただき、非常に適切な御教示をいただいた。心より感謝する次第である（一九八一年一〇月二八日）。

第四章　一九世紀後半から一九六六年に至るドイツ大学史における学部編成

1　問題の所在

ドイツの大学は、他のヨーロッパ大陸諸国の大学と同様、神学部・法学部・医学部・哲学部の四学部を基本型として形成されてきた。しかし、一九世紀後半以降は四学部制の崩壊過程にあたっている。一九世紀初頭のベルリン大学（一八一〇年）からドイツ帝国の成立（一八七一年）、第一次世界大戦（一九一四〜一九一八年）、ヴァイマール憲法制定（一九一九年）を経て、ナチスの政権獲得（一九三三年）に至るまでの約一五〇年間におけるドイツ大学の学部編成は、どのように変遷してきたのであろうか。

伝統的な四学部制の崩壊の過程は、他面から見れば、新しい学部の設置・発展の過程であり、そのうちに「哲学部の分裂」（Die Saltung der philophischen Faclutat）という重要な一節を含んでいる。哲学部の分裂の問題は他日に譲るとして1、ここでは、学部編成の流れをごく大まかに追ってみたい。

2 哲学部の分裂数と大学数

表1　ドイツの大学数と哲学部の分裂数（年代別）

学部／年代	4 学部型大	脱 4 学部型大学	哲学部大学	数自学部大学	大学数
1877	16	4	18	2	20
1886	17	3	18	2	20
1891	15	5	17	3	20
1900	14	6	17	3	20
1911	14	7	17	4	21
1921	10	13	18	5	23
1925	4	19	15	8	23
1936	0	23	14	9	23
1952	0	24	4	20	24
1966	0	32	3	28	32

表2　1877 年のドイツ大学学部編成（大学別）

	大学名	創設年	神	法	医	哲	数自	国家	学部数
1	ベルリン	1810	○	○	○	○			4
2	ボン	1818	㋕㋐	○	○	○			5
3	ブレスラウ	1702	㋕㋐	○	○	○			5
4	エアランゲン	1743	○	○	○	○			4
5	フライブルク	1457	○	○	○	○			4
6	ギーセン	1607	㋐	○	○	○			4
7	ゲッティンゲン	1737	○	○	○	○			4
8	グライフスヴァルト	1456	○	○	○	○			4
9	ハレ	1694	○	○	○	○			4
10	ハンブルク	1386	○	○	○	○			4
11	イェーナ	1558	○	○	○	○			4
12	キール	1665	○	○	○	○			4
13	ケーニスブルク	1544	○	○	○	○			4
14	ライプツィヒ	1409	○	○	○	○			4
15	マールブルク	1527	○	○	○	○			4
16	ミュンヘン	1826	○	○	○	○ 2S		○	5
17	ロストック	1419	○	○	○	○			4
18	ストラスブルク	1872	㋐	○	○	○	○		5
19	テュービンゲン	1477	㋕㋐	○	○	○	○	○	7
20	ヴュルツブルク	1582	○	○	○	○ 2S		○	5
			3,15,5	20	20	20	2	3	

Deutsches Akademisches Jahrbuch 1877 より作成。

※ S は学部内が学科（Sektion）に分れていることを示す。
※㋕はカトリック神学部（Katholisch - theologische Fakultät）を示す。
㋐は新教神学部（Evangelisch - theologische Fakultät）を示す。

哲自	数自	法国	法経	経社	国経	農学	獣医	農獣医	学部数
								○ A	5
		○				○			6
		○							5
	(自)								5
	(自)			○					5
	○	○							5
							○		5
	○	○							5
		○							4
	(自)	○							5
	○	○							4
	○				○				6
	○		○						5
		○							4
				○					4
		○							4
									5
		○							4
									5
○		○							5
			○						4
	(自)		○ 2A						6
		○							4
	9	12	3	2	1	1	3	1	

表3　1936 年ドイツ大学学部編成（大学別）

	大学名	領邦	神	法	医	哲
1	ベルリン	プロイセン	㋫	○	○	○
2	ボン	プロイセン	㋕㋫		○	○
3	ブレスラウ	プロイセン	㋕㋫		○	○
4	エアランゲン	バイエルン	○	○	○	○
5	フランクフルト・マイン	プロイセン（創設 1912）		○ R ※	○	○
6	フライブルク i.B.	バーデン	○		○	○
7	ギーセン	ヘッセン	㋫	○	○	○ 2A ※※
8	ゲッティンゲン	プロイセン	○		○	○
9	グライフスヴァルト	プロイセン	○		○	○
10	ハレ	プロイセン	○		○	○
11	ハンブルク	自由都市			○	○
12	ハイデルベルク	バーデン	○	○	○	○
13	イェーナ	チューリンゲン	○		○	○
14	キール	プロイセン	○		○	○
15	ケルン	プロイセン（創設 1919）		○ R	○	○
16	ケーニヒスベルク	プロイセン	○		○	○
17	ライプツィヒ	ザクセン	○	○	○	○ 2A
18	マールブルク	プロイセン	○		○	○ 2A
19	ミュンヘン	バイエルン	○	○	○	○ 2S
20	ミュンスター	プロイセン	㋕㋫		○	
21	ロストック	メークレンブルク	○		○	○
22	テュービンゲン	ヴュルテンブルク	㋕㋫		○	○
23	ヴュルツブルク	バイエルン	○		○	○
			4,16,6	8	23	24

Minerva, 1936 より作成。 207 頁と 208 頁は 1 つの表であるから、207 頁 206 頁とみてほしい。

※法学部の欄で R とあるのは Rechtswissenschaftliche Fakultät を示す。R と書いていないのは、Juristische Fakultät である。

※※ 2A は、言語・文学系の学科（Abteilung）と数学・自然科学の学科に分れていることを意味する。

表1を見ていただきたい。まず、表で用いた言葉について簡単に説明することからはじめたい。「四学部型大学」とは、伝統的な四学部のみから形成されている大学のことである。これにたいして、「脱四学部型大学」は伝統的四学部以外の学部を有する大学を意味している。また、「哲学部大学」は、哲学的歴史的学科と数学的自然科学的学科とを兼備する哲学部（一九世紀中葉までの哲学部は全てこれに属する。広義の哲学部である）をもつ大学を指すものとする。これにたいして、旧来の哲学部の数学的自然科学的学科が独立し、それに若干の学問的分野を加えて形成された数学・自然科学学部を有する大学を「数自学部大学」と表示している。

上の**表1**および**表2**・**表3**から次の事実が指摘されえよう。

(イ)　第二次世界大戦の発生（一九三九年）までは大学数は二〇から二三と大きな変化はない。

(ロ)　一八七七年には四学部型大学と脱四学部型大学との比は一六対四にすぎないが、一九三六年には全ての大学が伝統的四学部制を脱却している。このことから、四学部制の崩壊過程はこの六〇年間にほぼ完全に行われたといってもよいと断じて間違いない。

(ハ)　その崩壊の進行速度は一九一一年と二一年の間を境として変化している。すなわち、一一年までには緩慢な進行を示しているが、間に第一次世界大戦をはさんで、二一年以降は急激な進行をみせる。

(ニ)　数学・自然科学学部をもつ大学の数は、第二次世界大戦後、はじめてもたない大学の数を上回る。それまでは緩慢な増加しかみせていない。

ところで、伝統的な四学部制の崩壊の過程を、(1)一九世紀初頭から一九一一年まで、(2)一九一一年から二一年まで、(3)一九二一年から二五年まで、(4)一九二五年から三六年まで、以上四つの時期に便宜上分けて考察してみよう。

(1)一九世紀初頭から一九一一年まで

四学部制からの脱却を最初に行ったのは、ヴュルテンベルクのテュービンゲン大学であった。一八一七年、この大学に国家経済学部（Staatswirtschafliche Fakultat）が設置された。この新学部の設置に与って力があったのは、文部大臣（Kulturminister）ワンゲンハイムとフリードリヒ・リストであった[2]。

テュービンゲンで生じたこの変化は、他の南ドイツの諸大学に影響を与えた。すなわち、バイエルンのミュンヘンとヴュルツブルクの両大学に、同名の学部が設置された。ヴュルツブルク大学では一八七八年に廃止されるのであるが。

南ドイツ諸邦の大学が国家経済学部ないし国家学部を置いたのに対し、北ドイツの大学はそれに代わるものとして、法・国家学部を設置した。

テュービンゲン大学にかんしては、忘れられてはならないもう一つの事実がある。それは、ドイツで最初の自然科学学部（Naturwissen-schafliche Fakultat）が一八六三年当大学に設置されたという事実である。

このことは哲学部の分裂にかかわる重要な問題であるので、別の機会に触れたいと思う（第二部第五章参照）[3]。

ドイツ大学における学部学科構成の歴史を考察するばあい、テュービンゲンと並んで見落すことのできない大学は、普仏戦争の結果、一八七二年ドイツに帰属したストラスブルク大学である。この大学は二つの点で注目される。第一にテュービンゲン大学に続いて数学・自然科学学部（Mathematisch-natun-wissenschaftliche Fakultät）が設置されたことである。第二には、ドイツではじめての法・国家学部（Rechts-und staatwissenschaftliche Fakultät）が置かれたことである。二〇世紀に至って、法・国家学部が急激に増加する事実を考えるとき、ストラスブルクで生じたこの変化は、無視できないように思う。

そのほか一九一一年までに生じた変化を簡単に述べておきたい。

(1)　ミュンスターのアカデミーが、一九〇二年大学に昇格した。ただし医学部を欠いていた。
(2)　ハイデルベルク、フライブルクの両大学に数学・自然科学学部が設置された。
(3)　ストラスブルクに続いて、フライブルク、ミュンスター、ヴュルツブルクの三大学に法・国家学部が設けられた。

(2)　一九一一年から一九二一年まで

この一〇年間にフランクフルト・アム・マイン、ハンブルク、ケルンの三つの大学が再建ないし創設された。大学名、創設年、学部編成を示すと以下の通りである。

(1)　フランクフルト・アム・マイン大学（一九一二年）。法学部（Rechtswissenschaftliche Fakultät）、医学部、自然科学学部、経済・社会科学学部（Wirtschafts-und Sozialwissenschaftliche Fakultät）をもっていた。

(2) ハンブルク大学（一九一九年）。法・国家学部（Rechts-und staatswissenschaftliche Fakultät）、医学部、哲学部、数学・自然科学学部をもっていた。

(3) ケルン大学（一九一九年）。法学部（Rechtswissenschaftliche Fakultät）、医学部、哲学部、経済・社会科学学部をもっていた。

これら三大学に共通していえることは次の二点であろう。

① 神学部を有していないこと。ドイツ大学の伝統を考えると、これは大きな変化と言わなければならない。

② 法ないし法・国家学部というとき、中世以来用いられてきた〝juristisch〟を使用しないで、〝rechtswissenschaftlich〟を使用していること[4]。

一九二一年までにあった既存の大学において、この一〇年間に生じた変化を指摘しておけば、次の三点が特記するに値する。

① 二〇世紀初頭に至るまで伝統的な四学部制を堅持してきたプロイセンの大学中、ゲッティンゲン、キール、グライフスヴァルトの三大学が、法・国家学部を設置した。それにもかかわらず、ベルリン、ボン、ブレスラウ（シュプランガーの言い方にしたがえば、プロイセンの三B大学）等の重要な大学は依然として四学部制を

堅持している。

② ギーセンとミュンヘンに獣医学部が設置された。

③ 第一次世界大戦の敗戦の結果、法・国家学部を最初に設置したストラスブルク大学は、ドイツ領からフランス領になった。

(3) 一九二二年から一九二五年まで

この四年間に六つの大学が四学部制を崩した。この数、二三大学しかないドイツの大学にあって、決して少なくはない。まず、プロイセンの四大学（ブレスラウ、ハレ、ケーニヒスベルク、ミュンスター）に法・国家学部が設置されたことを指摘しておかなければならない。またメークレンブルクのロストック大学にも同名の学部が置かれた。

一九〇二年、ミュンスターのアカデミーは大学に昇格させられたことはすでに述べたが、一九二五年医学部が設置され、名実ともに伝統的な総合大学（Universität）となった。

自然科学学部ないし数学・自然科学学部を置いたのは、ハレ、ゲッティンゲンおよびイェーナの有力三大学であった。

ドイツ大学史上初めに国家経済学部を設置して、学部編成史上ユニークな地位を占めるテュービンゲン大学は、法学部と国家学部を合体・統合し、二つの分科（Abteilung）を有する法・国家学部を設置した。

(4) 一九二五年から一九三六年まで

この一一年間に四つの大学が四学部制から脱却した。まず第一に、ベルリン大学に農獣医学部（Landwirtschaftlich Tierarztliche Fakultät）が、また、ボン大学にも農学部が設置されたことを、指摘しなければならない。南ドイツから生じた伝統的学部編成の崩壊の波が、ようやくにしてプロイセンの最重要二大学に到達したという事実は無視しがたい。ボン大学の農学部は、旧来の農業大学を一九三三年に統合したものである。また同大学に法・国家学部が置かれた。

そのほか、二五年までには見られなかった新しい学部名も出てきているので、それらにも触れておきたい。法・経済学部（Rechts-und wistschaftswissenschaftliche Fakultät）と国家・経済学部（Staats-und wirtschafwissenschaftliche Fakultät）の二つである。前者の学部を有している大学はイェーナ、ロストック、テュービンゲンの三大学である。これは二五年の時点で法・国家学部と呼ばれていたものの名称を変更したものであろう。後者の学部を持つ大学はバーデンのハイデルベルク大学のみである。

3　総括的考察

以上いわば表面をなでるような、学部の名称を追うという現象面だけの追求を行ってきたが、それだけでも、ドイツ大学史について、様々なことが判明してきた。今後学部学科構成にかんする研究をより深めるために、そしてまた、筆者の今後の研究指針となるように、上述してきたことを念頭に置きつつ、若干の問題点を挙げておきたい。

⑴　四学部制を最初に崩したテュービンゲン大学は、教師数から見ても学生数から見ても、比較的規模の小さい大学であったにもかかわらず、なぜ小規模で、しかも中世以来の伝統を持つ古い大学で、最初の学部の分裂が生じえたのであろうか。

⑵　南ドイツの諸大学は比改的早い時期（一九世紀後期）に四学部制を脱却した。それにたいして、北ドイツ（特にプロイセン）の諸大学は四学部制に固執する傾向がみられる。このような北と南とのコントラストは、どのような要因によって、形成されたのであろうか。

⑶　二〇世紀の一〇年代に創設ないし再建された大学の全てが、神学部を排除しているのはどのような理由によるのであろうか。神学部は、中世以来大学で筆頭学部であり、学部編成史上重要な位置を占めてきたが、二〇世紀になって不要な学部になったのは、いかなる理由によるものであろうか。

⑷　第一次世界大戦および第二次世界大戦は大学の学部学科構成にどのような影響を与えたのであろうか。戦争の大学に与えた影響という観点から、学部学科構成を研究してみる必要がありはしないだろうか。

⑸　ベルリン大学創設当時の理念、すなわち、シュライエルマッハー、フンボルト、フィヒテ等の理念（大学にたいする考え方）は、四学部制の崩壊過程（もう少し細かく言うと、学問の分裂・専門化の過程）とどのような緊張関係を保ちえたのであろうか。理念と制度のからまり合いという観点から、学部学科構成の歴史を考察してみることも必要ではないだろうか。

註及び引用・参考文献

1　表1、表2、表3を作成するのに使用した文献は以下のものである。

Deutsches Akademisches Jahrbuch 1877. Deutscher Universitäts – Kalender. Sommer Semester. 1886, 1925. や *Minerva 1891, 1900 / 01,1911, 1921, 1936., 1952, 1966.* を使った。言うまでもないことであるが、一九五二年、六六年のばあい、ドイツはまだ再統一しておらず、「西ドイツ」のみならず「東ドイツ」の大学をも含む。

2 Fuchs, Carl Johannes: *Die Staatswissenschaftliche Fakultät der Universität Tübingen von 1817-1917.* Jena, 1917, S.1.

3 この研究によってテュービンゲンとハイデルベルクが哲学部を分裂させていることが分かった。テュービンゲンについては、本書第二部第五章参照。ハイデルベルクについては、『歴史評論』一九七五年五月号を参照。

4 Rechtswissenschaft については、上山安敏『法社会史』みすず書房　一九九六年　八頁参照。

付記：「大学史研究会」では、一九七〇年前後「大学の学部・学科構成」という問題意識が大勢を占めていた。この稿は、こうした問題意識に私なりに対応するものであった。考察するに当たり、本文注で述べているとおり、*Deutsches Akademisches Jahrbuch* や *Deutscher Universitäts -Kalender, Minerva* などを使用しているが、書かれた本・文献ではなく、事実を示すデータから知識を得ることを学んだ。私の知人の社会学者は『蛍雪時代』を使用して、受験生とは全く異なる、研究者としての知見を得ていた（二〇一六年三月五日）。

第五章　哲学部の歴史的変容——テュービンゲン大学の理学部の設置をめぐって

はじめに

ドイツの大学は、ヨーロッパ大陸諸国の大学と同じく、一八世紀の末期まで神学部・法学部・医学部・哲学部の四学部を基本型とする学部体制をとってきたが、一九世紀にはいると、学問体系の変動、産業革命による職業階層の再編成などのインパクトのもとで、伝統的な学部体制を大きく変容させねばならなかった。四学部制を基本型とする伝統的な学部体制の崩壊過程は、他面から見れば、新しい学部の発生・発展すなわち学部の多様化の過程である。もっとも、ドイツの大学が四学部型を脱却して圧倒的に脱四学部型を採用するに至るのは、二〇世紀に入ってから、それも一九二〇年代以降のことであるが、その先蹤的な動向はすでに一九世紀の先導的大学に見出すことができる[1]。この四学部制崩壊の指標となっている学部は、国家経済学部（Staatswirtschaftliche Fakultät）と理学部（Naturwissenschaftliche Fakultät）の二つの学部である。これら二つの学部（なかんずく理学部）の設置を基軸として、学部多様化の過程は進行したといってよい[2]。広く一般に知られているように、ドイツの諸大学は、学部組織に、中世以来の伝統的性格を強く残存させている。それゆえ、伝統的学部体制を変革し、歴史上かつて存在したことのない新しい学部の設置に対して、伝統を重視する勢力の強力な抵抗があったことは容易に推察できる。しかし、それにもかかわらず、四学部制の崩壊現象＝学部の多様化現象は、現実に進行したのであった。

そこで本章の目的とするところは、哲学部の分裂＝理学部の設置をドイツで最初に引き起こしたテュービンゲン大学（一八六三年に理学部を設置する）にスポットをあて、理学部の設置をめぐる論争、大学組織の構造的変化、哲学部分裂の要因および分裂の影響を明らかにすることにある。

テュービンゲン大学における理学部の設置は、他のヨーロッパ大陸の諸大学における理学部の設置状況に照らしてみるとき、決して早い時期に行われたとはいいがたい。というのは、すでにフランス諸大学の人文学部は、一八〇六年のナポレオンの帝国大学法によって文学部と理学部に改組されたし[3]、ロシアのドルパト、デンマークのコペンハーゲン、クリスチアナの諸大学にも理学部が設置されていたからである。ただここで留意しておかなければならないことは、上述したヨーロッパの諸大学のみならずラテン・アメリカの諸大学[4]にもほぼ同じ時期に理学部と同類の学部が設置されるという世界史的な潮流のなかで、テュービンゲン大学に理学部が設けられ、それが徐々にではあるが他のドイツの諸大学に波及していく先導的役割を果したという事実である。

1　哲学部の「分裂」過程

（1）　論争と事態の経緯

それでは、まずテュービンゲン大学の理学部設置に至る経過を述べることからはじめてそれを手がかりとして問題を解きほぐしていきたい。

テュービンゲン大学の哲学部が文学部（文科系の学問体系しか包有しない狭い意味での哲学部）と理学部とに分裂したそもそもの発端は、ヴュルテンベルク王国文部省（Ministerium des kirchens-und Schulwesens）が一八五九年四月一三日にすでに医学部に設けられていた化学の講座に加えて第二の化学の正教授職（講座）を設置する提案をし、その帰属について大学側の態度決定を求めたことである[5]。化学の講座を増設するというこの文部省の政策レベルでの提案五が、哲学部の分裂＝理学部の設置というドイツでは前代未聞の大学組織の構造的変化を惹起する契機となったのである。

第一の化学講座をすでに有していた医学部は、この文部省の提案にたいし、次の二つの理由を論拠として、自然科学を専門に担当する理学部の設置を大学評議会（Senat）に提言したのであった。第一の理由は、医学部内において純然たる医学ではない学問領域の講座が増大することは医学部の純粋な医学的性格を弱める危険があるということであった。そして第二の理由は、自然科学の学問領域が二つの学部、すなわち哲学部と医学部に分割されていることによって、学問研究・教育およびその他の面で不利益を受けているということであった[6]。この医学部の提言は大学の内部に大きな波紋を投げかけ、論争を呼び起こした。

教養学部（facultras atrium）と呼称された中世以来自然科学と精神科学を統一的に包有してきた哲学部は、医学部の提案に対してどのような反応を示したか。この提案にたいして、哲学部は敏速な決定をすることができず、学部の全体的な態度決定は困難をきわめた。それは各講座の利害関係が絡んでいたからである。まず物理学教授レウシュ（Professor Dr. Reusch）は、彼の担当している学問分野が学部内で冷遇されていることを理由として、理学部設置案に賛成の意を表明したが[7]、数学・天文学教授ツェヒ（Professor Dr. Zech）は、もし理学部が設置されるならば、数学・天文学講座はその学部に移動させられるであろう、だからそれに賛成できないとして、学部体制の現状維持を主張した[8]。これで賛否両論が出そろったわけであるが、理学部設置案に賛成反対というのではなく、異なった提案をする者もあった。それは、鉱物学・地質学教授クインシュテット（Professor Dr. Quenstedt）であった。彼は、彼の担当講座が哲学部に所属していることは不利益であると判断し、ある特定の学部に、自然科学の学問領域を統合し、学科（Section）を設置するという案を提出した[9]。いわば折衷案であった。このような主張が錯綜する状況のなかで開催された哲学部教授会の最終決定は、学部体制を現状のまま維持することであり、増設される化学の講座を哲学部に設置するよう、評議会に要求することであった[10]。

この哲学部の決定は医学部を強く刺激し、医学部は次のように反論した。すなわち、理学部の新設が否決されるならば、少なくとも自然科学の諸講座を医学部の学科（Section）として統合するよう要求する、と[11]。事態は明らかに自然科学諸講座の帰属をめぐって、哲学部と医学部との「学部の闘争」の様相を呈してきたのであった。

哲学部と医学部の対立のなかで開催された大学評議会において、①理学部を設置する案、②医学部に自然科学の学科を設置する案、③哲学部に自然科学の学科を設置する案、この三つの案をめぐって審議がなされた。一八六一年二月二八日の投票は、①案反対一四、賛成一一、②案反対一七、賛成八、③案賛成一七、反対八という結果となり、哲学部に自然科学の学科を設置する案が可決されたのであった[12]。

この大学評議会での決定に基づき、大学は文部省に対して、二つの申し入れを行っている（一八六一年二月二八日）[13]。それを要約して示すと次のごときものであった。

(1)　医学部から提案された基礎的自然科学の全ての教師をある特定の学部に組織統合するという計画、もしくはそれを医学部の学科（Section）として統合するという計画に文部省が同意しないことを大学は希望する。

(2)　文部省が哲学部に自然科学のための学科を設置する準備を開始することを、大学は希望する。

以上の文部省への申し入れによって、理学部の設置をめぐる論議は哲学部の思惑通りに終結するかに見えた。しかし事態は哲学部の思惑通りには進展しなかった。というのは、この時期（一八六二年六月一九日）には、文部省は医学部の理学部設置案を支持する立場をとるようになり、哲学部の内部に自然科学の学科を設置するという評議会の決定を拒絶し、その上、大学評議会に理学部の設置を再度審議するよう要求したからである[14]。

医学部は文部省のこの要求を、理学部を設置するか否かという問題に対する文部省の積極的な姿勢の表現とみなし、理学部を設置するための計画案を再度評議会に提出した。これに対して哲学部は前述した評議会の決定を尊重する態度を一貫してとり続け、文部省の態度と医学部の提案に反対する旨を表明し、哲学部のなかに自然科学の学科を設置する案を再び提出した。事態は再び哲学部と医学部との学部の争いとなったが、一八六二年一一月一三日の拡大評議会における投票によって、一五対一三の僅少差で哲学部に自然科学の学科を設ける案が否決され、反対に理学部を設置する案が可決されたのであった[15]。ちなみに拡大評議会の構成員は、医学部九、哲学部九、法学部六、国家経済学部二、旧教神学部六、新教神学部三、合計三五名であったから[16]、七名は欠席ないし棄権した計算になる。

以上のごとき紆余曲折を経て、一八六三年八月五日国王ヴィルヘルム一世（1781-1864）はテュービンゲン大学に理学部を設置することを認可し[17]、一〇月二九日に開学部式が挙行された。とはいえ、上述した成立の経緯からも察知できるように、この新しい学部は決して「全員の同意」(consensus omniumu) の産物ではなく、難産の結果誕生したのであった。

(2)「分裂」過程の二つの問題

以上において、テュービンゲン大学の理学部が設置されるに至るまでの論争と事態の推移を紹介してきたが、それというのも、理学部の設置をめぐっての論争と事態の展開のなかに、大学と領邦政府との関係、哲学部分裂の要因、および大学の組織構造の変化というような大学の存立に関係する諸問題が露呈されているからである。

そこで、以下の二つの問題について具体的に考察を加えていきたい。

①　化学講座増設の提案理由

まず第一に問題としたいことは、なぜヴュルテンベルク王国文部省は第二の化学講座（正教授職）を増設する提案をしたのかということである。科学史家の教えるところによれば、化学の進歩は、一八世紀末から一九世紀にかけて抬頭してきた実験を重視する科学者の研究に負うところが大きかった。その進歩は特にドイツにおいて顕著であった。バナールは、その著書『歴史における科学』において、「化学においてかれこれ七〇年にわたるフランスの支配のあとをうけてドイツの主導権を回復したのは誰よりも第一にリービヒだった。彼のギーセンの実験室は近代的な化学教育と実験研究室の手本となった」と書き記している[18]。リービヒの化学研究がこのように注目され高く評価される所以は、彼の研究が純粋な基礎研究を重視すると同時に化学的な知識を工業や現実生活に導入するという応用化学的性格を持っていたからである。彼の化学研究と実験研究室はドーバー海峡をこえてイギリスの大学における化学の研究と教育にも影響を与えたといわれている[19]。

工業面における化学的知識の応用の成果は、銑鉄の生産を飛躍的に増大させた画期的に技術といわれているベッセマー法（一八五五年発明）やトーマス法として結実した。

化学と他の自然科学との相互関係という観点からみても、化学の進歩は無視することができない。生物学、発生学、生理学などの自然科学の発達は化学の発達に基礎づけられていたからである。生命現象の解明には化学の知識が有効であることが明らかにされ、生命現象そのものも化学反応の過程として説明されるようになった。化学のこのような工業への、そしてまた他の自然科学への有用性を、産業化過程にさしかかっていたドイツの諸領邦がみのがすはずはなく、ギーセン大学のほかにバーデンのハイデルベルク大学、プロイセンのベルリン大学、ハノーバーのゲッティンゲン大学にも化学の実験室（Laboratarium）が設置された。ヴュルテンベルク王国政府もその例外ではなく、化学の現実的有用性を認識したのであった。このことがテュービンゲン大学に化学の正教授を増設する提案をせしめた背景として考えられる。この提案は、前述したように、医学部の理学部設置案に発展し、文部省も医学部の提案を支持する立場をとったのであった。

②　理学部設置案をめぐる医学部と哲学部の闘争

第二番目に問題としたいことは、医学部はなぜ理学部の設置を提案し、その案にたいして哲学部は反対の態度をとったのか、ということである。

周知のように、ドイツ大学の哲学部は、アンシャン・レジームにおけるフランス大学の人文学部と全く同様に言語学、哲学、歴史学等の精神科学系の講座と数学、物理学、化学、天文学、生物学等の自然科学系の講座とを統一的に包有した団体（Corporation）であった。哲学部が、それら方法と対象の異なる二つの学問分野を有機的に統一し、そしてまた、それら諸学問が同一の学部組織内で共存することの正当性を理念的に保証していたのは、Universitas Literarum（全ての学問がある総合大学と訳すべきか。島田雄次郎氏は訳さずにそのまま使用している）の思想であった[20]。

しかし、一九世紀の中葉に至り、精神科学と自然科学の制度的統一とそれを支える思想的基盤である Universitas Literarum の理念にたいして批判的見解を抱く思潮が顕著になってきた。この思潮傾向はとくに自然科学者に明らかであった。それを当時の自然科学者の次の言葉からも読みとることができる。

理学部を設置する案を大学評議会に提出した医学部の部長であった植物学者モール（Hugo von Mohl, 1805-1872）は、「自然科学と哲学（精神科学を意味する―筆者注）との間にはおおいがたい深淵があり、それら両学問の精神的方向性と方法には非常に大きな対立がある」という見解を抱いていた。続けて彼は書いている。「そのような結びつけることのできない要素（Elemete）を一つの学部組織に統合すべきいかなる内的理由も存在しない」と[21]。

学問に対するこのモールの見解は、哲学部に所属している自然科学者（彼らはいまだ学部内では少数派であった）と医学者の本音を端的に表白したものと見做してさしつかえなかろう。同じ領域の学問に携わっている者という学問上の連帯感が、理学部の設置問題をめぐる事態の経緯において、彼らに共同歩調をとらせる精神的な基盤となったことは否定できない。

ところが一方、精神科学者ないし文化科学者は、上記の自然科学者の学問観と学問状況にかんする認識にたいしてどのような見解を持っていたのか。結論を先に明らかにすれば、彼らは「自然科学と精神科学の間のおおいがたい深淵」の存在を否認する立場をとっていた。この立場は精神科学者が多数を占めていた哲学部の意見書にあざやかに示されているので、それを次に引用しよう。

「人間は、哲学〔精神科学─筆者注〕と自然科学を結びつけることのできない要素として引き裂き、そしてそうすることによって、実際には存在しない深淵を両者の間に設定するいかなる権利も有しない」と[22]。

この哲学部の意見書からの引用によって、哲学部の教師達の学問観は明白である。すなわち、彼らは、ベルリン大学の創設当初に鼓舞された Universitas Literarum の理念、つまりその具体的表現としてのシェリングの「その最も小さな部分も全体の組織を反映している、それ自体において統一的有機体としての学問」[23]という思想を守りぬく態度を執っていた。彼らはあくまでも「諸学の全体性」(eine Gesamtheit der Wissenschaften) を追求しようとしたのであった。

このように自然科学者と精神科学者の見解を突き合わせてみると、両者の学問観の差異が浮き彫りにされてくる。自然科学者は自然科学と精神科学の間にはいかにしても統一・調和しがたい対立があると主張し、精神科学者はそのような対立を設定するいかなる権利も人間にはないと反論する。この学問観の相違が、理学部の設置(それは学問研究組織の制度的再編成にほかならない)をめぐって、「哲学部と医学部の闘争」という形態をとって現実化したといえよう。

ところが、「哲学部と医学部の闘争」は学問観の相違という純然たる学問思想的な要因のみに由来するのではなかった。自然科学の研究に専念する理学部の設置をめぐって、哲学部と医学部の利害状況が密接に絡み合っていた事実も否定できない。

では、哲学部と医学部の利害関係とは一体何か。

自然科学の諸講座が分離独立する直前（一八五九年）の哲学部の教師団は、正教授（Ordinarien）一一名、員外教授（Extraordinarien）四名、私講師（Privardozen）七名、合計二二名から構成されており、テュービンゲン大学において最大規模の学部であった[24]。ところが、これら教師たちの幾人かが理学部へ転出することは、当然のことながら、講座数、哲学部を代表する評議員数および学生数の減少をもたらすことをも意味していた。事実、文部省は哲学的、言語学的、歴史学的な学問分野からのみ構成される哲学部――自然科学の諸講座が分離しても依然として哲学部（Philosophische Fakultat）と呼称された――には八ないし九の正教職しか置かない方針であった[25]。このような学部構成員の数量的な減少は、とりもなおさず、質的には大学内における一個の独立した団体としての哲学部の弱体化をもたらす。哲学部の弱体化をもたらす大学の構造的変革にどうして哲学部自身が賛意を表しえようか。

他方、医学部は、自然科学を専門に研究する学部を是非とも必要としていた。その必要性は、医学をとりまく学問の発達状況を背景として、打ち出されてきた。一九世紀の段階ではじめて事実上「科学」として樹立され、専攻学生数も漸次増大してきた医学が、一層発達するためには、その基礎となる自然科学の研究を前提としていた。すなわち医学の発達は、発生学、生理学、動物学、植物学、薬理学等のいわば医学の基礎的ないし補助的な自然科学の発達に負うところが大きい。とはいえこれらの基礎的・補助的な自然科学を医学部に包摂することは、前述した医学部の理学部設置のための意見書でも言及しているように、医学部の講義の純粋な医学的性格をそこなう危険性があると考えられたのであった。このような事情から、医学部は自然科学の研究を専門に担当する理学部の設置を強力に主張したのであった。

以上において明らかにしたように、理学部の設置をめぐる「哲学部と医学部の闘争」の根底には、学問観の根本的対立と現実の利害関係の縺れ合いが存在していた。学問観の対立は、世界観、価値、学問の実証主義化・専門主義化をめぐる論争となって表出し、調和的に統一されることなく二〇世紀に突入した。しかし、現実的な利害の対立は、実際には、評議会における多数決という政治的方法で解決されざるをえなかったのである。それも僅少差であった。

2　理学部の制度的実態と性格

このような諸問題をはらみつつも、第七の学部として成立した理学部はどのような講座体制をとっており、どのような付属施設を有し、いかなる性格づけがなされていたのであろうか。

まず講座構成を見てみよう。理学部は以下の八箇の講座から成り立っていた[26]。

①　数学・天文学（Mathematik und Astronomie）
②　物理学（Physik）
③　純粋化学（reine Chemie）
④　応用科学（angewandete Chemie）
⑤　古生物学を含む鉱物学・地質学（Mineralogie und Geognosie mit Parlaontorogie）
⑥　植物学（Botanik）
⑦　動物学・比較解剖学（Zoologie und vergleichnede Anatomie）
⑧　生薬学（Phiarmakognosie）

さらに、理学部にはこれら八講座に対応する形で、八箇のインスティトゥート（Institut）が付置されていた。すなわち、それらは天文台（Sternwarte）、物理化学研究室（Physikalische Cabinet）、二つの化学実験室（che-ische Laboratorien）、鉱物収品所（mineralogis-che Sammlung）、植物園（botanische Garten）、動物収品所（zoologische Sammlung）、そして薬物収品所（pharmakognostische Sammlung）である。

すでに述べたように、理学部が設置されるに至るまで、自然科学は哲学部の数学・自然科学の分野と医学部との両学部によって研究・教授されてきた。上記の八講座のうち従来哲学部に所属してきた講座は、物理学、数学・天文学、鉱物学・地質学（この講座は鉱物の薬物学的研究のために、一八三七年まで医学部に置かれていた）の三講座である。その他の講座すなわち植物学、動物学・比較解剖学および化学は医学部に所属していた。生薬学もその例外ではない。これらの自然科学は、医学の基礎科学ないし補助科学としての性格をおびつつ発達してきたのであった。さらに理学部設置の契機となった化学は、純粋化学と応用化学の二講座が置かれており、このことによって文部省の当初の意図はつらぬかれたのである。上に述べた理学部が包有しているそれぞれの講座の由来を考慮に入れるならば、パウルゼンが「哲学部からの理学部の分裂」（Abspaltung einer naturwissenschaftlichen Fakultät von der philosophiscen）[27]と表現し、筆者もそれを踏襲してこれまで使用してきた「哲学部の分裂」という言葉は、ここにおいて多少の修正ないし留保をもって理解されなければならない。なぜならばすでに明らかなように、理学部は、哲学部が単純に分裂（単わかれ）し、外部から何らかの新たな要素が加わることなく成立したのではないからである。言い換えると、理学部は、従来哲学部に所属していた自然科学の講座と医学部に属しつつ医学の補助科学・基礎科学として発達してきた講座が合体して成立したと考える方が、史実に忠実な解釈と思われるからである。

ところで、新しい学部の実体とその性格を全体的に明らかにするためには、学部の基本的構成要素である講座とその付属施設のみでなく、学部の権利と学生などの組織についても述べなければならない。以下、一八六三年八月五日文部大臣 Golther の名前でテュービンゲン大学評議会に送られた文書[28]——これは、理学部の設置に国王が同意したことおよび理学部の組織に言及している——に基づき、理学部の組織に簡単に触れておきたい。

①理学部の権利：理学部は、大学の他の学部と同等の地位と同等の権利（特にドクトル学位授与権）を有する。
②学生：学生は、「正規の学生」（ordentliche Studierende）と薬学生を含む「臨時聴講生」（Hospiranten）の二種類があった。正規の学生はさらに、自然科学の研究を専門とする学生と特に自然科学の分野を含んでいる医学の国家試験の第一段階に合格していない医学生に分かれていた。
③一年任期の学部長を持ち、また学部独自の印璽を持っていた。

このように理学部の実体をみてくると、学部の性格が浮かび上がってくるであろう。すなわち、講座構成や学生にかんする規定からも推察されうるように、医学部との関係を重視した性格づけがなされている。これは、医学部から理学部の設置提案が提出されたという成立の事情からして当然のことといえよう。

3　哲学部の「分裂」＝理学部設置の諸要因

哲学部の分裂すなわち理学部の設置という大学の構造的変化を引き起こした歴史的理由は一体何であったのか。

いうまでもなく、学部・講座の設置ないし廃止という具体的な制度的具象として顕現する大学の内部構造の変質は、学問領域の再編成の動向に対応している。しかし学問領域の再編成の動向は、学問の自己完結的な運動としてあるのではなく、すぐれて経済体制・政治体制の構造的変化に規定されている。したがって、大学の構造的変革を引き起こした要因は、学問体系の変動（大学は組織化された学問〔Wissenschaft〕という考え方からすれば、これは「大学内的要因」といえよう）とそれを規定している政治体制・経済体制などの大学を囲む社会の構造的変化（「社会的要因」）の二つの側面から考察されねばならないであろう。

もちろん、上記の二つの要因は個別的に独立して大学の内部構造変革の要因となっているのではなく、むしろ密接に絡み合って複合的に作用していると考えられる。このような二要因の相互関連性を念頭に置きつつ、理学部の設置という、構造的変化をもたらした「大学内的要因」と「社会的要因」のそれぞれを明らかにしていきたい。ただこのばあい、これまでの論述のなかで断片的に触れられてきた要因を、「哲学部の分裂＝理学部の設置を引き起こした理由は何か」という問題視角から整理し直し、さらに敷衍する方法をとりたい。

第一番目に、大学の制度的変革としての理学部の設置をもたらした大学の内部要因は一体何であろうか。

(1)　これまでもしばしば言及してきたように、自然科学の分化発達が挙げられねばならない。化学、発生学、生理学、生物学などの近代的自然科学の基礎は一八世紀に構築された。一九世紀はその開花期にあたっている。これにたいして、硬直した伝統的な学部講座体制は、自然科学の長足の分化発達に対応しきれなくなっていた。急速な進歩をとげた自然科学的な学問領域は、固定化した学部講座組織の枠組のなかに収まりきらなくなっていた。このような、学問領域と制度との乖離を認識したうえで、医学部は理学部の設置を提案し、それが現実化されたのであった。

(2)　文部省は"Quellen"[29]に収められた文書[30]から判断する限り、化学講座増設の提案を大学評議会に対して行った時点（一八五九年四月一三日）では、新しい学部を設置する意図は持っておらず、単なる講座の増設にする計画であった。医学部は、この計画を新しい学部の設置にまで拡大した。その理由は何か。

その理由は、すでに「哲学部の分裂過程」を述べたさいに言及したように、①医学部において純粋な医学でない学問分野の講座の増大は医学部の純粋な医学的性格を弱める危険があること、および②自然科学の学問分野が二つの学部に分割されていることは、研究および教育に不利益であること、この二つの点であった。じっさい、医学部には動物学、植物学、化学などの純粋な医学ではない講座がはいりこんでいた。それらは生理学と解剖学を重視した「科学化を志向する」医学からの要求によって置かれたのである。

とはいえ、医学部は医学や治療技術を教授することによって学生を職業的実践に向けて十分に教育する学部であって、基礎的な自然科学の研究教育に携わるのは本来の任務ではない。したがって、医学からの要請は、基礎的自然科学を専門に担当する学部の存在である。一方自然科学の講座は哲学部にも設置されていた。しかもそれらは学部内で少数派であり、冷遇されていた。哲学部における自然科学担当者の要求は、哲学部からの分離独立である。

さらに､医学部は、理学部の設置を提案する以前から「第一段階の医学国家試験」(die erste medicinisehen Staatsprüfung)を、「自然科学試験」と「医学試験」に分けて行うことを提案していた[31]。理学部の設置案は医師のための国家試験制度の改革とも対応していたのである。

(3)　自然科学の長足の進歩は、すでに明らかにしたように、自然科学者と精神科学者との間に、学問観の鋭い対立を醸成した。すなわち、自然科学者は「二つの学問領域の間には、調和しがたい対立が存在する」と主張し、精神科学者は「二つの学問領域をひきさく権利は誰にもない」と反論する。このような学問観の対立は、また両者の学問の志向性の差異を意味する。精神科学者にあっては、諸学問を有機的に統一しようとする「諸学の全体性」への志向が濃厚であるが、一方自然科学者にあっては「諸学の個別化」ないし「専門主義化・実証主義化」を志向する傾向が顕著である。この志向性の相違が、哲学部の制度的分裂の精神的要因であったことに留意しておきたい。

このことを他の面から言い表せば、学問観の対立と志向性の相違の裏面では、「伝統的な学問から新興の学問へ」という学問の新陳代謝のプロセスが生起しており、この新陳代謝の過程は学部および講座といった大学の制度的変革となって現実化されるに至るのである。

第二番目に、理学部の設置を現実化させた政治的・経済的な要因としてどのようなことが考えられるであろうか。

(1)　約半世紀にも及ぶヴィルヘルム一世（在位 1816 ～ 1864）の治世下において、テュービンゲン大学は一八世紀の末までには全くみられなかった未曾有の構造上の変革をなしとげた。その変革のプロセスを年代順に示すと、まず一八一七年には四学部制を打破し、国家経済学部（Staatswirtschaftliche Fakultät）が設置された[32]。それに続いて、神学部は、一八一五年に成立した王国の新しい領土内にカトリック教徒の多い地域が含まれていたため、旧教神学部（Kathhlische theolog.Fakultät）と新教神学部（Evangeliche theolog.Fakultät）とに分裂せざるをえなかった。そして、一八六三年には理学部が国王の認可を得て設置されたのであった。

このような事実を考慮に入れると、ヴィルヘルム一世の大学政策の特色は、伝統的な学部体制の維持に必ずしも固執せず、社会体制の変容に対応して、学部を多様化することであったといえよう。ドイツの大学における学部の多様化過程で登場するほとんどの学部は、テュービンゲン大学において、ヴィルヘルム一世の統治中に設置されたのであった。またテュービンゲン大学には、彼の没後から第二次世界大戦の開始に至るまで、新しい学部が設置されなかった。理学部の設置は、ヴィルヘルム一世のこのような時代の要求を先取りする啓蒙的大学政策の一環として行われたと考えられる。

以上の事実を念頭に置きつつ、もう少しミクロな視点から、大学と領邦政府（国家）との相互関連性を、理学部設置問題をめぐっての文部省と大学評議会とのやりとりに焦点を合わせることによって、考察してみたい。前述したように文部省が、増設される化学の正教授職の帰属について、大学の態度決定を求めたことは、プロイセンの一般国法にも、明確に規定されている如く[33]、「特権団体」（privilegirte Corporation）としての大学の自治を配慮してのことであった。すなわち、文部省は大学の自治の拠り所であるギルド的原理を認め、大学の内部にかんする事柄は大学自身が決定するという方針で臨んでいたと言ってよい。

しかし、この文部省の方針は事態の推移のなかで突き崩されることになる。このことを如実に物語っているのは、文部省が、哲学部に自然科学の学科を設置するという大学評議会の決定をくつがえし、理学部の設置案を再び大学評議会において審議するべく通達したという事実である。この事実は一体何を物語っているのだろうか。それは、文部省が大学評議会の決定には「法的にも事実的にも拘束されなかった」ということを雄弁に物語っている。むしろ、文部省は大学評議会を通じて大学内部の諸事項に介入し、官僚的支配を行ったと言えよう。

かくして、理学部の設置は啓蒙的開明君主と革新官僚による「上からの改革」の側面を持ち、上記の文部省の理学部設置案再審義要請に対して疑念を表明し、自然科学領域を哲学部の学科として統合するべく要求した哲学部の抵抗は、この「上からの改革」に対するレジスタンスであったと見做しえよう。このレジスタンスは一度は成功するかのように見えたが、上級審的な文部省の決定の前に敗退せざるを得なかった[34]。

このような錯綜した事態に直面して、大学はその自治に内在する矛盾すなわち「大学の国家からの独立」と「国家への隷属」に苦悩せざるを得なかった。文部省の再審義要請の与えた影響は深刻であった。哲学部と医学部の

「学部間の闘争」が再燃し、学長は大学評議会をとりまとめることが困難となり、ついに理学部設置問題の決定をその学期中に行うべきか、それとも次の学期まで延期するべきかを文部省の裁断にあおぐという事態に直面したのであった[35]。

大学の自治は必要であるが、大学自治の担い手である大学教授は管理運営にかんして無能力であるという矛盾の解決は不可能なのだろうか。大学評議会は意思決定機能を発揮できない状態に陥ってしまったのである。これにたいして、文部省は、その決定を次の学期まで延期してよい旨通知してきたのであった。大学は独占的特権ツンフト団体としての性格を認められていたとしても、現実的には、財政、学則の制定、教授の人事、学部・講座の統合と廃止等にかんする重要事項は全て最終的に「国王の認可」を得るという形式をとっていたのであった。理学部設置にかんしての国王ヴィルヘルム一世の「認可書」の意味するものは、大学は「国家の機関」(Veranstalt des Staats) であることの現実的・事実的表現であった。国王の認可書によれば、文部省は一般教育の問題が生じたばあい、哲学部と理学部あるいは理学部と医学部との合同会議を開くべく発議することもできたのである。

これらの事実を考慮するとき理学部設置問題をめぐる大学と国家との関係は、総じて次のように言えよう。大学は、ギルド的原理と真理探究の原理に則り、研究の自由、教育の自由を標榜しつつも、現実的には文部省(国家)との結びつきを強めながら、構造的変革を成し遂げざるをえなかったのである。文部省は、このことを通じて、大学の官僚制への組み入れを遂行したといえよう。

(2)経済史的な観点から考察すると、ヴィルヘルム一世の統治時代は、ヴュルテンベルク王国が産業革命を遂行し、急速に近代国家としての体裁を整えてくる時期にあたっている。松田智雄氏の研究によれば、ヴュルテンベルク王国における産業の発展は「農業と工業の縺れ合い」の過程として進行した。すなわち、農業国から工業国への生長は一八三〇年代に急速化し、「三月革命」を経過したのち、一八五〇年代から六〇年代には完了期に至る[36]。この工業化の過程において、首位に立つ工業部門は機械工業、繊維工業、自動車工業、電気工業などであるが[37]、これらの工業部門は銑鉄の生産と化学工業の成立を前提としていた。

このような工業化による社会体制の変動を背景に、医学部の意見書は、農業と工業そして近代国家の発展のために、自然科学の有効性を繰り返し強調している[38]。このように考察してくると、理学部設置の政治的・経済的条件は整っていたと言えるであろう。すなわち、第一にヴュルテンベルク王国は工業化の過程にさしかかっており、工業部門の生長のために自然科学の成果が応用され、その有効性が認識されていたこと、第二に産業革命の遂行の過程で引き起こされる社会体制の変動に応ずる大学政策をとるヴィルヘルム一世が統治していたことである。

4　哲学部の分裂の影響

哲学部の分裂、理学部の設置は、大学の組織構造と学問思想に多大な影響を与えずにはおかなかった。さらにその影響力はたんにテューービンゲン大学内部のみにとどまらず、他の諸領邦の大学にも波及していった。それらを要約した形で示せば次のようになるであろう。

(1)　すでに述べたように、理学部は、他の既存の学部（テュービンゲン大学には理学部が創設されるまで、旧教と新教の二つの神学部、法学部、医学部、哲学部、国家経済学部の六つの学部が置かれていた）と同等の地位および権利（なかんずく博士号授与権）を持ち、第七の学部としての地位を確立し、諸学部間の勢力分布図を書き換えるに至った。

(2)　哲学部からの自然科学系諸学問の分離独立は、哲学部の包括学問領域の貧弱化を意味すると同時に、教師数および学生数の減少による哲学部の組織体としての弱体化をもたらした。

(3)　哲学・言語学・歴史学分野と自然科学分野にかんする一般教育の問題は、哲学部と理学部が協議して決定すべきものとされるようになった[39]。これまで「諸学の全体性」(die Gesamtheit der Wissenschaften) を具現していると観念されていた哲学部によって担当されてきた一般教育が、理学部が設置されたことにより、現実には二つの学部によって担われるようになったのである。

(4)　理学部は、成立の事情からも明らかなように、医学部と関係を重視した講座体制をとっており、両学部の関係は非常に密接であった。じっさい、化学、植物学、動物学、解剖学などの医学の補助科学的講座が理学部に置かれていたことを考えると、理学部は医学部の基礎学問的性格さえも帯びていたといえよう。

(5)　自然科学と精神科学の両学問領域が従来一つの学部に組織として統一されていたということは、それら両学問領域の相互接触と、交互作用を制度的に保証し、「諸学の全体性」への志向を可能にするものであった。しかし、両学問領域を包括していた哲学部の分裂は、それら両学問領域から相互接触・交互作用を必要以上に奪い去り、「諸学の全体性」への志向を見失ない、学問の専門主義化への道を開いたことは否定できない。この学問の専門主義化の傾向は、時代が下るとともに急速になり、シュプランガーの言うように[40]、大学は様々の個別科学に分断され、実際には専門学校の寄り合い所帯的状況を呈するようになったのである。

(6)　これまでに述べてきた学問観の対立、自然科学の発達、諸学の全体性への志向の喪失に基づく古典的哲学部の分裂＝理学部の設置は、諸学問を有機的に統一する現実的組織体として大学を把握し、その中心に哲学部をすえる総合大学 (Universitas Literarum) の理念と制度的現実との乖離を顕在化させた。この理念は、伝統的な学部体制の崩壊を防止する強力な精神的阻止力として作用してきた。この理念のゆえに大学の古典的な学部体制は維持されてきたといってよい。

しかしそれは、産業化と学問の専門化との過程のなかで揺らぎ出した大学の内部構造の伝統的形態を支えるに足るものではなかった。このことは、初代理学部長に就任した Hugo von Mohl の学部開設講演（Eroffnungs-vortrag）の冒頭の一句からも読みとることができる。彼は次のように言っている。「大学の課題は全ての学問を包括し、それら諸学問を通じて教授活動を行うことにあるが故に、我々は大学を Universitas Literarum と呼称するのである。（中略）。もし大学がその教授活動のなかで科学を促進するものであるならば、大学は科学に相応した発展と変革をとげるものとして把握されねばならない」[41]。

ここには、科学・学問の分化発展の過程に応じて、大学はその形態を変えねばならないとする意思が明示されている。けれども、彼の意図するところは、Universitas Literarum の理念を、単に不用のものとして投げ捨てるのではなく、学問の領域で画期的な発展が行われれば、それに応じて大学の理念そのものも形態を変えねばならず、そしてまた大学の内部組織の改革を断行しなければならないことであると解し得よう。

このように自然科学者モール（Hugo von Mohl）の見解を検討してみると、理学部の設置によって突き崩された一九世紀初頭の大学の理念に代わって、時代の要求と大学の形態に相応する大学の理念が求められていることが看取されるのである。

まとめ

理学部初代の学部長職に就いたモールは前述の学部開設の講演を「我々は姉妹大学（Schwesteruniversitaten）が誕生す

ることを希望する」という言葉で結んでいる。この言葉は、他のドイツ大学もテュービンゲン大学にならって、理学部を設置することを唱導したものである。歴史の流れは、まさに彼の望んだ方向をたどった。すなわち理学部は、国家経済学部のように特殊南ドイツ的学問にとどまったのではなく、北ドイツの諸大学にも浸透していったのである。

理学部の浸透を数量的にあとづけてみると、一九世紀の段階ではストラスブルク（理学部設置、一八七五年）42とハイデルベルク（同一八九〇年）43の二大学に波及しているにすぎないが、二〇世紀に至るとその速度は早まり、一九三八年には二三大学中一五の大学に理学部が設けられた。

このように見てくると、テュービンゲン大学の哲学部の分裂＝理学部の設置は、ドイツにおける大学の構造的変革の先蹤的な役割を果したといえる。この観点から、テュービンゲン大学が近代ドイツにおける学部編成史上占めている特異な地位を確定することができる。

註及び引用・参考文献

1 一九世紀中に四学部型を脱却した大学と学部構成を表に示すと次のようになる。

大学名	脱却年	学部構成
テュービンゲン	一八一七	神・法・医・哲＊国家経済
ヴュルツブルク	一八二三	神・法・医・哲＊国家経済
ミュンヘン	一八二六	神・法・医・哲＊国家経済
テュービンゲン	一八六三	神・法・医・哲・国家経済＊理
ストラスブルク	一八七五	神・法・医・哲＊理
ハイデルベルク	一八九〇	神・法・医・哲＊理

＊は新設学部を意味する。

2 テュービンゲン大学における理学部の設置にかんする文部省の通達および各学部の意見書、大学評議会の意見書等の史料を網羅した文献として、Wolf Freiherr von Engelhardt und Hansmartin Decker Hauff; *Quellen zur Grundungsgeschichte der Naturwissenschaftlichen Fakultät in Tübingen 1859～1863.* 1963 がある。本稿では、以下これを Quellen と略して引用する。

3 池端次郎訳「ナポレオンの帝国大学法」『広島商大論集』一〇巻第一号　六頁。

4 皆川卓三「ベネゼラ・カラカス大学の一八九九年における学部学科構成」『大学史研究通信』評論社　一九七一年　第四号　五四頁。同氏「チリー大学の一九世紀における学部学科構成」『大学史研究通信』第六号　一九七三年　一四頁。

5 Quellen S.30～31.

6 Quellen S.31～44.

7 Quellen S.55～57.

8 Quellen S.59～62.

9 Quellen S.57～59.

10 Quellen S.63～73.

11 Quellen S.74～86.

12 Quellen S.114.

13 Quellen S.113.

14 Quellen S.115～119.

15 Quellen S.149.

16 Quellen S.7.

17 Quellen S.179～181.

18 L・D・バナール　鎮目恭夫訳『歴史における科学』みすず書房　一九六六年　三八三頁。

19 エリック・アシュビー　島田雄次郎訳『科学革命と大学』中央公論社　一九六七年　三一頁。

20　島田雄次郎『大学とヒューマニズム論』勁草書房　一九七一年　一五〇頁以下に収められている論文「ドイツの大学における学部学科編成の歴史―Universitas literarum について―」を参照。
21　Quellen S.10.
22　Quellen S.14.
23　Eduard Spranger; *Wandlungen im Wesen der Universität seit 100 Jahren*, Leipzig 1913. S.22.
24　Quellen S.1.
25　Quellen S.118.
26　Quellen S.180.
27　Paulsen, Friedrich; *Die deutscnen Uniniversitäten und das Universitätsstudium*, Berlin 1902. S.76.
28　Quellen S.181.
29　注2を参照。
30　Quellen S.30.
31　Quellen S.40.
32　テュービンゲン大学の国家経済学部の設置理由、包括学問分野と初期の教授名、学部の性格などにかんしては、拙稿「近代ドイツにおける学部・講座編成史研究―Tübingen 大学国家経済学部の設置」（中国教育学会編『教育学研究紀要』第一八巻　一九七三年）一九～二一頁を参照。
33　プロイセン一般国法（*Allgemeines Landrecht für die Preussischen Staaten*）は、一七九四年に施行された。その六七条は、「大学は、特権を有する団体がもつあらゆる権利を保持する」と規定し、大学がギルド的特権団体であることを明文化している。しかし大学を「国家の施設」と規定し、そして、また「国家の承認と認可」によってのみ設置することができると規定した第一条および第二条との関連において大学の性格を考えるとき、大学は国家の法認を得た団体であって、決して、国家から完全に独立した存在ではなかったことは明らかである。
34　大学側の国家権力に対するレジスタンスが成功した実例がある。国家経済学部長フルダ教授は、国家経済学者フリードリヒ・リストが文部省から教授に任命されたことに反発し、一八二〇年リストをテュービンゲン大学から追放することに成功した。このことは、文部省人事に対する大学側の反発のあらわれであった。

35 Quellen SS.134～136.

36 松田智雄『ドイツ資本主義の基礎研究』（岩波書店　一九六七年）二七二頁。

37 松田　前掲書　四六八頁。

38 Quellen SS.31～44.

39 Quellen S.181.

40 E. Spranger; ditto. SS.23～24.

41 Quellen S.194.

42 *Festschrift zur Einrichtung der Neubauten Kaiser-Wilhelms-Universität Strassburg*, 1884. S.23.

43 Ruperto-Carola, Sonderband; *Aus der Geschichte der Universität Heidelberg und ihrer Fakultäten*, SS.297～299.

第三部　大学大綱法施行とボローニャ・プロセスの時代

現在のミュンヘン大学（筆者撮影）

【解　説】

第三部では、「現代」のドイツ大学を問題とする。「現代」をどう認識するか大きな問題であるが、ここでは「大学大綱法」施行以降の時代を「現代」と認識してもいいだろう。しかし、筆者は「現代」をさらに、ボローニャ・プロセス導入以降のドイツの大学教育の改変とそれ以前と分けて認識したほうが分かりやすいと思う。

したがって、「大学大綱法施行とボローニャ・プロセスの時代」と題して、一九七〇年代に施行された「大学大綱法」(Hochschulramengesetz, 大学大綱法、高等教育大綱法などと和訳され、HRGと略される)以降の大学教育や教師を取り扱う。ドイツの大学でも、細かく見れば各州それぞれの特徴がないとは言えないが、全体として見れば、一つの大きな流れの中にあると言わざるを得ない。学部の多様化、ジュニアプロフェッサーの導入、単位制の導入、給与の基準などはドイツの大学に共通して言える。そしてドイツの国境を越えて大きいのがEUの結成、ボローニャ・プロセスのドイツ大学への導入である。現代のドイツの大学は、それにどう対応しようとしているのかを考える。

第一章では「大学大綱法下の大学教師の種類」を問題とする。伝統的には、ドイツの大学は、正教授・員外教授・私講師を基本型として構成されてきたが、学問が多様になり、複雑になるに従って、大学教師の種類も複雑・多様になってきた。「大学大綱法」でどのような教師が規定されているかを考察したものである。初出は『大学史研究』第六号(一九九〇年八月)である。

第二章「大学大綱法下における大学の教育事情」では「大学大綱法」下での、ボローニャ・プロセス導入以前の「ドイツの大学の教育事情」を一〇の視点から明らかにする。ボローニャ・プロセス導入以前のドイツの大学教育事情とは言っても、事態は固定的でなく、常に揺れ動き、議論されている。本書のための書き下ろしである。

第三章「大学の改革動向」では、ボローニャ・プロセスが導入され、ドイツの諸大学の運営形態や教育がそれに合わせてどのように改変されてきたかを考察する。初出は有本章・羽田貴史・山野井敦徳編『高等教育概論』(ミネルヴァ書房　二〇〇五年)のために「ドイツの大学」として書いたものであるが、本書に収めるにあたって、大幅に書き改め、題も変更した。

第四章「現代ドイツにおける大学教師の養成・任命・任務・給与」では、ボローニャ・プロセスのもとで、ドイツの大学教師はどのように養成されているか、どれくらいの給与をもらっているかを階層別・州別に明らかにする。広島大学大学教育研究センター（有本科研）の報告書にかいたものである。これはのち、文章に少し手を入れて、有本章編『大学教授職の国際比較』（東信堂　近刊）に収録する予定である。

第一章　大学大綱法下のドイツ大学教師の種類——歴史的パースペクトからの考察

1　問題の設定

大学の中核的な構成要素は、教師にほかならない。したがって、大学の特性は教師の在り方に最も鮮明に現れる。もちろん大学は教師のみでなく、学生および事務職員によっても構成されている。しかし、歴史的に見れば、大学の本質的任務は、研究（一九世紀以降）と教育（中世以来一九世紀まで）にあり、その任務の継続的担い手は教師以外の何者でもなかった。大学運営の中心的役割を果たした学長や学部長、大学評議会委員にも、たいていのばあい、教師が就任した。ただ、M・ヴェーバーも指摘しているように、交替制の学長や学部長は、一定の官僚組織を構成する事務職員にたいして、ディレッタント的な性格をもっており、実際面における大学運営は、事務職員に握られてきたという側面もあながち否定できない。しかし、基本的には団体的特権を保持してきたドイツの大学の意志決定権は教師の側にあり、事務職員は教師の決定を執行してきたこともまた間違いないところである。シェルスキーが大学をだめにした者の第一に教授、第二に若手教師と学生を挙げているのは故なしとしない1。

このような認識のもとに、本章では、現代ドイツにおける大学教師の種類や職務を、歴史の流れのなかに位置付けてみるとどのようなことが分かってくるのか、試みてみたい。三木清は「現在は歴史を理解せしめる」と言っている[2]。また逆に、「歴史は現在を理解せしめる」とも言うことができるのではないか。歴史は重層的・複眼的に「現在」を見るときの鏡としての役割を期待できるとともに、現在において問題になっていることの由来・原因を知ることに、役立つであろう。

具体的には、以下のような問題を考えることができる。

① 現在のドイツ大学における教師の種類にはどのようなものがあるのか。
② それぞれの種類の教師の属性はどのようになっているのか。
③ 大学教師の種類や属性は、歴史的にどのように変遷してきたのか。

このような問題設定のもとに、現代のドイツの大学教師について考察してみたい。

2　大学大綱法下の教師の種類

現在のドイツの大学における教師の種類を、一九八五年に改訂された大学大綱法によって表示したのが**表1**である。この表から多くの事柄を知りうるが、とりわけ次のことを指摘しておかなければならない[3]。

第一に、現代において大学教師を見分けていく指標は、C２、C３、C４という給与グループであること。俸給額はＣ４ランクが最も高く、Ｃ３、Ｃ２と低額になっていく。このように、「大学大綱法」下においては、大学教師とくに教授クラスは、俸給グループで分類されていることを留意しておきたい。実際には教授クラスはＣ３であろうとＣ４であろうと「教授」（Professor）と呼ばれており、正教授（ordentlicher Professor）とか員外教授（außerordentlicher Professor）とは呼ばれない。両者を、呼び方や表示の仕方で、とくに区別しなくなったのは、現代の特徴と言ってよい。総合大学のＣ２グループの教授は、現行大学大綱法においては、ただ移行措置としてのみ置かれているにすぎない。しかし、総合大学以外の学術および芸術大学、教育大学、総合制大学においては、Ｃ２教授はこれからも置かれることになっている。

第二に、教師のそれぞれが、国家公務員としての職務法上の地位と大学内における団体法上の地位という二つの地位をもっていることである。この地位の二重構造はドイツの大学の特殊な歴史に由来している。すなわち、ドイツの大学は、その創設期に、一方では領邦国家の機関として、他方では自治権をもった団体（ギルド）として、設立されたという歴史がある。したがって、ドイツの大学の歴史は、国家的原理と自治団体原理という相矛盾する原理の絡み合い、相克の歴史といっても過言ではない。だから、現代の大学教師の地位や身分も、この歴史的な構造的二重性に深く規定されている[4]。

第三に、Ｃ４教授はかつての正教授の系譜をひく教師である。正教授は、招聘されるとき研究条件や教育条件について交渉することが伝統的に許されてきた。正教授の地位は、研究所やゼミナール、クリニックの所長の地位と不可分に結びついていたが、このことは今日でも基本的には変わっていない。Ｃ４教授の任務は、専門の学問領域をとりわけ広く・深く研究し、教育することにある。したがって、Ｃ４教授は、Ｃ３教授やＣ２教授よりも給与はもちろんのこと助手や秘書の数といった制度的条件の面で、優遇されている[5]。

表１　ドイツ大学教師の職務執行および昇進の類型

給与グループと職の名称	職務法上の地位	団体法上の地位
給与グループ C 2		
––大学講師	期限付き官吏：6 年	私講師あるいは定員外教授
––上級助手 上級技師	期限付き官吏： 上級助手（4 年） 上級技師（6 年）	
––学術的高等教育機関の教授 (総合大学ではない、芸術大学、学術大学、教育大学、総合制大学の教授)	期限付き官吏あるいは終身官吏	教授
––大学教授 (総合大学ではない、芸術大学、 学術大学、総合制大学)	期限付き官吏あるいは終身官吏	
給与グループ C 3		
––学術的高等教育機関の教授 ––大学教授	期限付き官吏	教授
給与グループ C 4		
––学術的高等教育機関の教授 ––大学教授	期限付き官吏あるいは終身官吏 その他：兼職で教えている教師	教授（正教授） 名誉教授

第四に、現代のドイツの高等教育機関を整理してみると以下のようになる。(1)総合大学（Universität）。この範疇には①伝統のある古い大学、②工業大学や経済（商科）大学、③一九六〇年以降創設された新設大学がはいる。(2)教育大学（Padagogische Hochschule）、(3)神学大学（Theologische Hochschule）、(4)芸術大学（Kunsthochschule）、(5)専門大学（Fachhochschule）、(6)総合制大学（Gesamthochschule）[6]。このような大学セクター間の格差は小さくなってきたとはいわれている。しかし、給与グループによっても明らかなように、学術大学とそうでない大学の教師とは依然として区別されている。

第五に、今日では、全ての大学教授は、法的には同等の権限をもつものとされている。このことは、歴史的にみれば、重要な変化と言わなければならない。この変化の大きさは、のちに述べる表4「一九世紀から二〇世紀初頭にかけての大学教師の地位構成」と比較対照していただければ、一目瞭然である。しかし、これには注目すべき但し書きが必要である。つまり、上に述べたように、C４教授は、他の教授層と比較して、研究・教育の条件面で優位な地位を占めている事実は否定できない。

第六に、名誉教授は、日本のそれとは本質的に異なっており、他に職を持ちつつ兼職として大学で教えている教師である。日本の名誉教授に当たるのは、退職した教授（Emeritus）である。

3　教授以外の教師たち

教授をのぞく教師たち、いわゆる中間層（Mittelbau）の種類は、複雑で分かりにくい。実はこの中間層の問題が、一九七〇年代の大学改革の論点の一つだったのである。そこで、大学において学術および芸術に携わる教授以外の人的成員、すなわち①学術・芸術助手、②上級助手・上級技師、③大学講師、④学術・芸術共働者について、一九八五年一一月一四日に改訂された大学大綱法に基づいて、①職務、②任用条件、③身分、④身分の延長可能性、⑤職務上の所属（管轄）、⑥給与、⑦法的基礎という七つのアスペクトから叙述してみよう[7]。

（1）　学術助手・芸術助手

①職務：教育・研究における学術的職務を遂行すること。さらには学生に専門知識や実際的技能を伝達し、学問

的方法を指導すること。医学のばあいは患者の介護もある。

②任用条件：博士号を取得していること、もしくは第二次国家試験に合格していること、または工学の学習を修了していること。治療に携わる学術的職務に就く者は博士号取得のほか国家試験に合格していること。診療活動を行うばあいは開業免許の取得あるいは一時的に職務を遂行する許可が必要である。

③職務関係：三年間の期限付き公務員である。

④延長可能性：三年間延長できる。医学にあってはさらに四年延長できる。

⑤職務上の所属：教授の責任のもとに置かれる。

⑥給与グループ：C1。

⑦法的基礎：「大学大綱法」四七、四八条。

その他のことでいえば、従来の大学助手の代わりに置かれたポストで、独自の学術的継続教育のための期間としての性格をもっている。

(2)　上級助手・上級技師

①職務：指示に従い、独立して授業を行い、学術的職務を遂行する。

②任用条件：上級助手は教授資格を取得していること、上級技師は博士号取得あるいは第二次国家試験に合格していること。州の法律により大学外における二年間の実務に従事していることを要求されることもある。この

職に就く以前に助手である必要はない
③職務関係：上級助手は四年、医学の上級助手および上級技師は六年期限付き公務員である。
④延長可能性：かつて助手であった者は、その期間が満期になっていないばあい、その分の延長はある。
⑤職務上の所属：とくに規定はない。
⑥給与グループ：C２。
⑦法的基礎：大学大綱法四７a、四８b条。

従来の助手は教授資格を取得しても、たいていの者が教授として招聘されなかったので、教授資格取得者にポストを保証する新しい職である。

（3）大学講師

①職務：学術や芸術、研究および教育における任務を、様々な勤務の形態に対応して、独立して遂行する。とはいえ、ノルマ化された職務はない。
②任用条件：実質的に教授の任用条件と同じである。しかし、教授と同じような招聘手続はとられないし、同一大学招聘禁止規定も当然適用されない。
③職務関係：六年の期限付き公務員である。上級助手や上級技師として勤務した期間はその分だけ短縮される。例外として終身職の公務員になることがありうる。

④延長可能性：医学のばあい四年の延長可能性がある。
⑤職務上の所属：とくに規定はない。
⑥給与グループ：C２。
⑦法的基礎：大学大綱法四七条c、四八条d。

教授資格保持者にポストを保証する新しい職であるから、大学講師に就任するか上級助手に就任するかを選択しなければならない。

（4）学術共働者・芸術共働者

①職務：教育・研究において学術的職務を遂行し、さらに学生に専門的知識や実践的技能を伝達し、学問的方法を指導する。医学にあっては患者の介護もある。
②任用条件：大学における学習を修了していること。
③職務関係：とくに規定はない。
④延長可能性：とくに規定はない。
⑤職務上の所属：専門領域、経営単位、学術施設などに属し、教授に命令権がある。
⑥給与グループ：C２。
⑦法的基礎：大学大綱法五三条。

このポストは、博士号を取得するための準備期間としても利用できる（州の法律により規定されるが、これは期限付き契約のばあいのみである）。学術的後継者としての資格はない。

以上、中間層の教師たちについて述べた。このことにかんして、二つのことを簡単に触れておきたい。

⑴　これらの補助的な教師を、給与や任用条件から見たばあい、どのような序列になっているのだろうか。もっともランクの高いのが①大学講師、次に②上級助手および上級技師、つづいて③学術・芸術助手、そして④学術・芸術共働者というようになっていると言えよう。

⑵　大学は社会の人材養成機関であるとともに、大学それ自体の後継者を養成する機能をもっている。したがって、教授層の後継者である教師層はどれかという問題は個人にとっても重要な関心事であるが、大学そのものにとっても大事な事柄である。学術的後継者として法的に認められている教師層は、学術・芸術助手、上級助手・上級技師、大学講師である。しかし、学術・芸術助手は、ドクトル学位は取得しているが、教授資格（veina legendi）は取得していないので、教授のポストが空席になったばあい、ただちに応募できるのは、たいていのばあい、教授は、上級助手・上級技師、大学講師といった教師層のなかから任命されるのであるから、これらの教師層は正教授予備軍と言えよう。一昔前までは、こうした役割は、私講師が果たしていた。もちろん現代の中間層の教師は私講師と比較して、格段に条件は良くなっているが[8]。

4　給与の額

西ドイツの公務員の給与は、もちろん大学教師のそれも「連邦給与法」(Bundesbesoldungsgesetz)によって定められている。公務員の給与は、全国一律にこの法律によって定められており、州ごとの相違はほとんどない。最近のこの法律の改訂は、一九八八年一二月二四日に行われた。それによれば、一九八八年三月一日から一二月三一日まで、一九八九年一月一日から一二月三一日まで、そして一九九〇年以降の給与を規定している。この間の昇給は、一年ごとに法に定められている。

表2　Cグループの俸給表(月額　単位DM、マルク)

給与グループ	勤務年数			
	1年	5年	10年	15年
C1	2,938.21	3,469.17	4,132.87	5,907.84
C2 1b	2,946.42	3,792.54	4,004.07	6,682.81
C3	3,329.81	4,287.81	5,485.31	7,682.91
C4 1a	4,312.41	5,275.41	6,479.16	

ここでは、参考までに一九九〇年以降の大学教師の給与を勤務年数五年ごとに区切って、紹介しよう(**表2**参照)。最高勤務年限は一五年であるから、それ以上勤務しても、それ以上のランクはないから、給与は上がらないことを意味している。大学教師の給与グループは、すでに述べたようにCである。

ちなみに、大学以外の学校の教師や公務員の俸給についても述べておこう。初等・中等学校の教師はAグループ(Aは一般公務員)、Bは高級公務員、裁判官はRである[9]。大学教授の給与は他の官職と比較して高いのか、低いというべきか。ギムナジウムの校長が受ける最高額A16は六、八五四マルク(月額、以下同じ)であり、教授がもらうC4の最高額は七、六八二マルクであるから、やはり大学教授の方が高いと言えよう。

ところで高級公務員や裁判官と比較したばあい、どうであろうか。たとえば、高級公務員の最低の俸給グループB1でも六、〇九五マルク、最高のB11で一四、二〇〇マルクである。裁判官の最低の俸給グループR1の最少額は三、八〇六マルク、最高のR10では一三、六一〇マルクといった具合である。こうした簡単な比較によっても、大学教授の俸給は、初等・中等学校の教師よりも高いが、高級公務員や裁判官には及ばないと言えよう。

5　歴史的展開

上に述べたドイツの複雑な大学教師の種類は、現代にはいって、突如としてこのような形態に落ちついたのではない。歴史に規定され、紆余曲折があって、今の形態にたどりついたのである。ではどのような歴史的経過を経て、現在に至ったのか。この問いに答えるためには、中世の大学成立期以来の大学教師の歴史を検討しなければならない[10]。ここでは、とくに一八世紀以降の展開をごくおおまかに述べるにとどめたい。なぜ一八世紀以降なのか。この時期に、ドイツの大学に特有な正教授・員外教授・私講師という大学教師の職階制が成立したからである。

(1)　地位構成

実例として、一七八九年のヴィッテンベルク大学および一九世紀後半から二〇世紀初めの教師の地位構成をみてみよう（表3参照）[11]。

歴史的に見て注目すべきは、こうした職名（呼称）が学内の文書に書き込まれている事実、そしてまた正教授、員外教授、私講師というドイツ大学の教師の基本型ができあがっている事実なのである。もちろん当時の全ての大学でこのような地位構成が完全に出そろっていたわけではなかったが、これは一つの典型的な事例とみなしえよう。

このほか、体操教師、言葉の教師などがいたが、これらの教師はそもそも本来の大学の成員とはみなされていなかっ

表 3　1789 年のヴィッテンベルク大学教師の地位構成

職名	神学部	法学部	医学部	哲学部	計
正教授（Professor ordinarius）	3	4	3	9	19
員外教授（Professor extraordinarius）	-	1	1	1	3
私講師（Privatdozent）	-	10	1	3	14
学部合計	3	15	5	13	36

表 4　19 世紀後半から 20 世紀初めの大学教師の地位構成と権限

呼称	正教授	正名誉教授	名誉教授	員内員外教授	員外員外教授	私講師
ランク	正教授	正教授	員外教授	員外教授	員外教授	私講師
団体権	ある	ない	ない	ない	ない	ない
官吏としての地位	ある	ない	ない	ある	ない	ない
給与の予算措置	ある	ない	ない	ある	ない	ない
予算措のない報酬	付加的に可能	可能	可能	付加的に可能	可能	可能
講義委任	ある	可能	可能	ある	可能	可能
試験権能	ある	ない	ない	国家試験のみ可能	ない	ない

Riese,Reinhard: *Die Hochschule auf dem Wege zum wissenschaftlichen Großbetrieb*. Klett.1977, S. 96より作成。

た。

（2）一九世紀後半から二〇世紀初めの教師の地位構成

ではその後の職階制の歴史はどのように展開したのであろうか。**表4**を参照していただきたい。これは、この時代の大学教師について、①どのような名称で呼ばれていたのか、②大学運営に参画する権利をもっていたか否か、③身分や経済的保証はなされていたか否か、④給与以外の収入があるか否か、⑤講義を委ねられうるか否か、⑥試験に参加する権能があるか否かという視点から整理したものである[12]。

この表から、学内政治の面においても経済面においても教育の面においても、正教授の有利さが読み取れよう。ドイツにも「正教授は一国一城の主」という諺がある。ドイツの大学が伝統的に「正教授支配の大学」（Ordinarienuniversitat）と言われる所以は、この表にも端的にあらわれていると言ってよい。

こうした事態が大きく変化するのは、第二次世界大戦後、一九五七年に「学術審議会」（Wissenschaftsrat）が開設されてからのことである。この学術審議会は、大学の増設、大学組織や運営形態の改革、学習内容およびそれと密接に関連した教師団の構成といった高等教育の外的・内的諸条件のほとんど全ての事柄について、発議や勧告を精力的に行った。発議や勧告は様々な議論を呼び起こした。こうした学術審議会の活動は、一言でいえば、国民の要求を背景に、高等教育を量的にも質的にも拡大していこうとする政策に対応するものにほかならなかった[13]。

こうした改革努力の集約点が一九七六年に施行された大学大綱法（Hochschulrahmengesetz）と見なしてよい。本書で紹介した現代ドイツ大学の教師の種類や属性は、一九八五年の改訂大学大綱法によっている。七六年の大学大綱法と八五年のそれとは、いくつかの点で重要な相違があるが、大学教師というアスペクトからみたばあい、次の点にとりわけ言及しておきたい。⑴助手のポストは従来教授資格を取得するための準備期間として利用されることが多かったが、その代わりに学術・芸術助手を置き、教育機能を強化したこと、⑵教授ポストに就任するまでの経済的な保障をするために、期限付きではあるが、上級助手や上級技師、大学講師のポストを新設したこと、⑶給与グループC２の教授ポストは廃止されたこと、⑷教授職への任用条件は、以前は「大学教授資格」の取得あるいはそれと同等の学問的業績を挙げていることとされていたが、現在では「大学教授資格」のみに限定されたことなどが、相違点として挙げられよう[14]。

結　語

以上、大学教師の種類、中間層の教師たち、給与の額、ごく大まかな歴史的展開という枠組みで述べてきた。本章を閉じるにあたって、なお二つのことについて述べておきたい。一つは、現代であれ、歴史的にであれ、大学教師について検討するさいの視点についてである。この視点は方法論にかかわっていると言えよう。二つめは、これまでの叙述から、結論的にいえることである。

⑴　大学教師の属性

大学教師の属性を把握するためには、どのような視点を設定すれば、仕事がやりやすいのかという方法論にかかわる事柄を、やや繰り返しになるがまとめておきたい。

①　どういう階層に位置しているか（ランク）。
②　大学評議会や学部教授会の議決権をもった成員になり、意志決定に参画しうるかどうか。
③　官吏としての地位や身分はどうなっているか。
④　給与の予算措置などの経済的保証はなされているか否か。
⑤　給与以外の報酬（たとえば聴講料収入）はありうるか否か。
⑥　講義の委嘱がなされうるか否か。
⑦　学位授与試験や教授資格授与試験といった大学の基本権にかかわる試験に参画する権限をもっているか否か。
⑧　仕事の内容や任務は具体的にどのようなものか。
⑨　任命されるための基礎資格や条件はなにか。
⑩　職務上の所属はどこか。

（2）　結論的に言えること

①　大学教師の種類は時代が降るにしたがって、複雑化・多様化する傾向がみられる。その理由として、教育機能の複雑化・多様化・学生のレディネスの多様化、研究の大規模経営化などが挙げられる。しかし、そのプロセスをよくみてみると、正教授層のもっていた団体的特権はそのままにしつつ、正

教授以外の教師層が多様化するという特徴がある。補助的役割を果たす中間層が増えたのである。

② 一九世紀以来の正教授以外の教師層による民主化・水平運動の結果、中間的教師層の経済的保証は期限つきで不十分とはいえ実現している。しかし、この中間的教師層をめぐる開題は、研究や教育の仕事、また後継者養成とも絡み、今後も紆余曲折が十分予想できる。

③ 正教授は、歴史的にいえば、大学運営の中心的・独占的担い手であった。しかし大学運営は、学術審議会における議論や勧告、大学大綱法の施行、大学紛争における民主化運動によって、大きく変わった。この変化は「正教授支配の大学から集団支配の大学へ」という標語によって定式化されている。この流れは止めようがない。今日では、ほとんどの大学で、運営は民主化され、教師各層、学生そして事務職員といった全ての大学構成員が、意志決定機関へ代表を送れる仕組みになっている。

④ 大学セクター（学位授与権および教授資格授与権、国家試験を行う権利をもつ大学）が拡大され、それ以外の大学との格差は、依然として存在するものの、それは以前に比較して、縮小されつつあると言ってよいのではないか。

註及び引用・参考文献

1　H・ダーデル、E・シルス編　藤崎千代子他訳『大学紛争の社会学』現代書館　一九九〇年　一一頁。
2　三木　清『歴史哲学』（三木　清全集第六巻）一九六七年　二一頁。
3　Karpen. Ulrich: *Professor/Professorin an wissenschaftlchen Hochschulen* in: Blatter zur Berufskunde. Band 3. 1987. より作成。
4　島田雄次郎著『ヨーロッパの大学』玉川大学出版部　一九九〇年三月の序章「団体的原理と国家的原理」を参照。また、拙稿「ドイツ大学の歴史的性格」（広島大学大学教育研究センター『大学論集』第一七集所収　一九八八年）を参照。

5　Karpen S.9

6　(a)総合大学（Universität）とは、歴史的な本来の意味に従えば、神・法・医・哲学の四学部から成る伝統的大学のことを意味していた。しかし、現代においては工業大学や経済（商科）大学、そして また一九六〇年以降に新設された多くの大学がこの範疇にはいる。すなわち、入学資格として大学入学資格（アビトゥーア）を要求し、学位授与権や教授資格授与権をもつ大学が大幅に増加してきたのである。

(b)教育大学（Pädagogische Hochschule）は、もともと初等学校の教員養成を目的としていた。一九七〇年ごろから学術大学の範疇として認められ、学士号（Diplom）や博士号を授与する権利をもつ教育大学も増えてきていたが、現在ではそのほとんどが廃止されるか、総合大学に統合されてしまい、一ないし二校しか残っていない。

(c)神学大学（Theologische Hochschule）は、教会立や州立のものがある。ふつう学位授与権をもっている。

(d)芸術大学（Kunsthochschule）は、造形、美術、音楽、グラフィクなどの教育分野をもつ州立の大学。この大学の任務は、芸術的な職業教育を施すこと、さらには、ギムナジウムや実科学校や基幹学校の教師を養成することである。教師になるためのコースを学習する者は大学入学資格（アビトゥーア）を取得していなければならない。

(e)専門大学（Fachhochschule）は、従来の技術、経済、社会教育学などの専門学校が昇格してできた、新しいタイプの高等教育機関。学位授与権はもたない。

(f)総合制大学（Gesamthochschule）は、学術大学、専門大学、教育大学といった異なる種類の高等教育機関を一つの組織として、統合したものである。このような総合制大学が設けられた目的は、大学を構造的に改革すること、大学種間の組織的融通性を高めること、大学の定員制（Numers clausus）を緩和すること、学習課程の短縮、教育機会の平等化などである。（参照：Golucke,F., *Studentenwöteruch*. 1983. Peisert,H., Framheim, G., *Das Hochschulsystem in der Bundesrepublik Deutschland*.1980. また天野正治監訳『西ドイツ教育のすべて』（東信堂　一九八八年）第一二章を参照。

7　Karpen, S.11-12.

8　私講師の精神的悲惨さについては、ラートブルフ著作集第一〇巻　山田晟訳『心の旅路』（東京大学出版会　一九六二年）一二五頁を参照。

9 木戸 裕「西ドイツの教員養成制度（その三）」（『レファレンス』一九八六年七月号）七六頁。

10 たとえば、Bruch, Rudiger vom, *Grundzüge der deutschen Universitätsgeschichteseit den Humboldtschen Reformen.Vortrag*.1989.10.28.（立教大学における講演）や Moraw,Peter; *Vom Lebensweg des deutschen Professors*（*Gekürzte Fassung eines Vortrages*, 1988）、また同じく Moraw, Peter, *Aspekte und Dimensionen alterer deutscher Universitätsgeschichte* in: ACADEMIA GESSENSIS.1982を参照。邦文では拙稿「ドイツにおける大学教師の養成と任命」（国立教育研究所「大学教授資格の史的変遷と諸類型に関する研究」研究代表者 相良典昭 一九八九年 所収）参照。

11 Friedensburg,W., *Urkundenbuch der Universität Wittenberg*. Bd.1. S.481～493より作成。

12 Riese,Reinhard: *Die Hochschule auf dem Wege zum wissenschaftlichen Großbetrieb*. Klett. 1977. S.96.

13 井野正人「西ドイツ大学改革における教員団の構成をめぐる諸問題―特に中間層の動向とその見解―」（国立教育研究所紀要第八六集「西ドイツ高等教育に関する研究報告（Ⅱ）―変革期ドイツ大学の諸問題―所収）を参照。また天野正治監訳『西ドイツ教育のすべて』(東信堂 一九八八年)第一二章参照。さらに国立教育研究所「西ドイツ高等教育に関する基礎資料(Ⅱ)―学術審議会勧告と新設大学の発展―」（一九六九年）や「西ドイツ高等教育に関する基礎資料（Ⅲ）―西ドイツ大学制度に関する連邦権限の拡大および大学組織の改革の発展―」（一九七〇年）を参照。

14 児玉善之「西ドイツの大学研改革―『大学大綱法』の改訂をめぐって―（『レファレンス』一九八六年五月号）一八～二二頁。

第二章　大学大綱法下におけるドイツ大学の教育事情

問題の設定

第一章では大学教師の種類を考察した。本章では、「大学大綱法」のもとにおけるドイツ大学の教育事情を、①「ドイツ大学の法的地位」、②「大学の使命」、③「ドイツにおける学修課程の構造と学位」、④「学位取得者数、卒業者数」、⑤「マギステルやドクトル論文作成のための教授方法」、⑥「大学試験と国家試験」、⑦「大学教師の養成―ハビリタツィオン（大学教授資格試験―）」、⑧「高等教育システムの種類と学生数」、⑨「大学に入学するための資格」、⑩「授業の形態」という一〇の視点から捉えることにする。

1　ドイツ大学の法的地位

ドイツでは、一九六〇年代後半の大学紛争の論点を受けて、ドイツの高等教育憲法とも形容すべき「大学大綱法」(Hochschulrahmengesetz, 普通ＨＲＧと省称される)が連邦議会において可決され(一九七五年)、翌七六年から施行された。現行の「大学大綱法」は、学生のストライキや国会での大激論の末、一九九九年一月に公示され、二〇〇二年二月に改正されたものである(改正内容については、現代の大学改革を述べるさいに詳述する)[1]。しかし、大綱(Rahmen)はあくまで大綱であり、ドイツ全体の大枠を定めているにすぎない。ドイツには、日本のような中央集権的権限をもった文部省はない。再統一後一六ある州(Land)が、教育や文化、芸術、大学政策は独自に決定しうるという「文化高権」(Kulturhoheit)を保持している。この権限は、伝統に由来し、非常に根強い。したがって、各州は、この大綱法に基づいて州独持の高等教育法を制定する。さらに、大学は州の法律に基づいて設置され、学内規則(定款)もこれに依拠して作成される。ドイツでは、明らかに、連邦‐州‐大学(学則)という三層の法的関係が成立していると考えてよい。

総括的にいえば、ドイツの大学法的地位は、国家の官庁から強い独立性をもつ「公法上の社団」[2]であり、給与は州(州のことをドイツでは国家と考えている)から支給され(したがって国家公務員と同じ)、学長選任権、研究・教育の内容決定権、学位授与権、教授資格授与(後継者養成)権、教授招聘権、というような、ギルド的自治権をも持ち続けている。

2　大学の使命

上に述べた「大学大綱法」によれば、ドイツの大学(高等教育機関)の使命は、「研究、教育、学修、継続教育を通じて、学術や芸術の育成と発展に貢献する。それは、学術上の知識や学術的方法を促進する職業的活動を準備するものである」（第二条第一項）と規定している。

さらに、大学における学修の目標は、「大学大綱法」において、「教育と学修は、学生を職業上の活動領域にむけて準備させ、そのために必要な知識、技能、方法を各学修課程に応じて教授すること、学生が学術的、芸術的仕事ができるようにすること、また、民主的、社会的法治国家の中で責任ある行動がとれるようにすること」（第七条）と定められている3。

これにより、ドイツにおける大学の教育目標は、「①職業活動にむけて準備させること、②学術的、芸術的仕事が出来るように育成すること、③民主的・社会的国家の中で責任ある行動がとれるよう教育すること」という本質的に三つの使命をもっていることが分かる。

この使命は、一八一〇年創設のベルリン大学に代表される古典的大学の理念、それに、すなわち「学問の自由」、「研究と教育の統一」、「学問を通じての教育」という原則を基礎としつつ、「学生を職業上の活動領域にむけて準備させること」、「民主的、社会的国家の中で責任ある行動がとれるように教育すること」がつけ加わっている。

ドイツの大学が伝統的に担ってきた原則を若干説明しておくと、「学問の自由」とは、「国家は、学術という営みに干渉したり、これを統制してはいけない。大学教授は、教育と研究において自由であり、学生は学修と自己形成において自由である」ということを意味する。「研究と教育の統一」とは、「大学教授は教育にも研究にも同じように義務がある。教授は彼の研究の方法や成果を教育の中において取り扱うべきであるし、教育の内容は、常に学術の最先端の成果に立脚しているべきである」ということを意味している。「学問を通じての教育」とは、「教育や学修にとっては、訓練的な、型にはまった知識の伝達が大学における学修の中心にあるのではなく、研究的学修が中心にある」ということにほかならない。

こういう伝統的考え方がドイツの大学教授の根底にあるが、後に述べるように、現代では研究を中心とした大学観から、次第に職業教育機能を重視する大学観、社会において責任ある行動をとれるような人間を養成する大学観にシフトしつつある。

3　ドイツにおける学修課程の構造と学位

(1)　学修課程の構造

ドイツの大学における伝統的学修課程は、全体像を把握するために非常に図式化した表現をすれば、大学における学修 → マギステル試験（あるいはディプローム試験）→ マギステル・アルティウム（あるいはディプローム）→ ドクトル試験 → ドクトル → 大学教授資格試験 → 大学教授資格取得者（これは大学に残ってアカデミックプロフェッションに就こうと考えている人間が取得する）から成り立っている[4]。

しかし、アメリカや日本とは異なり、これまでのドイツ大学ではアンダーグラジュエイト・コースとグラジュエイト・コースとの明確な区別はないと理解した方が実態に近い。さらに、少なくとも、大学教授資格試験（ハビリタツィオン。後述）はおくとしても、マギステル・アルティウム（あるいはディプローム）、ドクトルまでの課程は、試験で区切られてはいるが、一連の連続した学修課程と考えてよい。要求された学修を完了すると、ディプローム試験もしくはマギステル試験を受ける。合格すると、ディプロームもしくはマギステル学位の保持者となる。

（2）ディプローム学位（Diplomgrad）

すでに、一九七六年の「大学大綱法」で、職業資格を付与する修了証が得られる大学試験に基づき、大学は、専門学科名を付したディプローム学位（Diplomgrad）を授与すること、大学における学修の修了となる国家試験又は教会試験に基づいても、ディプロームを授与することができることを定めていた。

最近はどうなっているのかを、「常設文部大臣会議」（KMK）及び学長会議（Hochschulrektorenkonferenz, HRK）が決定した「デイプローム試験のための一般規定」に基づいて、問題を考えてみよう5。

ディプロームとは、現代では、大学における学修が終了後に最初に授与される「学位」（Grad）であると同時に「職業資格」（berufliche Qualifikation）と考えてよい。すなわち、ディプロームは、ほとんど全ての学修課程の修了者に与えられる最初の学位、すなわち最下位の学位にほかならない。化学、物理学、社会学、教育学、国民経済学などの分野でディプローム学位が授与されるあるが、教員、法律家、医者など国家試験が実施される分野にはない。

試験のシステムはどうなっているか。ディプローム学位の試験の仕組みは、予備試験と本試験から成り立っている。予備試験に合格していないと、本試験を受けられない。

本試験は、ディプローム論文と専門試験から成り立っている。ディプローム論文は、大学における学術的教育の第一段階がひとまず修了したことを示すものである。だから最初の学位と位置づけられるのである。専門試験の範囲は、課題作文とその他の筆記試験、口述試験から構成される。

関心をそそられるのは、ディプローム試験では何が試されるのかという点である。試される内容は、志願者が彼の専門分野を関連づけて全体的に理解しているか、能力や資格を身につけているか、学術的方法や知識を応用できるか、職業実践に入っていくために必要な基礎的専門知識を獲得しているかなどである。要するに、基礎的なことを理解しているか、応用する能力があるかが試されるのである。

どれくらいの期間大学で学修すればこの試験が受けられるのか。この問題は、職業に対応して多様であるので、学修課程ごとに決められていて、一様ではない。たとえば、国民経済学のディプロームは八ゼメスターであり、情報学は九ゼメスターである。しかし、ディプローム学位をとるための学修期間は、現実には、長くなっていく傾向があり、一二から一六ゼメスターが普通となっている。

専門学修の課程は何をメルクマールにして修了するのか。マギステル学位やディプローム学位の取得、あるいは教員や医師、法律家などの専門職業にあっては、国家（といっても連邦ではなく、州）試験で終了することになっている。伝統のある学術大学では、マギステルとドクトルの二つの学位しかなかった。ディプロームの起源は、工科大学（ＴＵ）の修了者に与えられた資格に端を発する。たとえば、プロイセンでは、一八九九年一〇月の国王の布告によって、工科大学は「ディプローム・インゲニゥーア」と「ドクトル・インゲニゥーア」の称号を授与する権利を認められた。また、ドイツでは、一八九八年から一九一九年までに、九つの商科大学が創設され、「ディプローム・カォフマン」なる称号を授与した。これは明らかに、工科大学の模倣であった6。

現在では、学術大学や工科大学のほか、高等専門学校（Fachhochschule）でも、ディプローム学位を授与できるようになっている。すなわち、一九八七年の「大学大綱法」の大きな改正点の一つは、高等専門学校または他の大学の高等専門学校課程においても、試験に基づき、「高等専門学校」（〝ＦＨ〟）と付記したディプローム（たとえば、「情報学ディプローム」Diplom-Informatiker FH というように）を授与できるとした点にある7。

こうした処置には歴史的背景があることを忘れてはならない。伝統的学術大学と高等専門学校とは、法的には同じく「高等教育機関」として位置づけられていることは事実に間違いはない。しかし、FHと付けさせるのは、新しく「高等教育機関」として認められた高等専門学校とは違うのだという伝統的学術大学の意識を反映したものと言えよう。一例を挙げれば、将来は事態は変わっていくと思料されるが、現在のところ、伝統的学術大学の教授の大部分はハビリタツィオンの資格を持ち、C４教授（かつての正教授）に任命されうるが、高等専門学校の教授はハビリタツィオンの資格を持たず、C４教授に任命される可能性は薄いという実状がある。

マギステルやディプロームの学修課程においては、五〜八ゼメスターが適当な学修期間として推奨されている。しかし、「学問の自由」が「ボン基本法」で規定されている上に、多くの文化系の諸分野では学修期間が定められていないこともあって、学生が事実上長く在学する傾向が顕著であり、結果的に他の国の学生たちよりも年齢が高くなっている。じつは、在学期間の長さがドイツでは大きな問題となっている。

称号の国と呼称されるドイツでは、大学の授与する学位は、社会生活において、非常に重要な意味をもつ。したがって、ディプローム試験の合格者は、たとえば、国民経済学ディプローム（男性であれば Diplom-Volkswirt, 女性であれば Diplom-Volkswirtin, 略して Dipl.-Volksw.）、情報学ディプローム（男性であれば Diplom-Informatiker, 女性であれば Diplom-Informatikerin, 略して Dipl.-Inf.）と称することができる。現に名刺などに刷り込んでいる人が多い。

ディプローム学位に象徴されるように、特に職業資格を付与することを意識した改正が、九〇年代の終わりに断行された背景には、従来の大学が学術後継者の養成を主眼としていたのにたいし、大学の機能は学術後継者の養成だけにつきるものではなく、より上級の職業資格の付与も重要な大学の役割と考えられるようになったことがある。こういう法改正が行われたのは、ドイツでは、歴史的に、大学の本来の機能は、大学の後継者養成と考えられてきたことと無縁ではない（現にパンのための学問、Brotwissenschaft という言葉さえある）。これは、大学がギルドとして作られてきたことの名残りである。実際には、大学は、法律界、官界、教会、医学界、学校など実践的職業に人材を供給してきたにもかかわらず、現実社会のための人材養成は、副次的な機能と目されてきた経緯があるからにほかならない。

（3）マギステル・アルティウム（Magister Artium, M.A）試験

マギステルは中世大学の教養学部の終了者の与えられた学位に起源をもつ。歴史的にみれば、一八世紀に一時廃止されたが、二〇世紀に復活したものである。

マギステル学位については、一九八七年の「大学大綱法」でも、「州法により、大学が、職業資格を付与する学修の修了証としてマギステル（Magistergrad）を授与する旨規定することができる」と定められていた。「学長会議」および「常設文部大臣会議」が一九九五年に定めた「マギステル試験規則のための一般規定」によれば、マギステル学位を取得するためには、試験期間も含んで、九ゼメスター（学期）の間学修していることが求められている。この中には、四ゼメスターの基礎学修、中間試験の合格、そしてマギステルのための五ゼメスターの専門学修課程を含んでいる。

ここでも一つの具体的事例として、バイエルンのミュンヘン大学のマギステル・アルティウム（Magister Artium, M.A）の試験規定（一九八六年施行、一九九八年改正）に依拠しつつ、マギステル試験について述べよう[8]。他の大学も、いくつかの小さな相違はあっても、基本的には同じであると考えてよい。

ミュンヘン大学では、マギステル学位を取得するためには、試験期間も含んで、九ゼメスター（学期）の間学修していなければならない。この中には、四ゼメスターの基礎学修の課程、中間試験に合格すること、そしてマギステルのための五ゼメスターの専門学修課程が含まれている。マギステル試験は、大きく言えば、論文、課題作文、口述試験という三つの審査から成り立っている。

マギステル学位を取得しようとする者は、まずマギステル論文を書き、提出しなければならない。論文（Hausarbeit）は、次のような五段階の評価を受ける。一番よい評価は、「非常に良い」（評点：1・50、内容：卓越した論文、以下同様）である。続いて「良い」（1・50−2・50、内容：平均的要求水準を著しく上回っている論文）、「満足すべき」（2・50−3・50、平均的要求水準を満たしている論文）、「十分」（3・50−4・33、不備があるけれども、要求水準を満たしている論文）「不十分」（著しい欠陥があるために要求水準を満たしていない）となっている。もちろん、最後の段階は不合格である。

マギステル試験は、論文の他に、一つの主要分野と二つの副専攻分野で行われる。マギステル試験で要求される課題作文（Klausur）は、ある特定のテーマについて筆記解答する試験と考えて間違いない。その題目は、試験官が、主専攻から二つのテーマを選び、試験期日の遅くとも一四日まえに黒板で知らせられる。テーマは、マギステル論文のテーマとは関係のないように設定されなければならない。課題作文の時間は四時間と限られている。

口述試験は、主専攻について六〇分、二つの副専攻においてそれぞれ約三〇分にわたって行われる。志願者の何が試されるのかと言えば、志願者は、基礎的学問知識を身につけており、その専門領域で、科学的視点に則って、独力で仕事ができる力量があるか否かが試験されるのである。

マギステル学位を授与できる学問領域は、ミュンヘン大学では、国民経済、歴史・芸術、科学理論・統計学、心理学・教育学、古代学・文化科学、言語学・文学（I、II）、社会科学の各学部である。

マギステル試験の最終的な成績評価と評点は、優秀（1・00）、非常に良い（1・00－1・50）、良い（1・50－2・50）、満足すべき（2・50－3・50）、十分（3・50－4・20）の五段階でなされる。

（4）博士学位（Dr. phil）試験

ドクトル学位は、大学の歴史とともに古い。ミュンヘン大学の博士学位にかんする現行の試験規定は、一九八〇年三月に試行され、一九九八年二月に改正されたものである[9]。

博士学位試験は、論文試験と口述試験とから成っている。この論文博士の他に、名誉博士（Dr. phil. h.c.）がある。ドクトル試験は、自作の博士論文（Dissertation）と一つの主専攻と二つの副専攻についての口述試験（ドクトル試験のばあい Rigorosum と呼ばれる）から成り立っている。受験条件は、ディプローム試験、マギステル試験あるいは国家試験によって、大学における学修を終了していることである。論文と主専攻は、言うまでもなく、学位を取得する学問領域でなければならない。

博士学位試験の全体成績評価は、伝統的にラテン語で行われている。「最優秀」（summa cum laude, 評点0・6）、「優」（magna cum laude, 0・6－1・50）、「良」（cum laude, 1・50－2・50）、「可」rite（2・50－3・15）という基準で行われる。プロモティオーン（Promotion）とドイツ大学でいうとき、ドクトルの学位を獲得する（授与される）ことかドクトルの学位授与式を意味する。

4　学位取得者数、卒業者数

では、どれくらいの人たちが、ディプローム、マギステル・アルティウム、博士学位や教授資格を取得しているのであろうか。「大学大綱法」改正直前の一九九六／九七年の夏・冬学期におけるミュンヘン大学の実例で見てみよう[10]。

⑴　大学卒業者のうち、①ディプロームを取得した者（自然科学四八〇名、経済・社会科学六六五名、神学四一名）合計一、一八六名、②マギステル・アルティウムを取得した者九三八名、③神学の学修課程修了者一七名、総計二、一四一名。

⑵　国家試験合格者のうち、①法律六四一名、②医学・歯学・獣医学八七九名、③薬学・食品化学一二三名、④教職（ギムナジウム三六七名、実科学校九〇名、基礎・基幹学校一六五名、特殊学校一四一名）合計七六三名。

⑶　神父採用試験合格者一七名。

⑷　博士学位取得者数（自然科学二五六名、精神科学一七九名、法・経済・社会科学一三三名、医学・獣医学七〇九名）合計一、二七七名。

教授資格取得者数は、一九九六年九六名、九七年九五名となっている。

ドイツ全体

西ドイツ全体の数値を示したのが、上の**表1**である。九三年以降、一六州全体の統計がとれるようになったので、九三年以降を示そう。

表1　ドイツにおける学位試験・国家試験合格者数（ハビリタツィオンは実数、その他は単位千人）

学位＼年	1993	1994	1995	1996	1997	1998
ディプローム（大学）	104,4	102,0	105,7	110,5	109,4	103,1
ディプローム（FH）	63,1	71,4	75,1	75,3	75,6	71,3
教育職試験	16,2	23,7	29,7	28,1	27,9	28,3
ドクトル試験	21,0	22,4	22,4	22,8	24,2	24,9
ハビリタツィオン	1419	1479	1532	1609	1740	1915

典拠：Bundesministerium für Bildung und Forschung. Grund-und Strukturdaten 1999/2000. S.212, 236より作成。

上記の学位や資格が授与された領域には、言語学・文化科学・スポーツ、法学・経済学・社会科学、数学・自然科学、情報科学、医学、農学・林学・栄養学、芸術・芸術学の七つの分野があるが、言うまでもなく、教職とディプローム（FH）には、医学の分野は含まれていない。

5　マギステルやドクトル論文作成のための教授方法

マギステル論文や博士論文あるいはハビリタツィオン論文を書き上げようとしている上級の学生たちのためには、上級ゼミナール（Oberseminar、コロキヴゥム Kolloquium）と呼ばれる授業形態がとられている。それは、基本的に学部のゼミナールの高度化したものである。当然のことながら、報告や議論の内容も、学術的要求水準が高くなる。参加者は論文の中間発表を行い、それを素材にして議論することによって、方法論上の刺激を受けたり、研究の見通しを立てたり、新しい知見を得たりする。

たいていのばあい、教授の強い指導のもと、助手やすでに博士号、マギステル学位を取得している者などが参加して、非常に活発な学問的討論が行われる。参加者はこれに対応していかなければならない。このように鍛錬をうけながら、学術的作業を独力でなしうるように力量形成をしていく。まさに、孤独と自由のなかで行わなければならない。

この段階で、教授は、マギステル候補者や博士候補者に指導をするとともに、彼らの力量について心証を形成していくのである。したがって、教授の指導という個人的色彩が強いことは多言を要すまい。これは従来のやり方であるが、大学院の課程が構造化され、カリキュラムが明確になってくれば、こうした教授の個人指導という色彩も変わらざるを得なくなってくるであろう[11]。

6　大学試験と国家試験

以上から、ドイツの大学では、大学の試験と国家（州、ラント）試験という試験の二重構造があることが分かる。大学での学修を修了するということは、大学の試験か国家試験のいずれかに合格するということを意味する。ディプローム、マギステル・アルティィウム、ドクトル、ハビリタツィオンなどの試験は大学が、合格の基準や合格者を決める決定権をもっている（大学試験）。それにたいして、弁護士や判事・検事法律、医学・歯学・獣医学、薬学、教職など専門職の試験は、大学教授は臨席するけれども、基本的に国家（ラント、州）が決定権をもっている試験である（国家試験）。神学者の採用試験は、教会が管掌している。このような試験の主管者を明確に認識しておくことも、ドイツの大学教育を理解する上で重要な要素にほかならない。

7　大学教師の養成 ― ハビリタツィオン（大学教授資格試験）

ドイツの大学は、すでに言及したように、ギルド的遺制として、後継者養成の機能が中心となっていた。後継者とは、いうまでもなく、大学教授にほかならない。

大学教授資格試験までを、大学院課程とみなしてよいか否か議論の分かれるところであろう。大学教師職に就くまでの過程の解明も、大学院との関連において無視できない事項であるし、また、ドイツでは大学の正規の教員になるには、伝統的に教授資格（venia legendi）が不可欠であるので、本章でも触れておくことにしたい。

大学教授になるプロセスをマギステル以降簡単に見ておこう。①ドクトル学位を取得する。②ドクトル学位を取得すると、たいていのばあい、「講義受任者」になる。俸給付きで、入門講義担当の助手（任期六年）である。この間に、大学教授資格試験のための論文を書く。③大学教授資格試験を受けて「大学教授資格」を取得する。④私講師やその他のポストに就く。⑤どこかの大学で教授（かつての員外教授であるC３、かつての正教授であるC４）を公募していれば、それに応募する。こういうプロセスをたどる。

ミュンヘン大学哲学部のハビリタツィオン規定に依拠しつつ叙述してみよう[12]。これよれば、志願者が教授したいと考えている学問領域について、学術的能力や教授学的能力がついているか否かを試験するのである。試験の構成は、ハビリタツィオン論文の作成、三〇分の学術講演と九〇〜六〇分の質疑応答（コロキヴゥウムと呼ばれる）、四五分間の試験講義というように三要素から成っている。前二者は学術的論文の作成能力と発表・応答能力を試す試験であり、後者は大学の教師として、学生の前で分かりやすく提示する能力をみるものである。合格者は、「ハビリタツィオンに合格した哲学博士」（Dr. phil.habil.）と称することができる。

このようなやり方は、歴史的にみれば、一八世紀の後半以来ドイツの大学に定着し[13]、一八一六年のベルリン大学の学則において初めて文字で書かれた規則となり、脈々と受け継がれてきた。しかし、一九九八年に改正された

「大学大綱法」では、必ずしも、ハビリタツィオン試験に合格し、教授資格を持っていなくても、それと同等の学術的業績をあげておれば、大学教授に任命されうるべく改正がなされたが、特に学術的大学の教授たちからは、学問の水準や大学教授の地位を低くしていく改正であるとの反対もでている[14]。

8　高等教育システムの種類と学生数

では、次に、高等教育システムをみてみよう。その伝統的中心的担い手は、大学（Universität）にほかならなかった。大学は、学術大学（Universität）と工業大学（Technische Hochschule）に分けられる[15]。伝統的大学のほかに、高等教育の領域には、総合制大学、専門大学、カトリックの神父養成のための神学大学、初等段階の教員養成のための教育大学、音楽・芸術大学そして国立の行政職員養成のための行政大学がはいる。現在ドイツには、三一五の高等教育機関があり、総計で一八〇万人の学生が学んでいる。ほとんど全てが国立（ラント立）であることがドイツの特徴となっている。

これらの高等教育機関の種類と学生数をもう少し詳しくみてみよう。①八〇の学術大学と工業大学に一三〇万人の学生が学んでいる。②八つの総合制大学に一四万六、〇〇〇人の学生、③一二七の専門大学に三九万人の学生、④八つの教育大学に二三万人の学生、⑤一七の神学大学に三、〇〇〇人の学生、⑥四五の音楽・芸術大学に三万人の学生、⑦三〇の行政大学に五万三、〇〇〇人の学生がそれぞれ学んでいる。

その他、なお、七六の私立高等教育機関がある。そのうち二〇が教会の高等教育機関、八つが医学、歯科、銀行制度、財政制度、経済学であり、一九が教会立の社会福祉のための専門高等教育機関、二五が技術、情報論、化学、電機工学、経済情報、そして四つが美術造形の高等教育機関である。この七六の私立高等教育機関に総計四万人の学生が学んでいるが、私立大学の占める位置とその意義は、非常に小さいと言えよう。

学生数の最も多い大学は、ミュンヘンの六万三、四〇〇人、次にベルリン自由大学の六万一、〇〇〇人、三位はケルンの五万四〇〇〇人となっている。ドイツで最も古いハイデルベルク大学では二万八、〇〇〇人、有名なベルリンのフンボルト大学では二万二、〇〇〇人の学生が学んでいる。最少の大学は、一九九一年に新設されたフランクフルト・アン・デア・オーダー大学で、約一、〇〇〇人の学生がいる。

大学ランクづけは、ドイツではこれまでなかった。しかし、ここ一〇年以来、シュピーゲル、シュテルン、フォーカスといった若干の雑誌が、研究、授業（教育）、学生への助言、運営といった視点から大学の業績を評価し、大学のランクづけを公表するようになった。しかし、これは公的な評価ではなく、大学からすれば大変異論の余地のあると言わなければならない。原則的に言えば、学問分野や学者・研究者の内部で、自然な質的相違が意識されたとしても、全ての大学は同格であると考えて間違いない。

9　大学に入学するための資格

ギムナジウムで勉強し、大学に進むことを希望する学生は「大学入学資格試験」（Abitur, アビトゥーア）を受ける。それに合格すれば、「成熟証」（大学で教育を受けるまでに成熟しているという証明書）が授与される。これで修了である。生徒はそのときおよそ一九歳から二〇歳になっている。その後、九ヶ月の軍役（ドイツには徴兵制がある）か社会奉仕をすませて、大学に入ってくる。

ドイツでは大学で学ぶことは、原則的に無料なのである。しかし、現在では、授業料を上げるべきか否かについて論議されておるが、決定をみるに至っていない。学生一人は、現在のところ、月一、三〇〇ＤＭ（約六〇〇ドル）を必要としているが、もし両親の収入が低ければ、学生は生計のために、国家からの補助金を受けることができる。その半分は奨学金であり、他の半分は利息なしの貸し付け金である。統計によれば、一九九七年の時点で、全体のおよそ三分一の学生が国家からの財政的援助を受けている。したがって、たいていの学生は学修しながら、学費のために働いていることになる。

10　授業の形態

授業の形態には、どのようなものがあるか。一般的なものを挙げよう[16]。

講義：大学が発生して以来の古典的な授業の形態が講義である。これは、誰でも知っているように、多くの聴き手を前にして、教材を体系的に提示する方式にほかならない。

ゼミナール：ゼミナールは、ドイツの大学では最も大切な教授形態といってよい。ゼミナールは、限られた出席者（最大二五人）で行われる授業であり、そこでは学生の積極的な参加の下で、模範的かつ特別（特殊）なテーマが取り扱われる。ゼミナールには、新入生のためのプロゼミナールや演習と上級者のためのハウプトゼミナールとに分かれていて、単位数も違う。ゼミナールの目的は、教授の指導の下で、学生を研究に導き入れると同時に学生自身が発表したり、討論したりする機会を与え、能力を伸ばすことにある。

ゼミナールにおいては、専門分野の作業方法や研究方法が提示され、応用される。ここで学生は、学術的教育のために必要な、そして、研究的学習として特徴づけられうる技能・能力を獲得しなければならない。ゼミナールにおいて、学生は、①学術的文献に基づいて、独力でテーマに沿って仕事をしていくこと、②新しい知識と研究能力を獲得すること、③他の参加者と学術的に論争すること、④自己の学術的貢献について報告を行い、議論すること、を学ぶ。

コロキウム：これは、基本的にゼミナールの高度化したものであり、報告も議論も、要求水準が高くなる。筆者が研究生活を送ったミュンヘン大学の歴史学研究所では、博士号取得希望のコースをコロキウムと呼び、教授のほか、助手、すでに博士号を取得している者などが参加して、非常に活発な学問的討論が行われていた。

演習（Übung）：この形態においては、学生は、学術的方法を応用して、小さな実践的な課題を成し遂げるように指導される。たとえば、法学においては、具体的な事例の解決が求められるし、経済学においては、統計学的な課題が取り扱われ、哲学においては、テキストの解釈がなされるというように。こうした授業形態において、作業が成功するか否かを左右するのは、まさに学生自身にかかっている。

実習（Praktika）：これは、多くの学問分野において、確立された教育の仕方となっている。実習を行うにあたっては、綿密な作業計画を作成し、うまく実行されるように意を用いなければならない。たとえば、調査旅行も実習の一つであるが、これによって、海洋の動物相や人工的な施設といった、大学では見せることのできない素材を学生に経験させることができる。

学術的作業を独力でなしうるように指導すること：学生が学術的作業を独力でできるように導いていくことは、学生を研究の領域に誘うための教育活動以外の何物でもない。学生は、獲得した知識を学問の世界で独力で応用することを学びつつ、試験論文を作成する。良い論文を作成するには、最終的には、学生の思考力にまつほかはないが、教授が常に学生の相談（討論）に応ずることも重要な要件である。

学業成績の証明は、口頭による報告か、もしくは学術論文（Hausarbeit）によって行われる。この証明書は、修了試験を受けるために重要な意味をもっている。実験分野では、講義に合わせた実習や、とりわけ実験室における実習によって、絶え間なく審査が行われる。だから気を抜くことはできない。

註及び引用・参考文献

1　*Hochschulrahmengesetz*（*HRG*）*in der Fassung der Bekanntmachung vom 19. Januar*（*BGBl.IS.18*）*zuletzt gäandert durch Artikel 1 des Gesetzes vom 8. August 2002*（*BGBl.IS.3138*）.

2　*Hochschulrahmengesetz*（§58）.

3　*Hochschulrahmengesetz.*

4　*Hochschulrahmengesetz.*　全てのドイツの大学がそう規定している。筆者の見聞でもそうであった。

5　Kultusministerkonferenz, Hochschulrektorenkonferenz: *Rahmenordnung für Diplomprüfung an Univetstäten und gleichgestellten Hochschulen -1994 -.*

6　早島瑛「商科大学ディプローム試験規程考」（関西学院大学『商学論究』）一九九九年三月。
早島瑛「ドイツの商科大学」（大学史研究会『大学史研究』五号）。
早島瑛「初期のディプローム・カォフマン」（大学史研究会『大学史研究』六号）。

7　*Hochschulrahmengesetz.*

8　*Ordnung für den Erwerb des akademischen Grades eines Magiser Artium*（*M.A.*）*an der Ludwig-Maximilians-Universtät München*（*Magisterprüfungsordnung*）*vom 25. Juni 1986 in der Fassung der 7. Änderungssatung vom 20.Februar 1998.*

9　*Promotionsordnung der Ludwig-Maximilians-Universtat München für den Grad des Dr.phil. vom 18. Marz 1980 in der Fassung der 8. Anderungssatung vom 13.Februar 1998.*

10　*Ludwig-Maximilians-Univetstät München. Jahresbericht des Rektoratskollegium vom 1. Oktober 1995 bis 30.September 1997. Anlage2, 3.*

11　著者自身のミュンヘン大学での体験・見聞による。

12　*Habilitationsordnung für die Philosophischen Fakultät 09-14 der Ludwig-Maximilians-Universtät München.*

13　別府昭郎『近代大学の揺籃―一八世紀ドイツ大学史研究―』の「教授資格試験」（ハビリタツィオン）の項を見よ。

14　アィヒシュテット・カトリック大学教授、中世史・大学史研究者ライナー・A・ミューラー氏の意見。

15　ディートリッヒ・フォン・クヴァイス　別府昭郎訳『ドイツにおける大学教育の構造、諸問題及び改革動向』明治大学国際交流センター　二〇〇一年。

16　別府昭郎「大学教師の任務領域―ドイツの場合を中心に―」東海高等教育研究所『大学と教育』No.九、一九九三年九月。

（初出『高等教育概論』〔ミネルヴァ書房　二〇〇五年五月〕に発表したが、構成を変え、本書用に大幅に書き換えた）。

第三章　大学の改革動向

長い前史を経て、一九九三年に欧州連合（ＥＵ）が結成された。そのことによって、ドイツの大学はドイツ国内だけで物事を考えては間に合わなくなってきた。それだけではない、一九九六年に二九ヶ国で締結されたボローニャ・プロセスに従って大学の中身を変えていかなければならなくなってきた1。しかも、国内的には旧東ドイツ（ＤＤＲ）の大学を再統合（一九九九年）しなければならなかった。

エアフルト大学の創設学長であり、前ベルリン学術評議員であったペーター・グロッツは、「ドイツの大学は、その中心が腐ってしまっている」と言っている。したがって、ここ一〇年来、大学間の国際競争に負け、かつての輝きを失っていることを背景に、ドイツでは大学改革が非常に盛んに議論されている。改革論議の中から、ドイツにおける高等教育の能率性と将来についての全般的論議が生まれてきた。議論の中から、①大学大綱法の改革、②学修課程の構造化――基礎学修（Grundstudium）と専門学修（Hauptstudium）、③単位制の導入、④学位の国際標準化――バチェラーとマスターの導入――、⑤大学運営方式の改革、⑥教育（授業）の改善努力、⑦大学評価と財政支援という重要な七つの項目を取り上げ、説明したい。実はそれらは根底では相互につながりあっていることをあらかじめ断っておきたい。

1　大学大綱法の改革

「大学大綱法」は過去幾度か改正されたが、一九九七年の改正動向は、大学の外観は全く変わらないが、これまでとは質的に大きく異なるものであった。ドイツ社会に大きな議論を呼び、学生ストライキにまで発展した。このストライキを、筆者は実際テュービンゲン大学で見てきた。改正の主要点のいくつかについて述べておこう。これらの諸点は、ボローニャ・プロセスと密接に関係しているからである。そこでドイツの大学を、次の諸点から検討しておこう。

①大学運営を、大学成員だけに任せておかずに、大学運営委員会（Hochschulrat）を設けること。②大学財政に業績主義を導入すること。③研究と教育についての評価を実施すること。④標準的な在学・学修期間を確定すること（ドイツの学生は、学修の自由や奨学金制度の充実、授業料が非常にやすいこともあって、長期間在学する傾向が強いことを反省して）。⑤研究や教育にマルチ・メディアを取り入れること。⑥学生に対する学修指導義務を強化すること。⑦最低でも四年間と定められている学修課程に中間試験を導入すること。⑧学修成績や試験成績を蓄積したり、読み替えたりするために、単位制度（Credit-Point, Leistungspunkt）を導入すること。⑨国際的に通用するバチェラーやマスター学位を授与できるようにすること。⑩教授の任命条件としては、教授資格（venia legendi）を持っているか、それと同等の学術的業績があればよいこと（ドイツで大学教授になるには、これまで是非とも教授資格が必要あった）。

これらは、大学運営と教育の質にかかわる事項が多いが、根本においては、大学財政そのものや管理運営にかんする事項とも密接に関係している。

2　学修課程の構造化――基礎学修（Grundstudium）と専門学修（Hauptstudium）

従来の学位や国家試験が廃止されたわけではないが、学修課程は、基礎学修（Grundstudium）と専門学修（Hauptstudium）の二つに区分される[2]。

基礎学修の課程は、「常設文部大臣会議」の答申や「大学大綱法」によれば、最短で三年最長で四年の期間であり、中間試験で終わる。試験に合格すれば、最初の資格であるバカラリウスやバチェラーが授与される。専門学修の課程は、マギステルやマスター学位、ディプロームの取得で終わるが、教員、医師や法律家の志望者にあっては国家試験で終了する。専門学修課程の期間については、最短で一年最長で二年が定められている（第一九条）。ドイツの学生は、学問の自由を保証されていることもあり、さらに多くの精神科学の分野では学修期間が定められていないために、事実上、非常に長く在学し他の国の学生たちよりも年齢が高くなる傾向にある。この傾向を少しでもおさえるために、学修課程が導入されたという解釈も成り立つ。

学修課程の構造をもっと具体的に知るために、ここでは、エアフルト大学の学修課程の構造（単位も含む）を図示しよう。ここではマギステルもしくはマスターの学位を取るのに、四年から五年の間に三学期の学習が規則で定められている[3]。この大学では、オリエンテーション段階を設けて、大学導入教育を行っている。これは新しい特徴と言えるかも知れない。ハレ大学も同じような「基礎学修（Grundstudium）と専門学修（Hauptstudium）」という学修課程を導入している[4]。

表1　エアフルト大学における学修段階

	ドクトル段階の終了					
7年 6年 5年	ドクトル段階					
	マギステル段階の終了（マギステル論文）					
5年 4年	マギステル段階（最低3ゼメスター）					
	バカラリウス段階の終了					
3年 2年	資格付与段階 120LP	主要学修領域 57LP	副学修領域 27LP	基礎学修 24LP	職業領域 12LP	それぞれの学修領域で言葉の修得最大60LP
1年	オリエンテーション段階	27LP	15LP	12LP	6LP	
			総計	60LP		

典拠：エアフルト大学の Personal-und Vorlesungs Vezeichnis Wintersemester 2000/2001 より作成。

この**表1**の見方を説明しよう。ＬＰ（ライストゥンクスプンクト）とは単位（Leistungspunkt、大学によって呼び方は異なっている）のことを意味する。四学年以上は、ドイツの大学にはまだ大学院という考え方はないが、大学院段階と考えてよいだろう。エアフルト大学では、オリエンテーション段階から資格付与（Qualifizierung）段階にあがるには、中間試験はない。六〇ＬＰとっておればよい。しかし、資格付与段階は、バチェラーコースと考えてよい。では、資格付与（バカラリウス）段階を終了するには、主要学修領域、副学修領域、基礎学修領域、職業領域、それぞれの学修領域で必要な言語の学修が課せられて、総計一二〇ＬＰとっていなければならない。

どういう領域をバカラリウス段階で学修するのであろうか。哲学部では、歴史学、コミュニケーション学、文学、哲学、宗教学、語学（Sprachwissenschaft）である。国家学部では、法学領域、社会科学領域、経済学といった領域を学ぶ。教育科学部では、エアフルト教育大学と共同して、教育科学、教授会・学修心理学と訓練心理学（Trainingspsychologie）を学ぶ。

マギステルの学修領域は、二〇〇〇年の段階では計画中ということで知ることができなかった。

博士学位が取得可能な領域は、哲学部博士、法律・政治学博士（Dr.rer.pol.）、法学博士である。

3　単位制の導入

単位（credit point, Leistungspunkte）システムが導入されたことも無視するわけにはいかない。「単位」システムを導入するか否かは、大学が独自に決めうる。したがって、現在のところ、導入している大学と導入していない大学がある。大きな傾向を挙げれば、ミュンヘンやハンブルク、ハイデルベルク、ベルリンのような大きな伝統ある大学はまだ導入していないが、エアフルトやアイヒシュテット・カトリック大学のように、一九六〇年代以降に創設された比較的新しい、小規模の大学では導入されている。

「単位」システムは、アメリカの大学ではごく一般的なものであるが、ドイツの伝統的大学文化には全くなかった。単位制の導入には、①ヨーロッパの統合（ＥＵの結成）、②近代国民国家と大学の結びつきが緩和してきたこと、③大学教育のグローバル化、④国際的競争力の強化といった背景がある。ＥＵ加盟のどこの国のどの大学で学んでも、単位を積み重ねていけば、国際的に、大学で学修したことが認定できるように工夫したものにほかならない。すなわち、基準や計算の仕方を統一し、ＥＵ諸国内で通用する単位制を作りだす試みである。それは、ＥＵ加盟国の学生がどの国でも学修できるようにする「ヨーロッパ統合」のためのソクラテス・エラスムス計画の具体化の一環である。

では、どのような単位計算がなされるのか。単位数は、講義や演習、ハウプトゼミナールやプロゼミナールというように授業形態の種類や時間数によって、単位数は異なっていて一概には言えないが、ここでは「アイヒシュテット・カトリック大学」の事例を示そう[5]。

演習	2時間（90分）	6単位（credit point）
演習	2時間（120分）	6・5単位（credit point）
講義	2時間（90分）	6単位（credit point）
ハウプトゼミナール	2時間（90分）	12単位（credit point）
演習ワークショップ	1時間（45分）	3単位（credit point）
上級ゼミナール	1時間（45分）	5単位（credit point）
上級ゼミナール	2時間（90分）	10単位（credit point）

この事例からも明白なように、一時間は四五分であり、上級になると時間当たりの単位数が多くなることが分かる。たとえば、講義や演習は二時間で六単位、プロゼミナール二時間で八単位、ハウプトゼミナール二時間で一二単位となっている。このように、単位を集めていけば、バチェラーやマスター、ディプロームなどの試験を受けることができるのである。

単位システムはアメリカ標準ではない。この事実は強調されてよい。ここに、一方では学位や評価に象徴されるように大学を国際標準に合わせつつ、他方ではそれと異なるヨーロッパ独自の大学文化を形成していくヨーロッパ大学人のしたたかさの象徴と見てよい。

4　学位の国際標準化—バチェラーとマスターの導入—

さきに述べたように、一九九九年三月五日に、「常設文部大臣会議」（KMK）は、学修課程の構造化と同時に、新らしく三〜四年のバチェラーコースと四〜五年（バチェラーコースを含む）のマスターコースを設置することを提言した[6]。この提案は、従来ドイツの大学が実施してきたディプローム試験、マギステル試験、国家試験の廃止を意味したものではなかった。この提言は、ベルリンのフンボルト大学やミュンヘン大学といった伝統ある大規模大学が受け入れただけでなく、すでに言及したエアフルトやアイヒシュテットのような小規模で新しい大学でも受け入れられ、実施されていた。伝統的な学位しか授与しない学問領域を専攻するか、新しい学位を授与する学問領域かは、学問領域によって異なってくるが、どのコースをとるかは、学生個人の自己責任において、選択することになっている。

学位について、ベルリンのフンボルト大学の例を、二〇〇二年夏学期の講義目録の記述を手がかりにして説明しよう[7]。

①バカラリウス、バチェラー（Bachlor Science）：最初の職業資格試験に合格した者に大学が授与する、最初の学位である。規則で定められた年限は、三年である。このように、大学で最初に授与する学位がマギステルではなく、バチェラー（B.S.）になった。これは大きな変容と言わなければならない。

②ディプローム（Diplom）：ディプローム試験規定に定められた試験に合格すると、ディプローム（D.）学位を授

与される。自然科学、工学、経済、教育学の各分野の学生が取得できる。

③マギステル・アルティウム（Magiste Artim）：マギステル試験規定に則った大学終了試験に合格すると、マギステル・アルティウム（M.A.）が授与される。

この学位とディプロームとの相違はどこにあるのか。ディプローム（一分野）との相違は、マギステル・アルティウムは、二つの主専攻か一つの主専攻・二つの副専攻が課されていることである。

④マスター（M.Science）：バチェラーよりも上級の職業資格試験に合格した者が取得する学位である。規則で定められた年限は、二年である。

⑤国家試験：大学内部で実施される、国家による終了試験。州試験局により招聘された教授、開業免許規定に合致する医者、歯科医、薬剤師により行われる。

これからも明らかなように、従来のディプローム（D.）やマギステル・アルティウム（M.A.）のほかに、科学バチェラー（B. Sc.）や科学マスター（M.Sc.）が、新たな学位として導入されているのが分かるであろう。

5　大学運営方式の改革

これまでドイツの諸大学は、大学構成員（教授やその他の教師、事務職員、学生）のみから成る学部運営会議や評議会組織で、運営を行ってきた。それだけでは、時代の要請に対応できないことが認識され、「大学大綱法」で「大学運営諮問委員会」（Hochschulrat）の導入が提唱された。日本の「運営諮問委員会」に匹敵する会議体である。バイエルン州は、この「大学運営委員会」を設置する動きをみせ、州の大学法に盛り込んだ。したがって、バイエルンの全ての大学で「大学運営委員会」が設置されている。この委員会は、大学の中心的な意思決定機関であり、監視機関でもある。ここでは、ミュンヘン大学の Hochschulrat（大学運営委員会）の例を見てみよう[8]。

ミュンヘン大学の「大学運営委員会」は、一九九九年に設置された。学長が代表の学長委員会（Presidikalkollegium）が、「大学運営委員会」の一〇名の委員を選ぶ。学長は自動的に委員になるから、合計一一名で構成される委員会となる。どういう人々が選出されるのか。経済、メディア、文化、ノーベル賞受賞者など各界の代表者である。

委員会の役割は、①良い大学像を形成するためにイニシアティブをとること、②教育・研究における重点を形成するためにイニシアティブをとること、③学修内容をより層発展させるためにイニシアティブをとること、④大学運営にかんする重要事項について、大学を援助すること、以上の四点である。こうした委員会を設けなければならなくなった背景は、ボローニャ・プロセスの導入、連邦レベルの大学大綱法改正や州レベルの高等教育法改正、大学人だけの運営による大学の沈滞が挙げられよう。

6　教育（授業）の改善努力

ドイツの大学にあっては、一九世紀の前半以降、「研究と教育の統一」は当たり前のことと考えられてきた。しかし、現実には、研究が常に最も重要視され、研究こそが大学教師の中心的な任務領域となってきていた。大学教師のキャリアと名声は、もっぱら学位の取得、教授資格の獲得、業績の出版などと研究業績面に重点が置かれ、ある人を講座に招聘するばあい、学問世界でいかなる信望を得ているかが決定的な基準であり、教育や学生の世話という教育上の業績は重視されてこなかった。

しかし、近年、教育の面が重視されるようになってきた。一九九三年学長会議と文部大臣会議は、「教授資格の授与と招聘に当たっては、将来、教授能力と教育学的適性を考慮すべきである」という決議をしている。

それを受けて、ハンブルク大学は、「大学は、教育の促進について特別な価値をおく。従って、（教授）志願者は、教育において相応の資格（能力）と業績を示すことが求められる」と定式化した9。

多くの大学で教授能力を高めるためのプログラムやコースが作られた。大学教授学施設のドイツの上部団体・大学教授学協会（ＡＨＤ）は、大学教師の統一的養成のために推奨できる「教授能力向上」という総括的カリキュラムを作成した。その内容は、⑴教育と学習についての大綱的条件、同じく高等教育機関の外的諸条件：組織、運営、カリキュラム、キャリアなど。⑵教育と学修：方法能力、コミュニケーション能力及び講義・ゼミ・演習におけるメディアの使用。⑶助言と試験：助言、試験、学生を世話するばあいの社会的能力の育成をはかろうとするものであった。明らかに、専門能力、社会的能力（学生とコミュニケーションし、交流する能力）、方法能力というように、教育を重視した大学教師の力量形成をねらうものであると言えよう。

7　大学評価と財政支援

すでに述べたように、ドイツではほとんど全ての高等教育機関が国立（州）であり、大学教育は無料である。しかし、これまでと同じ形で国家が長期間にわたって大学財政を支えることはもはやできなくなってきている。国家から財政援助を受け、それを大学内部で業績結果という基準に従って配分することを具体化するために、大学教育は、体系的・定期的に評価されなければならないと考えられるのは当然の成りゆきであろう。税金で運営されている大学の説明責任の遂行ということになろう。

大学評価のために、多くの大学で試みられているのは教育報告である。その主な内容は、①実際の専門学修期間とディプローム予備試験あるいは中間試験までの学修期間、②終了試験までの学修時間、③各試験官ごとの終了指導論文数、④教育（授業）や学習の全体的条件、⑤新しい学修課程と学修修了制度の導入、⑥学修過程（Ablauf）とカリキュラムの改革など多数にのぼっている[10]。

この定期的な評価は、多くの大学において、相当な反対と抵抗にあっているのも事実である。しかし、長期的に言えば、ドイツの大学も定期的に業績審査を受けて、その結果が財政的支援に反映されるようになるであろう。

まとめ

以上、ドイツの大学について、ボローニャ・プロセス導入以後の教育実態と改革方向を見てきた。とりわけ、ＥＵ（ヨーロッパ連合）を構成する主要国として、二一世紀の大学像を構築し、戦略的大学運営のために、いくつかの方策が、国家規模でとられていることが明らかになった。その主な方策として、①伝統的な大学人だけによる大学運営（Gruppenuniversität）から脱却し、大学外のアイディアと活動力を取り入れるために、「大学運営委員会」（Hochschulrat）を設置したこと、②ＥＵ（ヨーロッパ連合）のどこの国の大学でも学べるように、ヨーロッパ独自の単位システムを導入したこと、③国際的競争力をつけるために、バチェラー学位やスター学位を新しく導入したこと、④基礎学修課程と専門学修課程を設け、内容を国際基準に合わせてより一層構造化したこと、⑤学修期間の短期化をはかろうとして学修期間を設けていることなどを挙げることが出来る。

これを一言にて表現すれば、「伝統的大学運営と国際的原理との競合」と言えよう。さらに言えば、「国際的原理によって伝統的大学運営原理を突き崩していく」と表現していいだろう。しかし、大学は一二世紀に発生してから長年の歴史を生き延びてきており、各時代の試練を乗り越えてきていることを考慮にいれれば、事態は簡単ではない。ハイデルベルク大学の留学卒業生のための雑誌に「変化の中の大学。伝統から未来へのハイデルベルクの道」とあるように[11]、ドイツ大学は、「国際的原理」を軸として、自己変革を遂げ、最終的には、二一世紀の末期には新しい形態の大学原理が形成され、それがまた伝統となるというのが筆者の予想である。

註及び引用・参考文献

1　木戸裕『ドイツ統一・EU統合とグローバリズム』（東信堂　二〇一二年一一月）のボローニャ・プロセスをみよ。

2　Humboldt-Universtät; *Vorlesungsverzeichnis Sommersemester 2002.*

3　*Strukturvorgaben für die Einführung von Bachelor-/Bakkalaureusstudiengang und Master-/Magisrerstudiengang.Beschluss der 285.KMK von 05.03.1999.*

4　Universität Erfurt. *Personal-und Vorlesungsverzeichnis, Wintersemester 2000/2001. Halle-Wittenberg Universität Studien in Halle.* S.14.

5　Katholische Universtät Eichstät. *Kommentiertes Vorlesungsvezeichnis Wintersemester 2000/01.*

6　引用文献（3）をみよ。

7　Humboldt-Universtät;*Vorlesungsverzeichnis Sommersemester 2002.*

8　Ludwig-Maxmillians-Universtät; *München. Jahresbericht des Rektoratskollegium,vom 1. Oktober 1995-bis 30. September 1997.*

9　ディートリッヒ・フォン・クヴァイス　別府昭郎訳『ドイツにおける大学教育の構造、諸問題及び改革動向』明治大学国際交流センター　二〇〇一年参照。

10　ディートリッヒ・フォン・クヴァイス　別府昭郎訳　前掲書。

11　*Heidelberug Alumni International April 2002.*

（初出『高等教育概論』〔ミネルヴァ書房　二〇〇五年五月〕に発表したが、本書用に大幅に構成を変え、書き換えを行った）。

第四章　現代ドイツにおける大学教師の養成・任命・任務・給与

大学の特性は教師の在り方に最も鮮明にあらわれるというのが、長い間ドイツの大学を研究してきた筆者の考え論である。したがって、大学教師の在り方を研究すれば、大学の全てとは言わないまでも、その国の大学の根幹は明らかになると考えてよい。

このばあい、問題として取り上げるべきは、大学をめぐる法制、大学教師のヒエラルキー、任務、養成（教授資格の取得）、任命条件、給与などについて具体的に調査することが必要であろう。本章では、大学をめぐる法制、大学教師のヒエラルキー、任命条件、任務、給与について述べることによって、ドイツにおける大学教師の一端を明らかにすることにしよう。

1　大学をめぐる法制の変化

従来、ドイツにおける大学法制は、連邦・州・大学の三層で考えられてきた。連邦には「大学大綱法」

(Hochschulrahmengesetz　ＨＲＧと略される。内容から判断すると、「高等教育大綱法」の方が正しい気がするが、慣例にしたがって「大学大綱法」と訳しておく）があり、各州には高等教育法（Hochschulgesetz）があり、各大学はそれぞれに学則（Statuten）をもっている。このように、一九七〇年代以降は特に連邦の『大学大綱法』を観察しておけばドイツの大きな流れは把握できたが、これが失効することになった。これからは、各州ごとに見ていかなければならなくなってきた。これは、外国のドイツ研究者にとっても、大きな変化と言わなければならない。

「大学大綱法」にかかわる大きな流れを見ておくと、次のようになろう。世界的な大学大紛争を受けて、「大学大綱法」は、一九七六年一月三〇日に発効した。われわれドイツ大学の研究者は、この法律によって、大学の運営方式、大学の範疇、大学教師の職階構造など、大学にかんする重要な事項を知ってきた。たびたび改正されてきたが、二〇〇五年四月一八日に内容にかかわる最終的な改正が行われた。ところが、二〇〇五年五月九日連邦政府において「大学大綱法」の廃止が決定され、その内容は二〇〇八年一〇月一日に、それは効力を失うというものであった。「大学大綱法」は、たとえて言えば、大きな公分母のようなものであった。分子が、各州の「高等教育法」（Hochschulgesetz）である。公分母が、なくなってしまったという事実は、外国の研究者にとって、大きい。どうすれば、ドイツの大学教師を把握すればいいのか新たな方法を考えなければならなくなったからにほかならない。大きな公分母がなくなった事情のもとで、詳しく大学のことを見ていくためには、各州の「高等教育法」を検討し、個別の大学にならなくなってきた。

2　大学教師のヒエラルキー

ドイツの大学における大学教師のヒエラルキーは、給与とも絡み、歴史的に様々に変化してきた。大まかに言って、「大学大綱法」施行以前と施行以降および廃止以降とに分けて考えることができよう。「大学大綱法」施行以前は、正教授、員外教授、私講師などと呼ぶことが普通であった。ヒエラルキーについての歴史的概観を仮説として提示すれば、次のようなごくおおまかな時代区分ができるであろう。

（1）「大学大綱法」施行以前
（2）「大学大綱法」施行以降
（3）「ボローニャ・プロセス」導入廃止以降

それぞれの時期について、具体的に述べよう。

（1）「大学大綱法」施行以前

「大学大綱法」施行以前の時期は、細かく分けると、①中世（一三四八年のプラハ大学設立から一六世紀の初頭まで）はドイツの大学が創設され、その後の歴史的展開の萌芽が形成される時期。ヒエラルキー（職階制）が成立する準備期であり、その前史をなす時期、②一六世紀は正教授職が確立され、その他の教授層も発生してくる。職階制の成立期といえる、③一七～一八世紀は、間に三〇年戦争（一六一八～一六四八）をはさみ、大学は混乱するが、特にプロテスタント領内の大学で私講師制度の萌芽が確立される時期。職階制が拡大していく展開期と見てよい、④一九世紀は、正教授、員外教授、私講師というドイツ大学に特有の大学教授のヒエラルキー（職階制）が、全ての大学で確立される時期というように、分けることができる。

まず、「大学大綱法」導入以前の一九世紀後半から二〇世紀初めの大学教師の地位構成については、すでに言及した（第三部第一章表4、二五五頁参照）。

こういう事実を見せつけられると、一九世紀後半から二〇世紀初めのドイツの大学が、「正教授支配の大学」（Ordinarienuniversitat）と特徴付けられるのも首肯せざるを得ない。

（2）「大学大綱法」施行以降

「大学大綱法」施行以降の時期は、「正教授支配の大学から集団支配の大学へ」という民主的契機を内包しつつ、非常に多様な教師の種類が法的に位置づけられる多様化の時代と特徴づけることができよう。

この時代の大学教師のヒエラルキーを含めた属性を見分けるための視点は、どういう階層に位置しているか（ランク）、大学や学部の意志決定に参画しうるか否か（団体権を持っているか否か）、身分はどうなっているか（官吏としての地位）、経済的補償はなされているか否か（給与の予算措置はあるか否か）、給与以外の報酬があるか否か、講義の委嘱がなされているか否か、国家試験や教会試験をする権限を持っているか否かなどの視点であろう。

表1　「大学大綱法」のもとにおける給与と地位

給与グループ	職の名称	職務法上の地位	団体法上の地位
C2	‒‒大学講師 ‒‒上級助手 上級技師 ‒‒学術的高等教育機関の教授（総合大学ではない、芸術大学、学術大学、教育大学、総合制大学の教授） ‒‒大学教授 総合大学ではない、芸術大学、学術大学、総合制大学）	期限付き官吏：6年 期限付き官吏： 上級助手（4年） 上級技師（6年） 期限付き官吏あるいは終身官吏 限付き官吏あるいは終身官吏	私講師あるいは定員外教授 教授
C3	‒学術的高等教育機関の教授 ‒大学教授	期限付き官吏あるいは終身官吏	教授
C4	‒学術的高等教育機関の教授 ‒‒大学教授	期限付き官吏あるいは終身官吏	教授 （正教授）

Karpen, Ulrich; *Professor/Professorin an wissenschaftlchen Hochschulen in: Blatter zur Berufskunde.* Band 3. 1987. より。

　これらの視点から把握する事ができるけれども、歴史の流れは、給与以外の事項は、徐除に同じになる方向で来ているように思える。特に大学や学部の意志決定に参画しうるか否か（団体権を持っているか否か）は、平等化の流れが強い。理解をしやすくするために、一九世紀後半から二〇世紀初めのドイツ大学教師の地位構成を掲げておこう（二五五頁の表4参照）。これが、現在いかに変化してきているかを比較するためである。

　この時期は、我々ドイツ研究者が生きている同じ時期であるので、なじみが深いと言えるだろう。一九七六年に施行された「大学大綱法」およびその後の改正法によると、ドイツの大学教師の地位構成と職務の内容は、上の表のようになっている（**表1**参照）。

第一部　全般規定

（3）「ボローニャ・プロセス」導入以降

「ボローニャ・プロセス」が導入され、「大学大綱法」の廃止が決定されてから、その精神は生きているとはいえ、どういう方法をとってドイツの大学教師を説明するか。これは、大きな問題である。結局、シュレスヴィヒ・ホルシュタインとかハンブルクとかニーダーザクセンというように、一つか二つの州を例に挙げて、説明していくしかないのではないか。これまでも、ドイツ研究者が使ってきた方法である。ドイツという公分母があるから、こういう方法も有効であろう。どこの州を例に挙げるかは研究者によって異なってこようが、住んだことがある、留学したことがある、研究生活を送ったことがある、知人がいて資料が手に入りやすいなどと非合理的な個人的な事情が絡んでくることはさけられない。内容の操作と叙述が合理的、客観的、実証的であれば、学術的にはそれはそれでいいのではないかと筆者は思う。

ところで、筆者は、旧西ドイツであればバイエルン州、旧東ドイツであればテューリンゲン州がなじみが深いし、資料も手に入りやすい。本章では、住んだことのあるテューリンゲン州の「文部省」（Freistaat Thuringen Kultusministerim）で入手した「高等教育法」（Hochschulgesetz）の構造と大学教師の任命条件、任務を述べておきたい。

まずテューリンゲン州（ドイツでは州が国家である。だから州、Land であっても俗には国、Staat と呼ばれる。州は教育や文化にかんする事を独自に決めうる文化高権、Kulturhoheit を持っている）の「高等教育法」（Hochschulgesetz）は、どういう構造をしているかを簡単に述べよう。

第二部　大学の構成と大学の組織
第三部　研究と教育における大学の使命
第四部　学生と学生団体
第五部　学術や芸術に従事する大学人と職務権限上の規定
第六部　大学衛生
第七部　国立でない大学
第八部　付則
第九部　移行規定と終了規定

われわれ大学教師に関心を持つ者にとっては、第五部「学術や芸術に従事する大学人と職務権限上の規定」である。その「第一章」は「学術や芸術に従事する大学人」及び「第二章　職務権限上の規定」が最も関心を持つであろう。第一章では、教授（Professoren）五六条、「教授のための任命条件」五八条、「教授の招聘」七八条、「教授の職務権利上の地位」七九条、「研究学期と実習学期」八〇条、「教授という称号」八〇条、「ジュニアプロフェッサー」八二条、「名誉教授」八三条、「学術的、芸術的協働者」八四条、「特別な使命をもった者」八五条、「授業委任」八六条、「客員科学者」八七条、「学術的、芸術的補助者、テューター」八八条について、述べられている。第二章では、「全体規定」八九条、「職務権利上の特別規定」九〇条で言及されている。

以下、教授の任命条件、教授の使命・任務や給与（これについては、連邦給与法によって）について具体的に述べていこう。

3　教授の任命条件

ドイツの大学では「教授資格」（venia legendi）を持っていないと、大学の教壇には立てない。特に「教授」にはなれない。歴史的にそうであったし、今でもそうである。その「教授資格」を取得するのに、現在は、ハビリタツィオンとジュニアプロフェッサーとの二つ方法がある。まず、歴史の古いハビリタツィオンから述べよう。

（1）　ハビリタツィオン

ハビリタツィオンが導入されたのは、一八世紀のドイツのプロテスタント系の大学で開始された。ハビリタツィオンとは、教授資格（venia legendi）をとるための試験のことである。通常、ハビリタツィオン論文、学部の成員の前でのコロキヴィウム、試験講義の三つの試験で構成される。合格させるか否かを決定するのは、学部の意向である。合格し、教授資格をとると、ふつう私講師になる。私講師にするか否かも、学部が決める。私講師には給与はなかった。こうして、一八世紀の終わりから一九世紀にかけて正教授、員外教授、私講師というドイツに特有な大学教員のヒエラルキーが成立した。

（2）　ジュニアプロフェッサー（Juniorprofessor）

ジュニアプロフェッサーとは、「大学教授資格」をとるために、従事するポストであるから、大学教授と同じ任命条件が要求される。すなわち、①大学教育を終了していること、②教育学（教授学）的な適正をもっていること、③学術的仕事や芸術的仕事において特別の能力があること、この三つが要求される。なると当然に給与はある。ジュニアプロフェッサーなるには、上の条件のほか、ドクトル学位をもっていることが前提である。任期は六年であるが、三年目には評価される。しかし、正規の教授と同じ権利と義務をもつ。ジュニアプロフェッサーのうち、認められた者だけが教授資格を取得できる。二〇〇二年に導入された。ジュニアプロフェッサー制の根底には、事上錬磨（training on the job）という考え方があり、終身教授職への準備をするとともに資格をとるとも考えられる。

ハビリタツィオンとジュニアプロフェッサー制とはどういう関係にあるのだろうか。ジュニアプロフェッサーの導入時には、ハビリタツィオンを廃止すべきとの提言もあったが、実際にはハビリタツィオンとジュニアプロフェッサーとが平行しているのが実情である。大学や学問分野ごとに要求が異なっているので、同じ「教授資格」でもハビリタツィオンでとったかジュニアプロフェッサーでとったかで、区別があるのである。法律で規定されているからと言って、そのまま大学が従うわけではない。最終的には大学が決めうる。大まかな傾向は、歴史学とか言語学などの伝統ある学問分野ではハビリタツィオンが要求されることが多いが、情報とか技術の領域では、ジュニアプロフェッサーで済ませるばあいが多い。

それから本筋とは関係ないが、訳語にかんして一言いっておきたい。ジュニアプロフェッサーを「准教授」と訳す人がいるが、そう訳すと日本の現実のヒエラルキーと齟齬をきたすので、私はそう訳さないことにしている。日本語に訳しようがないので、そのまま使っている。

現代でも誰でもが大学教師になれるわけではない。では、その前提条件は何か。三つある。

① 大学教育を終了していること。
② 教育学（教授学）的な適正をもっていること。
③ 学術的仕事（それは、通常質の高い博士学位取得によって証明される）や芸術的仕事にたいして特別の能力を持っていること。

以上のように、大学教授になるにはいくつかの関門があるが、上に挙げたのは、客観的な資格であって、大学に採用されて教壇に立つには、次の関門が待ち受けている。すなわち、ある大学のある学部が公募していれば、それに応募し、面接や試験講義などの試験を受け、採用されなければならない。そうでなければ、大学の教壇に立てない。

4　教授の使命・任務

教授はどういう任務を担っているか。教授は、学術もしくは芸術において、研究と教育と自己の継続教育を、独立して図るという任務がある。

教授の具体的任務には、一二ある以下のものも当然入ってくる。

① 知識や技術を次の世代に移転させる任務。

②　研究プロジェクトや大学の芸術的企画を引き受けること、あるいは、それらに協力すること。
③　自己管理を含めて、大学の管理運営に参加すること。
④　国家試験、教会試験も含めて、試験実施に参画すること。
⑤　テュータープログラムや指導者プログラム、学生への助言などに参加することによって、学生を成長させること。
⑥　学位、ハビリタツィオン、招聘などの様々な手続きの実施に参画すること。
⑦　自分の組織した協働者の専門的・教授学的能力を伸ばすこと。
⑧　学術上あるいは芸術上の後継者の面倒をみること。
⑨　学修改革という任務に参画すること。
⑩　彼の専門分野で職務の上で引き起こされた事件について、そのための特別な調査をしても、無報酬でやることを含んで、意見書を提供すること。このなかには、勤務する大学についての特別の意見書や招聘手続きにおける意見書を理解することも含まれる。
⑪　同じ州内にある他の大学の授業を引き受けること。
⑫　大学入学や希望者の入学許可のさいに、適正決定手続きや選抜手続きに協力すること。

こう一二挙げてくると、たくさん任務があるように見えるけれども、ドイツの大学教授が日常的に果たしている仕事なのである。

大学衛生の領域においては、病気にたいする配慮という任務も引き受けなければならない。だから、ドイツの大学教授の任務は、まとめて言えば、教育・研究・自己の継続教育・大学衛生の四つであると言えよう。

5　教授の給与

現代ドイツでは、給与は、「C」ではなくて「W」で示される。それにしても「W」とはなんだろうか。変な名称である。調べてみると、Wissenschaft（科学）のWであった。すなわち、大学教師も「科学」に従事する人間であるということであろうか。W-Besoldung（W給与）は、C-Besoldung（C給与）に代わって、二〇〇五年に導入された。W1、W2、W3と三種類の給与から成り立っている（**表2**参照）。

給与グループC3はW2に移行した。W2の給与を受けているのは、学術的高等教育機関の教授たちである。給与グループC4はW3に移行した。W3の給与を受けているのは、学術的高等教育機関の教授たちである。しかもただ単に移行したのではなく、額は減少したのである。

どれくらいの額を、どういう人たちがもらっているか、もう少し詳しくみてみよう。

W1はジュニアプロフェッサー（Juniorofessor）の給与で、基本給与は、三、五〇七・五〇ユーロである。
W2の基本給四、一七五・九一ユーロである。
W3は、基本給が五、〇五九・三九ユーロである。

給与グループのW2とW3を受ける人の職階および職名は、以下のとおりである。

大学（Universität）の教授
専門大学（Fachhochschule）の教授
芸術大学（Kunsthochschule）の教授
教育大学（Pädagogische Hochschule）の教授
学長（教授でない学長）：Präsident
副学長（教授でない副学長）：Vizepräsident
学長（教授である学長）：Rektor
副学長（教授である学長代理）：Prorektor
大学監督官：Kanzler

これで明白なように、Ｗ３はもちろんのこと、Ｗ２でも学長、学部長、学長代理になれるということである。Ｃ３、Ｃ４のときもそうであったが、学長や学部長になれるのが、給与の高い低いにかかわらず、平準化していく傾向にあるのが現代の風潮である。ちなみに、これで同じ学長と言いながら、教授でない学長（Präsident）と教授である学長（Rektor）との違いは明らかになったであろう。

上にも述べたように給与とヒエラルキー（階層）とは、密接に関係している。当然の事ながら、ヒエラルキーが高ければ、給与も高くなるのは世の常である。

二〇〇八年の月額の給与を示したのが、**表3**である。これはユーロ（ドイツ人やオーストリア人はオイロと言う）で示した基本給（月額）であって、このほかキリスト教の国らしく、「クリスマス一時金」（Weihnachtsgeld）が支給される。

これで分かるように、W3で七、〇〇〇ユーロを超えているのはヘッセンだけである。一番W3の給与が低いのは、ザクセンの五、八五六ユーロ、ついでブランデンブルクの五、八六五ユーロというように、旧東ドイツの州が占めている。

さらに、どの州にどれくらいの人数が、どのレベルの給与をもらっているかを示したのが次の表である（表3参照）。

W給与制が導入されても、大学講師や上級助手・上級技師などの職がなくなったわけではないので、推測であるが、W1の給与に位置づけられて、任期も六年とか四年とかに限定されているのだろう。また、学術的高等教育機関ではない高等教育機関の教授たち（総合大学 Universität ではない芸術大学、学術大学、教育大学、総合制大学の教授）も、C2がW1に移行したとすれば、W1の給与を受けていると考えられる。

結　語

「大学大綱法」が廃止され、ジュニアプロフェッサー制が導入されたドイツの大学は、他のヨーロッパ諸国の大学と同じくボローニャ・プロセス（Bologna-Prozess）に従って大学改革をしている最中なので、まだまだ動くであろう。これまで「教授資格」やヒエラルキー・給与などを見てきたが、それらが今後どう変わっていくか、わが国の大学の動きと対比する意味でも、継続して追跡調査をする必要が確実にあろう。

表２　ドイツ各州のＷ　給与（2008 年月額　単位：ユーロ）

州　　　名	W3	W2	W1	平均
シュレスヴィヒ・ホルシュタイン	6,378	4,749	3,717	5,088
ハンブルク	6,292	4,912	3,722	5,193
ニーダーザクセン	6,533	5,084	3,786	5,422
ブレーメン	6,387	4,854	3,795	5,247
ノルトライン・ウエストファレン	6,481	4,734	3,631	5,404
ヘッセン	7,031	5,386	3,,901	5,874
ラインラント・プファルツ	6,443	4,948	3,895	5,248
バーデン・ヴュルテンベルク	6,357	4,917	3,724	5,649
バイエルン	6,891	5,210	3,635	5,684
ザールランド	6,132	4,869	—	5,235
ベルリン	6,609	4,645	3,600	5,072
ブランデンブルク	5,865	4,454	3,576	4,842
メークレンブルク・ヴォアポンメルン	6,006	4,452	3,450	4,938
ザクセン	5,856	4,371	3,516	5,006
ザクセン・アンハルト	6,729	4,693	3,479	5,301
テューリンゲン	6,155	4,679	3,472	5,163
平　　　均	6,498	4,957	3,700	5,438

ドイツのHPより

表３　Ｗ　給与グループと人数（単位：ユーロ）

州　　　名	W3	W2	W1	総計
シュレスヴィヒ・ホルシュタイン	73	124	38	235
ハンブルク	100	156	45	301
ニーダーザクセン	369	553	136	1.058
ブレーメン	70	118	23	211
ノルトライン・ウエストファレン	508	518	113	1.139
ヘッセン	260	387	57	704
ラインラント・プファルツ	127	199	68	394
バーデン・ヴュルテンベルク	667	487	60	1.214
バイエルン	357	778	30	1.165
ザールランド	11	27	ー	38
ベルリン	163	228	104	495
ブランデンブルク	48	58	21	127
メークレンブルク・フォアポンメルン	46	43	19	108
ザクセン	139	153	14	306
ザクセン・アンハルト	57	71	21	149
テューリンゲン	87	70	31	188
総　　　計	3,082	3,970	780	7,0832

ドイツのHPより

終　章

以上序章、第一部四章、第二部五章、第三部四章、合計一四章にわたってドイツの近代大学から現代大学への移りゆきを考察してきた。最後に終章として近代大学から現代大学に及ぶドイツ大学の特徴というべきものを挙げて本書を閉じることにしよう。

(1)　ドイツの大学は歴史的に構造的二重性をもっている。一三四八年にプラハ大学が「上から」創設されて以来、ヤスパースが言っているように、ドイツの大学は「国家を向いた顔」と「国家から自由な顔」の統一体として運営されてきたが、時々その統一が崩れることがある。一九世紀後半の私講師問題はその典型である。

(2)　ドイツの大学は「正教授支配の大学」（Ordinarienuniversität）と言われたが、古典的大学の終焉（一九六八年ごろ）を境にして、「集団運営の大学」（Gruppenuniversität）に性格転換した。「正教授支配の大学」とは、階層制のトップに位置する正教授が、学長、評議員、学部長などに選出される権利を独占し、また学位授与権や私講師選任権、大学教授資格授与権など、大学の根幹にかかわる重要事項を、他の教師層を排除して、持っている大学のことをいう。「集団運営の大学」とは、正教授支配の大学にたいして、あらゆる大学の意思決定にあらゆる大学を構成する階層が参画しうる大学をいう。だから、現在の日本の大学の呼称でいえば、学生でも准教授でも事務職員でも学長や学部長に選ばれうるわけである。現に私が滞在していたとき（一九八二～一九八三）のミュンヘン大学の学長は、准教授に当たる人であった。

このように、ドイツの大学は、「正教授支配の大学」から「大学大綱法」を境にして、「集団運営の大学」へと変容してきた。この流れは今後も続くであろう。

(3)　ドイツの大学にかぎらずヨーロッパの大学は、一九世紀の前半まで、神・法・医・哲（教養）の四学部体制で構成されてきたが、一九世紀から学部の多様化時代に入り、とりわけ理科系の学問と文科系の学問を統合してきた哲（教養）は二〇世紀に入ると、ほとんど全ての大学が、理科系の学問だけからなる自然科学部（理学部）と文科系の学問だけから成る哲学部（文学部）に分裂する。テュービンゲンの例は第二部第五章で挙げたので、同じく一九世紀の終わり（一八九〇）に分裂したハイデルベルク大学の理科系学部の学問領域だけを挙げておこう。

理科系学部の学問領域は、①数学、②物理学、③植物学、④農学、⑤鉱物学・地質学・古生物学、⑥化学（薬理化学、分析化学）、⑦天文学の七つであった。

(4)　大学教授資格試験（Habilitation, ハビリタツィオン）は、一八世紀の末には完成し、一八一六年のベルリン大学の学則で明文化され、私講師制度とともに全ドイツ大学へと普及していった。私講師とハビリタツィオンは、裏腹の関係にあり、ドイツの大学を特徴づける指標として認識されている。競争原理の導入が一九世紀のドイツの大学に定着したのである。

日本の大学のモデルはドイツの大学と言われているが、私講師とハビリタツィオンは、最初から導入されていない。なぜハビリタツィオンと私講師は導入されなかったのかは、明確な理由は解明されていない。導入期のことを研究している東京大学名誉教授の寺﨑昌男先生に聴いてみてもよく分からないということであった。不明なことは不明としておくほかはない。

現代では、ハビリタツィオンはあまりにも時間がかかりすぎるので、ジュニアプロフェッサー（Juniorprofessor）なっても「大学教授資格」をとることができる。要求される条件を再び繰り返しておくと、①学教育を終了していること、②教育学（教授学）的な適性をもっていること、③学術的仕事や芸術的仕事において特別の能力があること、この三つであった。任期は六年であるが、三年目には学部から評価される。合格した者だけが教授資格を得ることができる。

(5)　工業、商業、鉱山、教員など「パンのための学問」（Brotwissenschaft）は総合大学には入れないで、単科の学校（歴史的には厳密な意味での大学ではなかった）を別に作るのがドイツのやり方であった。すなわち「パンのための学問を専門とする学校」と「学問それ自体を研究する総合大学」とを区別する考え方であって、現在でも工業大学・商業大学・農業大学・鉱山大学などは総合大学（Universitat）に入っていない。これはドイツ人のもっている教養（Bildung）という概念と深く関係しているのではないかと個人的には考えている。当初工業大学は工業高等専門学校（テヒニッシェ・ホッホシューレ）と称し、二〇世紀に至るまでは学位授与権も大学教授資格授与権ももっていなかった。現在では学術的大学として大学の仲間入りをし、学位授与権も大学教授資格試験授与権も持っている。この間の事情は本文で明らかにしておいた。

(6)　パウルゼンによれば、大学はイギリス型、フランス型、ドイツ型とあるそうだが、ドイツの大学は学部から成り立っている（Pausen, Friedrich: *Die deutschen Universitäten und das Universitätsstdium*, 1902, Nachdruck 1966）。カレッジ制をとるイギリスの大学とは大きく違っている。中世ではカレッジやコレギウムは、もともと学生の生活の場であったが、学部が強くなってくると、ドイツの大学のように学部制になり、カレッジ（寮舎）に重きを置いた教育が優勢になってくると、イギリスのようにカレッジ制になる。なぜドイツは学部型になり、イギリスはカレッジ型になったのかという問題は、決定的なことは厳密な実証的な論証によらなければならないが、島田雄次郎はカーティスを援用して、次のように理由づけをしている（島田雄次郎『ヨーロッパ大学史研究』未来社　一九六七年　一五三〜一五四頁）。イギリスの大学は、教養課程（アーツ＝コース）の比重の大きさ、学寮生、個人指導教師制（チュートリアル・システム）を特徴とするが、イギリスの大学では教養課程が人文主義の影響もあって教養教育自体が目的となり、自立の傾向を示してきたこと、イギリスの大学では、元来専門諸学部が明確な組織を形成しなかった（学部長の選出もない）という中世以来の特色があったこと、一六世紀には大学はアンダーグラジュエートの教育施設になっていたことを挙げている。

また、ラシュドールは次のように言っている（ラシュドール　横尾壮英訳『大学の起源』下　東洋館出版社　一九六八年　一一九〜一二〇頁）。イギリスの早くから大学では学部組織が欠如していた。その理由の一つは、大学の基金が十分でなく、カレッジには基金があったから、大学が大学として教育を与えることができなくなり、いきおい教育はカレッジに集中することになったこと、法学部は、英国法の非ローマ的・非科学的性格が、医学部にあっては、オックスフォードやケンブリッジという大学都市が比較的小さかったことが原因となった。さらに、現職教師の大半が教養学部に属しており、学位に対する統制力を持っていたことなどの理由を挙げている。

現代ではアメリカ型も考えなければならないであろう。

(7) ボローニャ・プロセスに従って、特に教育の面では、ＥＵ（欧州連合）の各国に合うように、改変を続けている。学修課程の構造化、単位制の導入、学位制度の国際化などは、その最たるものである。それは、伝統を無視して実行するのではなく、伝統を生かしながら、木の竹を接いだようにならないように諸々のことに配慮しながら、実行しているのである。ドイツの大学人は強制ということを極端に嫌う。だから、少しずつ実行していかなければならない。時間がかかる。

付論　歴史に学ぶ

【解 題】

付論の「歴史に学ぶ」は、筆者が『教育史学会55回大会』と『教育史学会57回大会』の問題提起者や指定討論者に選ばれた機会に発言した内容である。ここに掲載した理由は、筆者の考え方が凝縮されていると判断したからに他ならない。学問について言えば、文科系の学問は過去に起こった出来事を考察の素材とするばあいが多い。後に続く人々に大学（史）の出来事をしっかりと学んで欲しいという願いを込めている。

『第55回大会』のシンポジウムのテーマは「教育史研究における大学史研究の位置」であった。趣旨説明を駒込武会員（京都大学）が、そして寺﨑昌男会員（東京大学名誉教授・立教学院本部調査役）、西山伸会員（京都大学）そして別府昭郎（明治大学）の三人がシンポジストとして問題提起を行った。Ⅰ「ドイツ大学史と教育史」は筆者の発言内容をベースにして、その後に行われたシンポジウムの討論内容を踏まえて書いている。『日本の教育史学』第五五集に掲載された。反論はなかった。Ⅱ「教育史学会福岡大会シンポジウムにおける意見」は、『日本の教育史学』第五七集に掲載された。シンポジウムのテーマは「大学の歴史を大学教育の視点から振り返る」であった。このテーマについては、フロアの寺﨑昌男臨時会員から「大学教育をどう解釈すればいいのか、テーマが焦点化できていないのではないか」という意見が出された事実を指摘しておくだけにとどめておく。趣旨説明を松本和寿会員（筑紫女学院大学）が行った。テーマの趣旨にしたがい、井ノ口淳三会員（追手門学院大学）、渡辺かよ子会員（愛知淑徳大学）、中村勝美会員（広島女学院大学）が問題提起を行った。三人の論をうけて湯川次義（早稲田大学）会員と筆者が討論の糸口となる議論を展開した。そのときの筆者の意見である。三人の主張した意見の主要部分は、筆者の議論をお読みいただければある程度想像いただけるだろう。

Ⅰ 「ドイツ大学史と教育史」

「教育史学会」のシンポジウムにおける議論は、筆者の大学史認識に大きく資するのもあったが、あきらかに間違っていると判断できる議論もあった。報告者三人にかんして言えば、かなり禁欲的に発言していると感じた。大学史・教育史の研究者として、当然のことと思う。今回のシンポジウムのテーマは、「教育史研究における大学史研究の位置」であった。このテーマを絶対に踏み外さないように心がけ、以下二つの原則を念頭に置いて、報告を構成した。

①　一知半解の知識を振りまわして、間違ったことを言わないこと。論を立てるに当たって遵守すべき最低限の学問的倫理は、ウソ・デタラメを言わないことであるから。ウィトゲンシュタインの言葉を借りるまでもなく、「語りうること以外は何も語らぬこと」、「語りえぬものについては、沈黙せねばならない」のが、大学史や教育

史にかぎらず、研究者の最低限の学問的倫理だからである。

② われわれの認識に研究対象（歴史事実や現象）をあわせるのではなく、研究対象（歴史事実や現象）にわれわれの認識を合わせて、事実を認識し、概念を構成すること。歴史事実や現象が先に存在していて、それらをわれわれが認識して、概念を創作するからである。

以上の二点を念頭に置いて報告したが、筆者の報告の要点をいま一度繰り返して、シンポジウムで出た問題で、筆者にかかわる点に解答を与えておこう。

『教育史とドイツ大学史』と題した筆者の報告は、①教育史と大学史、②ドイツにおける個別大学史の編纂、③ドイツにおける大学史研究の担い手という三つの柱から成り立っていた。

（1）教育史と大学史

意図的か無意図的か分からないが、大学史は教育史の範疇に入っているのかいないのか、判定不能の状況が長い間続いてきた。教育史学者がよく引用するコメニュウスの『大教授学』は、学ぶ場として、幼年期の学校は母の膝、少年期の学校は初級学校あるいは国民母国語学校、若年期の学校はラテン語学校あるいはギムナジウム、青年期の学校は大学（Academia）および外国旅行〔訳語はすべて鈴木秀勇訳『大教授学』明治図書（一九六二年九月刊）によった〕を挙げている。コメニュウスは、大学教育を無視してはいない。

大学史が教育史の範疇に入ってこなかった理由は三つあるのではないかと思う。一つは教育学内部の理由で、他の一つは、大学の持っている特性に起因している。

一つは、大学を教育の場（トポス）と考える視点が弱かったのではないかということである。「現場」という言葉が象徴的である。「現場」というと、初等学校・中等学校の教育現場を通常意味している。こうなった理由は、教育が行われている場を全体的に考える習慣が定着しなかったことにあるのではないか。コメニュウスは、幼年期から青年期まで、人間が学ぶ場を総体的に把握しているにもかかわらず、そういう考えが伝統化されなかったのではないか。これが筆者の仮説の一つである。

もう一つの理由は、第一の理由と密接に関連している。師範学校では、初等学校・中等学校の教育方法、板書の仕方、動機づけの仕方などの研究を蓄積してきた。その蓄積は相当なものがあり、それは高く評価しなければならないと思うが、大学のことは師範学校では考えないという伝統は、師範学校のモデルの一つになったＰＨ（Padagogische Hochschule）でもあった。このように、師範学校では、大学および大学史のことを考えないことが伝統化し、この伝統が教育学者に引き継がれてきたと思う。

第三番目の理由は、学校とは異なり大学の構造が非常に複雑で、その上自治権を持っているので、教育学的手法では研究がしにくいということがあると思う。たしかに一八世紀までのドイツの大学は神学部、法学部、医学部、哲学部から成り立っており、それぞれ学部の学問のデシプリンがあるので、単独の教育学者の手に負えないという事実がある。こうした三つの理由から、教育学者は、これまで大学研究に手を染めてこなかったと言えるのではないかと思う。

教育思想研究中心の雰囲気のなかで大学史の研究をあえてするということは、勇気のいることであった。修士課程二年のとき「大学史研究会」が、横尾壮英、中山茂、皆川卓三、寺﨑昌男の四先生の肝いりで創設されたことは、筆者にとっては、精神的に大きなできごとであった。

その「大学史研究会」のなかでどういうように自己の存在理由を定めるかが大きな問題となってきた。大学全般を研究することは難しいことであったので、ドイツの大学で教授された学問領域（各学問のデシプリンの次元まではいらない）、哲学部の分裂、給与、学位、大学教師のヒエラルキー、学部の任務、大学教授資格、大学と国家との関係、各学部間の関係などは筆者の持っている範疇や勉強して得うる範疇で何とかなると思い定めることができた。実証できることははっきり言うが、実証できないことは言わないという態度で、これまでもやってきたし、これからもやってゆこうと考えている。

（2） ドイツにおける個別大学史の編纂

ドイツ人は、他の諸国民に比して、個別大学史が格段に好きである。実は、カウフマンやラシュドールの大学史にかんする古典的名著も、ドイツの部分は個別大学史を書くという歴史と伝統の流れの中で生まれたと言っても過言ではない。ドイツ（神聖ローマ帝国）で一番古い大学は一三四八年に創設されたチェコのプラハ大学であるが、プラハにも個別大学史が当然ある。

筆者が研究生活を送ったのはミュンヘン大学である。ミュンヘン大学は、一四七二年にインゴルシュタットに創設され、一八〇〇年にランズフートに移転し、一八二六年にミュンヘンに移ってサバイバルをしてきた特異な大学である。約一四〇〇年前の創立四〇〇年祭を記念してC.von Prant, "*Geschichte der Ludwig-Maxmilians-Universitäť*"（1872）という二巻本を出版している。この本の構成は、ザックリ言うと、時代ごとの「大学全体の歴史」と「学部の歴史」

（学則、教授の名前、担当学問、給与など）である。いうなれば、制度的な歴史が中心となっている。ところが一〇〇年後の五〇〇年祭に出た記念出版を見てみると、法学とか、学位とか、教育方法とかというように、問題史になっている。同じ傾向は、六〇〇年祭を祝ったハイデルベルク大学でも見られる。

私事になるが、一昨年（二〇〇九）エアフルトに六ヶ月滞在した。その間にライプツィヒ大学六〇〇年祭があった。記念して"*Beiträge zur Leipziger Universität- und Wissenschaftsgeschite*"（BLUWiG）が出版され、大学史にかかわる「大学史・科学史協会」の研究会が開催された。

ベルリン大学は一八一〇年に創設された。昨年（二〇一〇）に創設二〇〇年祭を祝い、"*Geschichte der Universität Unter den Linden 1810-2010*"が出版された。その一部は京都大学の山名淳氏らの努力によって翻訳されている。ライプツィヒ大学史もベルリン大学史も、問題史の系譜に属する研究と言えよう。

さらに、個別大学の編纂や歴史認識について、二つのことを付言しておきたいと思う。一つは、各大学が創立記念誌を出版できるのは、文書館（Archiv）が充実しているからにほかならないという事実である。ドイツの大学文書館については、「ドイツにおける大学文書館」（慶應義塾福沢研究センター編『近代日本研究』23　二〇〇六年）と題して発表した。

もう一つは、よく無造作に使われている「近代大学」という概念・言葉が厳密な概念規定されないで使用されている。

たしかに、パウルゼンは「ハレ大学は本来的意味で初めての近代大学である」と言っているが、厳密に言うと、筆者は「近代大学」というばあい、以下一四の指標があると思う。大学の在り方にかかわる指標として、①大学の国家の機関化、②正教授支配の大学（Ordinarienuniversiät）、③法学部や哲学部の学内的地位の向上、④大学教師の世俗化と家族大学、⑤新しい哲学や新しい学問の教授、⑥大学の教育目標の変化、⑦教授用語の変化、⑧大学教授になる者の精選＝競争原理の導入（Habilitation）、⑨研究の大規模経営、⑩大学を学問的考察の対象とした著作の出現、⑪付属研究所の設置、大学の外にあるが大学に密接にかんしている指標として⑫アカデミーの創設、⑬読書会の成立、⑭百科事典の出版、以上一四の歴史現象が一八世紀には発生している、とくに①から⑧までの指標は「近代大学」を測定する重要なメルクマールになると思う。

筆者個人が勤務している明治大学の沿革誌編纂については、特別な思い入れがある。なぜ特別かと言うと、大学自体が長い歴史を持ち、そこで多くの学生、教育学を専攻する教師はいうにおよばず他の学問を専攻する教師たちと出会い、授業を担当し、給与を受け、自己形成しているからである。研究仲間である早島瑛氏は、「大学史研究会」の不定期的会員誌「大学史研究通信」（New Series No.11, May 1996）に、「大学史の研究と大学史の編纂」と題して、「研究対象がドイツの中世であれ、フランスの近世であれ、あるいは、アメリカの現代であれ、最も身近な大学の歴史、つまり、おのれの職場の大学史の現状に無関心ではいられないはずである。自分の職場の歴史を知らないものが、外国の大学の歴史に手を出してよいものであろうか。大学史研究会の会員は、歴史研究に関心をもつ限り、主たる研究分野とは別に、第二の研究分野として自己の職場の歴史に関心をもち、その研究においても、ゆきとどいた史料批判に立脚する研究成果を提示する必要があると考えられる」と主張している。筆者も全く同感である。と言うのは、次の理由からである。

①「君はだれだ、ここは何処だ、今はいつだ」という「見当識」に従って言うと、明治大学史編纂の作業は自分の位置を「思想軸、時間軸、大学の組織軸においてにおいて確認する」作業であるという認識をもってい

る。

② 大学という高等教育機関は、それぞれの国柄に規定された国民的特性をもっている一方、世界的にみれば、ほぼ同様の組織構造をしている（『大学再考』を参照）。したがって、外国の大学史を研究し、学部構成、意思決定システム、学問領域の構成、予算、教授人事の仕方などを知れば、それが自分の職場の大学を考えるときのアスペクトとなりうるからである。

③ 大学教師の端くれとして、一方では大学をどう歴史的に理解するか、他方では現在日本の大学をいかに認識するかという問題を考えざるを得ない状況に置かれている。実は、この二つの問題は根底において結び合い、相互に規定し合っている。このことは、現代日本の大学の現実を歴史的に理解するためには、時系列的に考えねばならないということと同時代的な思考との双方が不可欠であることを意味している。時系列という縦糸と同時性という横糸との接点で大学を把握しようとする努力が、歴史認識にはどうしても欠かすことができないと思う。

④ 個別大学史は、できるだけ多くの史料を収集し、分析し、評価し、それらに立脚して客観的に書かれなければならない。これは、歴史学の常識であろう。個別大学史も、歴史叙述であるかぎり、史料批判と客観性を免れることはできない。

このような理由から、早島氏の意見に賛成する。

（3）ドイツにおける大学史研究の担い手

ドイツにおける大学史研究の担い手は、大部分が教育学者ではなく歴史学者である。教育学者はごく少数と言わなければならない。日本では、歴史学者（日本史家も西洋史家も含む）、科学史家、法学者、教育学者、社会学者、宗教学者などが大学史や大学に興味をもち、業績を挙げてきた。現代ドイツで一番生産的で、注目すべき業績を挙げているのは、「大学史・科学史協会」と訳される"Gesellschaft für Universitats-Wissenschaftsgeschite"である。GUWと略される。その成員は、ほとんどが歴史学者である。その「大学史・科学史協会」は、大学をどのように把握しようとしているかというと、大学と教育と科学の三者を、歴史的に幾重にも組み合わされてきた社会的、文化的システムとして考察しようとしている。「大学史・科学史協会」は、《教育史》と《科学史》の間にある大学を歴史的に考察しようという研究の方向性をとっている。それは、歴史の統一を目指して努力をしていると同時に、とりわけ、前近代および近代社会において大学、教育、科学を前面に呼び出してきた《静かな》変容を理解できるように提示しようとしている。

テノルトさんと一緒に"*Geschichte der Universität Unter den Linden 1810-2010*"を編集している歴史学者のブルッフ(Rudiger vom Bruch)氏もこの協会の一員である。

GUWではどういうテーマが議論されているのか。二〇〇九年に筆者が参加したライプツィヒ大会の統一テーマは「教授の獲得。中部ヨーロッパの大学における招聘制度の歴史によせて」(Prfessorinnen und Prfessoren gewinnen Zur Geschichte des Berufungswesens an den Universitäten Mitteleuropas)であった。

筆者個人の話になるが、筆者が研究生活を送ったミュンヘン大学の講座（Lehrstun）は"Bildungs-und

Universitätsgeschite”であり、講座保持者はやはり歴史学者であった。だから、ドイツでは筆者は歴史学者（Historiker）と思われていた。

結論的に言えば、ドイツでは大学史の研究者は歴史学者であり、歴史学者が「歴史の統一」を目指して、教育史・大学史・科学史を担っていると言っても誤りではなかろう。

最後に、教育史と大学史との関係にかんする筆者の考えを披瀝しておきたい。筆者は、大学史は教育史の一領域であってもよいと考えている。ただし二つの留保条件を付けておくべきだと考えている。大学史が教育史の一領域だとは言っても、研究を大学における教育現象だけに限定するのではなく、大学のこと全般の歴史を研究するのだ、ということである。二つ目は、ごく当たり前のことであるが、教育学以外の研究者が大学史の研究に参入することを妨げないということである。この二つの条件を付けて教育史のなかに大学史を位置づけてよいと思う。

（4）シンポジウムの感想

以上は「教育史とドイツ大学史」と題した筆者の報告である。そのあと、指定討論者の討論があり、いくつか問題にすべき議論があったが、ここでは、筆者にかかわることだけに限定したい。児玉会員は概念の厳密性を強調された。筆者も教育史や大学史の歴史事象に概念を厳密に適用することには大賛成である。しかし、概念の厳密性を強調される割には、『東京大学百年史』（全一〇巻）における寺﨑会員の位置づけと『ベルリン大学史』“*Geschichte der Universität Unter den Linden 1810-2010*”（全六巻）におけるテノルト（Heinz-Elmar Tenorth）氏の位置づけが事実と全く違っていたことをどうしても指摘しておかなければならない。「教育史学会」において間違った認識が受け継がれてはいけないと思う。

『東京大学百年史』にかんして言えば、大学史編纂委員会でいろいろな学部の方々が共同して作成されたものであるから、決して一人の人が作ったのではない。寺崎会員以外の編纂委員会の方々も力を尽くした事実を忘れてはなるまい。

『ベルリン大学史』にかんして、児玉氏は「テノルト氏は一人で『ベルリン大学史』の一つの巻を書いて、教育学者としての大学史叙述の在り方を示された」旨の発言をされたが、これも事実認識が完全に間違っている。テノルト氏は一人で『ベルリン大学史』の一つの巻を書いたのではない。事実を言えば、『ベルリン大学史』*Geschichte der Universitat Unter den Linden 1810-2010* は、全六巻から成っている。テノルト氏は第四巻から第六巻まで編集しており、それも Volker Hess 氏および Dieter Hoffmann 氏の協働（Mitarbeit）である。決して一人で一巻を書き上げたわけではなく、浩瀚な各巻のほんの一部を執筆しているにすぎない。「教育学者による従来の年史を超える優れた大学史」（児玉会員）と断定するは、事実と判断との乖離がありすぎる。「教育史学会会報」№．１１０によると、こうした誤まれる歴史認識の影響は会員にも早速顕れている。こういう事実を考えにいれると、教育史学会員の歴史認識の質にかかわる重大問題と言わざるを得ない。

さらに、筆者に係わることで気になったのは、コメニュウス（井ノ口訳ではコメニウス）の『大教授学』（鈴木秀雄訳　明治図書　一九六二年九月刊）から引用した鈴木氏が Akademie を「大学」と訳している部分を問題にされた。この点については二つのことを、概念の厳密性をことさらに強調される児玉氏に、言っておきたい。これも会員の教育史的認識にかかわるからである。

第一に、筆者が「古い訳」に依拠していると言われたが、氏は「新しい訳」があることを知って言われているのだろうか。おそらく「新しい訳」はないという実態を知らないで言われているのだろう。鈴木訳以降のコメニュウス著『大教授学』の「新しい訳」は事実として存在しないからである。

第二に、コメニュウス（1592-1670）の生きた時代にはまだドイツ（ボヘミアを含む神聖ローマ帝国）には近代的なAkademieは創設されておらず、コメニュウスの言うAkademieを、前後の文脈から推して、大学と訳しても何の問題もない。その証拠にヴィッテンベルク大学の年代記では"Annales Academiae Vitembergensis 1775"というように、Akademieをはっきりと「大学」の意味に使っている。また、今日でも、「大学の自由」を"akademische Freiheit"と言い、「大学卒業者」をアカデミカー（Akademiker）と言っている事実があるからにほかならない。

筆者が明治大学史編纂の実務体験から、「天の声があることもある」という問題を提示したが、「それは歴史叙述以前の問題」（児玉会員）と言われたのも気になった。そういう声のあるのは「歴史叙述以前の問題」どころか「個別大学史研究そのものの問題」なのである。これも史料批判・史料選択の問題にはいるのである。個別大学史を編纂した実務経験から言えば、それは簡単に「歴史叙述以前の問題」と片づけられない問題を含んでいると思う。そういう声のある状況のなかで、後の歴史学的批判に耐えうるような歴史叙述を求めて呻吟しているのである。

ただ今回は、「教育史における大学史の位置」と題して、「大学史」をなんとか「教育史」に位置づけようとする教育史学会の努力があったことは高く評価していいだろう。と言うのは、「大学史研究」は、日本の場合、教育史学会会員の多くの人々によって担われており、かつ散発的にではあるが、『教育史学会』でも「大学史」にかかわる発表が行われてきたからである。

Ⅱ　「教育史学会福岡大会シンポジウムにおける意見」

ご三方の報告に即しまして、指定討論者としての見解を述べます。しかし、「評論とは他人をダシにして自分を語ることだ」という趣旨のことを小林秀雄が言っていますように、結局、大学教育についての私の見解を述べることになるとご承知おき願います。

（1）「大学とは何か」という問題を歴史的に考える

まず、報告者の一人から出されました「大学とは何か」いう問いに対して歴史的な回答をしておこうと思います。「大学は、歴史的には、中世ヨーロッパのキリスト教世界に発生し、当初は裁判権をはじめとする様々な自治権を持っていたが、近代国民国家が形成されるに従って、それらの権利を次第に失っていき、現在では、学長や学部長などのヘッドを選ぶ権利、カリキュラム編成権、後継者決定権、学位授与権などの少数の権利をもつに過ぎなくなってきた」と定義してもいいと思います。私はここでは歴史認識の話をしているのであって、個別の大学の話をしているのではありませんし、価値判断の話をしているのでもありません。ですが、どのような大学でも、学士・修士（ディプローム）・博士などの学位授与権だけはもっています。学位授与権を持っていなければ、大学とは呼べません。もっとも、現在では「学位授与機構」という政府の機関がありますが、学校教育法第一条で規定された大学（大学校ではない）出身者には出せない構造になっています。

大学とは何かという問いにはこう答えておきます。

（2）大学を構成する人的要素と学問

さらに、大学教育を歴史的に考えるにさいして、どうしても無視できないのは、大学を構成する要素、すなわち、教師、学生、学問の三つであります。

①　教師

ベルリン大学創設（一八一〇）時のフンボルトとフィヒテについて、大学教育に限定してお話します。フンボルトは、「学問を学問として追求する」ことが必要で、しかも、研究と教育は結合されなければならないと言っています（Verbindung von Forschung und Lehre）。しかも、学問は、研究においても教育においても「孤独と自由」(Einsamkeit und Freiheit) のなかで行われなければならないと考えています（「ベルリン高等学問施設の内的及び外的組織について」(Über die innere und äußere Organisation der höeren wissenschaftlichen Anstalten in Berlin)。これは、von Humboldt, Wilhelm, Werke, 1982 年に収められている。また、この論文の翻訳は、梅根　悟・勝田守一監修　梅根　悟訳『大学の理念と構想』　明治図書　一九七〇年に、フィヒテの「ベルリンに創設予定の、科学アカデミーと密接に結びついた、高等教授施設の演繹的プラン」、シュテフェンス「大学の理念についての講義」とともに収録されている。

フィヒテは、「大学教師の本質は学問の技法家そのものを養成する技法にある」とか「書物に書いてあることは口では教えない」などと私には耳の痛いことを主張しています。（『ベルリンに創設予定の、科学アカデミーと密接に結びついた、高等教授施設の演繹的プラン』）

ただ現代日本の大学教師も学生も大衆化した大学において、フンボルトやフィヒテの考えが通用するかは疑問の余地がありますが、私たちを高めるのに参考になるところがあるのではないでしょうか。

現代の大学教師の資格ということですが、ドイツの「大学大綱法」（ＨＲＧ）は、四つ挙げております。①大学での学修を終了していること、②教育上の適性をもっていること、③ドクトル学位論文によって示される特に優れた学術的能力または芸術的能力を持っていること、④職務の遂行に不可欠な学術的あるいは芸術的業績を有するか（学術的業績は大学教授資格試験・あるいはジュニアプロフェッサーを六年勤めることによって証明される）、職業実践により、学術的知識・方法・応用・開発に貢献した業績を有すること、以上四点が挙げられております。

大学教師を選ぶばあい、広い意味で研究や教育になにがしかの取り柄のある人を採用しているのですから、大学教師はアカデミック・マインドの持ち主だと言っていいでしょう。ただアカデミック・マインドだけでは現代の日本の大学においては不十分で、中村会員が引用しているマーチン・トロウの概念で言えば、日本の大学は、ユニヴァーサル段階にある大学教師の力量形成（Faculty Development, いわゆるＦＤ）が叫ばれています。エリート教育の権化のように言われるドイツの大学でさえも一九二〇年代に「大学教育学協会」（Gesellschaft fuer Hochschulpaedagogik）を創設し、大学教育の改善に取り組んでいます。大学数、学生数、教師数が多くなっている現在でも「大学教授学センター」あるいはその後継組織で「大学教授学」（Hochschuldidaktik）の研究をおこなっています。

② **学生**

ある学生は、「同じ学問でも、キャンパスによって、内容・程度の差がありすぎる気がする。特に旧来の一般教養科目と専門科目との内容・程度差はひどいと感ずることがある。教授間で講義内容や進度等に一定のコンセンサスないし、コミュニケーションをとるシステムはあるのでしょうか。また、学生自身が考え学生自身が学ばんとしている大学で、大学教師としての本来の役目を意識していただけたら嬉しい」と書いております。

私たち大学教師は、新入生が大学に入ってきますと、みな学問的野心に燃えていると錯覚しやすいところがあると思いますが、実は人間には精神の型があって、学生全てが大学に学問しにやってきているのではないと考えていいでしょう（参照：「十字路に立つ大学」『林達夫評論集』所収　岩波文庫　一九八二年）。この事実をしっかりと頭に入れておく必要があるでしょう。

ともあれ私たち大学教師は、「みんな勉強が好きで大学にきている」と錯覚し易い傾向を持っています。大学教師は、「成績がいい、悪い」、「授業に出ている、出ていない」、「よく質問をする、しない」、「よく勉強する、しない」といったことに重きを置き、評価することを好みますが、大部分の学生にとっては、大学とは単位をとって卒業する場所に過ぎません。学生には、男女をとはず、精神の型があり、専門も教養も、どうでもいいと思っている学生が存在するのも事実です。学生には、学生のドロドロしたアンダーグラウンドの世界があることを認めざるをえません。

③　学問

「大学とは、学問の組織体である」という人もいるくらいですが、現代の学問は、「学問と人間性は一応別もの」というペシミズムに支えられております。学問ができるからと言って、いい人間とは限りません。ですから、学生は、何のために学問をするのだろうか、如何に生きるべきか、何をなすべきか、そのような価値内容にかんすることは、自己の責任において、自分で考え、決定しなければならないわけです。したがって、大学教師が教えうるのは、まずは対象の限定の仕方、対象の処理の仕方（方法）、得られた知見というように、価値判断を伴わない客観的な性格をもつ事実のみでありまして、それらを自分はどう価値判断しているかは示すことはできても、教え込むことはできません。その結果として、学生たちは、自分の考え・思想・価値観を独力で形成していかなければなりません。

（3）大学教育の結果、学生が身につけるもの

大学教育における方法の問題には少しお触れになりました。方法の問題は大切ですが、その問題をスキップして、教育の成果として学生が身につけるものに話を移したいと思います。学生が身につけるものは、専門の知識や技能、応用力、教養などが考えられますが、応用力も広い意味では教養の範疇に入るという意見もあります。森鴎外の『歴史其儘と歴史離れ』をもじって言いますと、「専門そのままと専門離れ」ということになるでしょう。専門の知識や技能は「専門そのまま」ということになるでしょう。教養は「専門離れ」の範疇にはいると思います。

産業革命以降、専門教育の内容も教養の概念も大きく変わってきたと思います。特に教養概念は、古典的な教養観から自然科学をも視野にいれた教養観へと、変わってきたと考えられます（参照：廣川洋一『ギリシャ人の教育』岩波新書　一九九〇年）。

教養教育の重要性を強調したアラン・ブルームは、「一般教養教育が存在するためには、そうした問題（教養とは何かという問い）をたえず真剣に問いかけさえすればよい。というのも、一般教養教育は、答えのなかよりもむしろ、終わることのない対話のなかにあるからだ。」（菅野盾樹訳『アメリカン・マインドの終焉』みすず書房　一九八八年四二一頁）と言っています。

結論的に言いますと、教養だけが真空のなかにプカプカ浮いているのではなく、専門あっての教養ではないでしょうか。専門学問がなければ、教養もないような気がします。

(4) 現代大学における教育の自由

三者に共通してなかったのは、「大学教育の自由」という視点でした。「大学教育の自由」の問題を大学教育との関連で考えておく必要がどうしてもあると思います。「大学の自由」とか「大学の自治」とか言うものは、「教育の自由」の前提になっているものです。大学の自治・自由はもう死語になっているという意見がありますが、私はその意見は間違っていると考えています。大学の自治・自由がなければ、大学教育の自由がないからです。専門教育が大切とか教養教育が大切とかいうようなことは、大学教育の自由についてのイメージがあってのことでありまして、大学には「学習指導要領」に当たるものはありませんし、いかなる学問領域を教えるか、いかなる教育方法で教えるか、いかなる教育目標を設定するか、いかなる教材をいかなる順序・階梯で教えるか、そういったことは大学自身で決められます。経団連も経済同友会も文科省も教育界も、大学に「命令」することはできません。せいぜい「要請」あるいは「要望」することしかできません。現行日本国憲法第二三条には「学問の自由は、これを保障する」としかありませんが、大学の自治・自由という慣行(定着した慣行も一つの制度と考えていい)はそのコロラリーとして歴史的に形成されてきております。それを外部の組織も認めているのに、大学人の方から大学の自治・自由を捨て去る、考えることを放棄するということではなくて、積極的に考える・主張するということがあってもいいと思います。そういった意味で現代にマッチした「大学自治」の再生が必要だと思います。

(5) 三人の報告者に聞きたいこと

① 井ノ口会員

(1) 経済界や政界、教育界からは「大学教育」を巡る答申がいくつか出され、それを引用しておられますが、「大学は、経済界、政界、教育界の下請け機関」ではなく、「独自の存在理由」を持っていますから、〝大学から〟大学人は何が発信できるか、あるいは発信できないか、教えて欲しいと思います。

(2) コメニウスの教育学から、現代の大学教育にアドバイスするとすれば、どういうことが言えるのか、端的に教えていただきたいと思います。

② 渡辺会員

(1) 一般教育と教養教育との違いをどのように考えておられるか、教えていただければ、ありがたいと思います。

(2) 専門教育と一般教育との関係を「葛藤」とみるか学生一人びとりの中での「統合」と見るかは、価値判断の領域にはいりますが、「葛藤」は渡辺会員の研究の出発点となっている重要な概念と思いますので、「葛藤」と判断された根拠を教えていいただければありがたいと思います。

(3) 明治から大正にかけての阿部次郎は哲学という専門をもっていましたし、戦前に弾圧された河合栄治郎は経済学を専門にしておりましたから、専門学問がなければ、教養もないと私の考えを申しましたが、教養をカリキュラムに組むことは可能か不可能かを教えてください。カリキュラムを組めば、教養が専門になってしまうと思うのですが。

③　**中村会員**

(1)　伝統的な大学教育とは異なった、環境や国際などの新しいディシプリンやカリキュラムが伝統的学部や学問に将来取って代わることがあると思われるか否か、そう考えられる根拠とともに、教えていただきたいと思います。

(2)　ロンドン大学で市民のために研究教授された近代的学問の中身を教えてください。これは、伝統的大学と新規の大学とを分けるメルクマールになると思いますが。

(6)　私の意見のまとめ

これまで三人の報告者にたいして、私の意見も交えて、率直に述べて参りましたが、私の意見を今一度簡単にまとめておきますと、①大学はもともと特権を持つ団体であったこと、特に学位授与権は近代国民国家の成立後も今日に至るまで、持ち続けていること、②大学は、ルーツを探れば、教育機関として創設されたこと、③歴史的にみれば、大学教師には、研究能力もさることながら、教育能力が強く要求されたこと、④ドイツの大学でさえも大学教育を考える学問（Hochschuldidarik）があったこと、⑤教養だけを教えることは不可能に近く、専門を教授することによってはじめて教養が身に付くこと、⑥大学教育を考えるさいにも、教育の自由は無視することはできないこと、こういったことをお話しました。

以上で私のコメントを終わります。

あとがき

大学史の勉強をはじめたころから深い悩みがあった。それは、ドイツという遠い国の古い時代の大学の歴史と自分の現実存在（意識）がどうもしっくりこない、自分の心とドイツ大学史の出来事とが乖離しているという悩みである。その悩みは明治大学教職課程に就職してからも続いた。ドイツ大学史と自分の意識との乖離（溝）を埋めるために、悪戦苦闘した。どうして私はその問題を克服したのか。それは前著にも書いたように、丸山真男の著作『戦中と戦後の間』が大きな役割を果たしてくれた。著者にとっては非常に重要なことであるので、前著と重なるところがあることを覚悟して、詳しく述べておきたい。

忘れもしない、一九七七年二月二三日と二四日の『朝日新聞』夕刊の「文芸時評」の欄に加藤周一の丸山真男著『戦中と戦後の間』を非常に高く評価する記事が載っていた。その記事は今でも手元に持っている。そこには「確立した『個性』の軌跡―『戦中と戦後の間』文学的感動をよぶ」と題されていた。その記事を読んで、その著作を買って読んでみたいと思った（実際に買ったのは一九七七年五月一九日）。その著作の中に「溝」を埋めるヒントがあったのである。私はその本が手放せなくなった。とは言え、筆者は、丸山真男のゼミ生でもなく、授業を受けたこともない。ましてや、丸山真男が教えていた大学の学生でもなかった。しかし、授業の準備や大学史の勉強を始める前に必ずその本を手にした。学問観や思想信条に大いに共感したのである。野球をやる人がいつも練習の手始めにキャチボールをやるように。これにたいして、「単なる景気づけではないか」という反論があるかもも知れない。私は、「丸山真男であれば、豪勢な景気づけではないか」と反論したい。丸谷才一は「ちょっと気取って書け」（『文章読本』五一頁）と言っている。気取る儀式、ルーティンが丸山真男の『戦中と戦後の間』だったと言っていい。

こうして、私の丸山真男への私淑が始まった。考えてみると、謦咳に接していても、著作だけに接していても、基本的には「自分で理解した丸山真男の考え方」という性格を免れないのではないか。ただ謦咳に接していれば、疑問点を直接尋ねられる、人格的に接触できるという利点があることは否定できない。しかし著作だけに接していて、謦咳に接していなければダメだという考え方は、学問的におかしいと思う。そう考えなければ、プラトンやカント、ミルやトマス・ヒル・グリーンというように、時代も国も違う思想家を研究している人は、皆ダメということになる。日本の思想家・作家であっても、本居宣長、荻生徂徠、松尾芭蕉、夏目漱石、森鷗外などのように、時代が違えば著作や日記や断簡零墨しか残っていないのである。それらの研究者は皆ダメということになる。そんなことはあるまい。

ところで、どうしてその本が手放せなくなったのか。筆者にとってのヒントとは何であったのか。こうした問いに答える責任が筆者にはあろう。それらの疑問に答えるには、筆者の信仰告白にも似た私の胸臆を吐露しなければならない。恥をしのんで腹蔵なく述べてみよう。少しは人の役に立つかも知れないからである。

筆者にとってのヒントは、私なりに表現すれば、丸山真男の「歴史的事実とそれらを位置づける学問的態度」であった。彼自身の言葉で言えば、「自己の責任による素材の構成」（『自己内対話』みすず書房　一九九八年二月　二四九頁）になろう。丸山真男のものの考え方が、筆者の悩みに共鳴して、悩みを和らげてくれたのである。彼の認識の仕方が、私の実存と歴史的事実との距離を埋めてくれたのである。そういう意味で言えば、筆者も「丸山真男世代」（竹内洋『丸山真男とその時代』中央公論新社　二〇〇五年参照）と言えるかも知れない。

一九八〇年の夏休み大学史を描くための語彙と考え方・見方を自分のもの・我がものとしようと丸山真男の『戦中と戦後の間』（みすず書房　一九七六年）からのノートを作成した。そのノートを今でも持っている。そのノートによるとマックス・ヴェーバーの『支配の社会学Ⅰ、Ⅱ』（創文社　一九六〇―六二年）についても同じ作業を行っている。言うまでもなく、この作業は、専門家になるための仕事ではなく、あくまでも大学史を勉強するための基礎作業と位置づけていた。

ただし、断っておくが、筆者は、丸山真男の研究者でもなければ、丸山真男でメシを食っている者でもない。自分自身のために、自分の興味にしたがって、自分の心の安定のために、自分の研究のために、丸山真男を読んだのである。だから、「私にとってなにが大切か」という視点だけが問題なのである。

筆者の実存（こころ）と歴史的事実との間を埋めてくれた実例を『戦中と戦後の間』からいくつか挙げておこう。

①「しかし『一身独立して一国独立す』で、個人的自主性なき国家的自立は彼（福沢）には考へることすら出来なかつた。」、「それはあくまで、人格の内面的独立性を媒介としてのみ実現されねばならぬ。福沢は、国民にどこまでも、個人個人の自発的な決断を通して国家への道を歩ませたのである」（「福沢における秩序と人間」一四三～一四六頁）。

②「むろん何度も言う様に、そういふ誤解を発生させるモメントは多分にあったのだが、ヘーゲル国家哲学の

本質的な課題は、〝主体性の原理〟と〝実体的統一との綜合〟といわれる様に」、「〝主体性の原理〟すなはち個人の主体的自由は決して見失はれてはゐない」（「ラッセル『西洋哲学史』（近世）を読む」二五一～二六七頁）。

③「自らの立場をさらに深く掘りさげることによって自らそこに共通の鉱脈に突きあたることを期待するのは私の甘い夢だろうか」（「若き世代に寄す」二七二～二八〇頁）。

④「史的唯物論がドイツ古典哲学との内面格闘を通じて生長して行った過程を着実に学び取るということにあるのだ」（「愚感」三四九～三五二頁）。

⑤「繰り返しいう通りどんなばあいにも歴史的現実の主体としての人間を見失っちゃ駄目だ」（「歴史と伝記」五〇六頁）。

⑥「だから本当の歴史家というものは豊かな歴史的感覚と共に、歴史の意味を十分掘り下げうる能力を具えている人である」（「歴史と伝記」五〇七頁）。

⑦「その上思想史の叙述で大事なことは、さまざまの思想を内在的に捉えながらしかもそこに自ずから自己の立脚点が浸透していなければならない」（「自分勝手な類推」五二八頁）。

ほかにもあるが、これらの引用で強調されているのは、「個人的自主性」、「人格の内面的独立性」、「個人個人の自発的な決断」、「主体性の原理すなはち個人の主体的自由」、「自らの立場」、「内面格闘」、「歴史的主体としての人間」、「歴史的感覚」や「歴史の意味を十分掘り下げうる能力」である。これらは、すべて個人の内面にかかわる能力であることに気がついた。

さらに言えば、筆者にとって決定的な契機となったのは、『日本における自由意識の形成と特質』を読んで、「ああ、こういうように、外国の歴史的出来事でも自分の考えに織り込んでいいのだな」、「ああ、こういうふうに、外国で起こった歴史的出来事を自分の主体的価値観で解釈してもいいんだなぁ」ということを学んだことだった。まさに「自己の責任による素材の構成」を丸山真男自身やってみせているのを実感できた。

この考えを、筆者は主体性をもって受け容れたつもりである。主観的には「他者感覚」をもって、ある一定の「距離」を保って、学んだつもりである。いくら他者感覚で学んだといっても、ものの考え方や文体は大きな影響を受けたことは否めない。この教えは悩んでいる自分にとって特別な大きな意味をもった。それからは、ドイツ大学史の事実を自分の考えで位置づけて、論文を書いていった。ただし自分の価値観でドイツ大学史の事実を解釈するといっても、ただ単に自分の価値観を生の形で出すのではなく、やはり歴史的事実から作り出した概念と全体の規定づけが大本になっていなければならないと思った。あくまで学問の論理に則って大本の概念を作り出さなければならないと考えた。筆者の認識がすべての対象たる歴史的事実に従わなければならない、すなわち研究対象に私の認識を合わせて概念を作るが、しかし歴史叙述の次元においては研究者自身の観点・価値観がものを言うという考えに至った。そういう考えを持つことができたのは、三二歳前後だったと思う。

こういう考えに至ることによって、自分の大学史を見る眼は、ドイツ大学史の事実との筆者の内面格闘を通じて成長してきた。やっと自分に自信を持つことができるようになった。

自信をもって書くようになって、筆者が師とも主とも仰ぐ寺﨑昌男先生から「別府さん、このごろ書くものがちがうよ」と言われたことがあった。尊敬している先生もこのように評価していてくれると思うと、さらに内面的に自信が深くなった。

こういう経過があって、筆者はドイツ大学史を自信をもって書くことができるようになった。このように寺﨑先生と丸山真男の『戦中と戦後の間』が筆者に与えた学問的・思想的・人間的影響は強調してもし過ぎることはない。それから、丸山真男の著作・全集は言うに及ばず、丸山真男について書いたものもできるだけ集めることにした。中には、根拠を示さずに自分の想念だけを書き連ねた、読むに値しない酷いものもあったが、世間の人が丸山真男をどう理解しているか知ることができた。

現在の東京大学法学部では丸山真男の思想や学問を直接受け継ぐ者がいなくとも、彼の全思想（学問思想や政治思想だけではなく文章表現の仕方も含む）は全国的にいろいろな人を啓発し、多様な影響を与え続けていくのではなかろうか？

「付論」は、筆者が「教育史学会」の問題提起者や指定討論者に選ばれた機会に発言した内容である。『日本の教育史学』第五六集と第五八集に掲載された。反論も十分予想されるが、現在のところ反論や疑問の類はない。

最後になったが、本書の出版には東信堂社長の下田勝司氏の力に負うところが大きい。定年退職までには公刊しようと思っていたが、諸般の事情で出来なかった。しかしこういう形で出版出来たことを素直に喜びたいと思う。下田社長ありがとうございました。

二〇一六年三月五日

別府昭郎

人 名 索 引

【ヤ行】

【ラ行】

【マ行】

【ナ行】

【ハ行】

【タ行】

事　項　索　引

著者略歴

別府昭郎（べっぷ　あきろう）

1945年6月宮崎県小林市に生まれる。1973年4月明治大学文学部助手。1975年4月専任講師。1980年4月助教授（現在の准教授）。1982―1983年在外研究（ミュンヘン大学の歴史研究所（文書館）にて大学史の研究に従事）。1989年4月明治大学文学部（教職課程）教授。1996年4月二部教務部長（いまの副学長）に選出さる。1999年1月博士（教育学）。2002年4月教職課程主任（2009年3月まで）2008年4月明治大学史資料センター長。2016年3月31日定年退職。

著作

『道徳教育の現状と動向―世界と日本―』（共著、ぎょうせい、1982年10月）、『世界の幼児教育』（共著、日本ライブラリー、1983年5月）、『西ドイツにおける事実教授の教科書分析』（共著、ぎょうせい、1987年7月）、『学校淘汰の研究』（共著、東信堂、1989年7月）、『生活科への提言』（共著、ぎょうせい、1992年1月）、『教育実習57の質問』（編著、学文社、1992年7月）、『明治大学史　第3巻』（共著、明治大学、1992年10月）、『西洋教育史』（共著、福村出版、1994年5月）、『ドイツにおける大学教授の誕生』（単著、創文社、1998年3月）、『明治大学の誕生』（単著、学文社、1999年4月）、『大学史を作る』（編著、東信堂、1999年6月）（これは上海海洋大学外国語学院の王海涵副教授の手で中国語に訳された）、『大学の指導法』（編著、東信堂、2004年1月）、『常民史学への視座　後藤総一郎人と思想』（共著、後藤聡一郎先生追悼集刊行会、2004年1月）、『大学院の改革』講座第4巻「21世紀の大学・高等教育を考える」（東信堂、2004年7月）、『大学教授の職業倫理』（単著、東信堂、2005年4月）、『教育史学の最前線』（共著、日本図書センター、2007年3月）、『大学再考』（共著、知泉書館、2011年3月）、『近代大学の揺籃―一八世紀ドイツ大学史研究―』（単著、知泉書館、2014年4月）

大学改革の系譜：近代大学から現代大学へ

2016年11月5日　初　版第1刷発行　〔検印省略〕

＊定価はカバーに表示してあります。

著者 © 別府昭郎／発行者　下田勝司　印刷・製本／中央精版印刷

東京都文京区向丘 1-20-6　郵便振替 00110-6-37828

〒 113-0023　TEL 03-3818-5521（代）　FAX 03-3818-5514

発行所　株式会社 東信堂

Published by TOSHINDO PUBLISHING CO., LTD.

1-20-6, Mukougaoka, Bunkyo-ku, Tokyo, 113-0023 Japan

E-Mail：tk203444@fsinet.or.jp　http://www.toshindo-pub.com

ISBN978-4-7989-1397-1　C3037

東信堂

大学の自己変革とオートノミー—点検から創造へ	寺﨑昌男	二五〇〇円
大学教育の創造—歴史・システム・カリキュラム	寺﨑昌男	二五〇〇円
大学教育の可能性—教養教育・評価・実践	寺﨑昌男	二五〇〇円
大学は歴史の思想で変わる—FD・評価・私学	寺﨑昌男	二八〇〇円
大学改革　その先を読む	寺﨑昌男	一三〇〇円
大学自らの総合力—理念とFDそしてSD	寺﨑昌男	二〇〇〇円
大学自らの総合力Ⅱ—大学再生への構想力	寺﨑昌男	二四〇〇円
大学評価の体系化	大学基準協会・生和秀敏 編	三二〇〇円
高等教育の質とその評価—日本と世界	山田礼子編著	二八〇〇円
アウトカムに基づく大学教育の質保証—チューニングとアセスメントにみる世界の動向	深堀聰子	三六〇〇円
高等教育質保証の国際比較	羽田貴史・米澤彰純・杉本和弘 編	三六〇〇円
学士課程教育の質保証へむけて—学生調査と初年次教育からみえてきたもの	山田礼子	三二〇〇円
大学教育を科学する—学生の教育評価の国際比較	山田礼子編著	三六〇〇円
一年次（導入）教育の日米比較	山田礼子	二八〇〇円
新自由主義大学改革—国際機関と各国の動向	細井克彦編集代表	三八〇〇円
新興国家の世界水準大学戦略—世界水準をめざすアジア・中南米と日本	米澤彰純監訳	四八〇〇円
東京帝国大学の真実—日本近代大学形成の検証と洞察	舘昭	四六〇〇円
原理・原則を踏まえた大学改革を—場当たり策からの脱却こそグローバル化の条件	舘昭	二〇〇〇円
学生支援に求められる条件—学生支援GPの実践と新しい学びのかたち	大島勇人・浜島幸司・清野雄多司	二八〇〇円
アカデミック・アドバイジング　その専門性と実践—日本の大学へのアメリカの示唆	清水栄子	二四〇〇円
CT（授業協力者）と共に創る劇場型授業—新たな協働空間は学生をどう変えるのか	筒井洋一・山本以和子・大木誠一 編著	二〇〇〇円

〒113-0023　東京都文京区向丘 1-20-6　TEL 03-3818-5521　FAX03-3818-5514　振替 00110-6-37828
Email tk203444@fsinet.or.jp　URL:http://www.toshindo-pub.com/

※定価：表示価格（本体）＋税

東信堂

書名	著者	定価
歴史認識と民主主義深化の社会学	庄司興吉編著	四二〇〇円
主権者の社会認識—自分自身と向き合う	庄司興吉	二六〇〇円
主権者の協同社会へ—新時代の大学教育と大学生協	庄司興吉	二四〇〇円
地球市民学を創る—地球社会の危機と変革のなかで	庄司興吉編著	三二〇〇円
社会学の射程—ポストコロニアルな地球市民の社会学へ	庄司興吉	三二〇〇円
グローバル化と知的様式—社会科学方法論についての七つのエッセー	J・ガルトゥング著 矢澤修次郎・大重光太郎訳	二八〇〇円
社会的自我論の現代的展開	船津衛	二四〇〇円
組織の存立構造論と両義性論—社会学理論の重層的探究	舩橋晴俊	二五〇〇円
市民力による知の創造と発展—身近な環境に関する市民研究の持続的展開	萩原なつ子	三二〇〇円
階級・ジェンダー・再生産—現代資本主義社会の存続メカニズム	橋本健二	三二〇〇円
現代日本の階級構造—理論・方法・計量分析	橋本健二	四五〇〇円
人間諸科学の形成と制度化—社会諸科学との比較研究	長谷川幸一	三八〇〇円
現代社会と権威主義—フランクフルト学派権威論の再構成	保坂稔	三六〇〇円
インターネットの銀河系—ネット時代のビジネスと社会	M・カステル著 矢澤・小山訳	三六〇〇円
自立支援の実践知—阪神・淡路大震災と共同・市民社会	似田貝香門編	三八〇〇円
〔改訂版〕ボランティア活動の論理—ボランタリズムとサブシステンス	西山志保	三六〇〇円
自立と支援の社会学—阪神大震災とボランティア	佐藤恵	三二〇〇円
NPO実践マネジメント入門〔第2版〕	パブリックリソースセンター編	二三八一円
個人化する社会と行政の変容—情報、コミュニケーションによるガバナンスの展開	藤谷忠昭	三八〇〇円
コミュニティワークの教育的実践	高橋満	二〇〇〇円
NPOの公共性と生涯学習のガバナンス	高橋満	二八〇〇円

〒113-0023 東京都文京区向丘 1-20-6　TEL 03-3818-5521　FAX03-3818-5514　振替 00110-6-37828
Email tk203444@fsinet.or.jp　URL:http://www.toshindo-pub.com/

※定価：表示価格（本体）＋税

東信堂

オックスフォード キリスト教美術・建築事典	P&L・マレー著 中森義宗監訳	三〇〇〇〇円
イタリア・ルネサンス事典	J・R・ヘイル編 中森義宗監訳	七八〇〇円
美術史の辞典	P・デューロ他 中森義宗・清水忠訳	三六〇〇円
書に想い 時代を読む	河田悌一	一八〇〇円
日本人画工 牧野義雄—平治ロンドン日記	ますこ ひろしげ	五四〇〇円
〔芸術学叢書〕		
芸術理論の現在—モダニズムから	藤枝晃雄 谷川渥 編著	三八〇〇円
絵画論を超えて	尾崎信一郎	四六〇〇円
美を究め美に遊ぶ—芸術と社会のあわい	江藤光紀 荻野厚志 田中佳 編著	二八〇〇円
バロックの魅力	小穴晶子編	二六〇〇円
新版 ジャクソン・ポロック	藤枝晃雄	二六〇〇円
美学と現代美術の距離—アメリカにおけるその乖離と接近をめぐって	金悠美	三八〇〇円
ロジャー・フライの批評理論—知性と感受性の間で	要真理子	四二〇〇円
レオノール・フィニ—境界を侵犯する新しい種	尾形希和子	二八〇〇円
いま蘇るブリア＝サヴァランの美味学	川端晶子	三八〇〇円
〔世界美術双書〕		
バルビゾン派	井出洋一郎	二〇〇〇円
キリスト教シンボル図典	中森義宗	二三〇〇円
パルテノンとギリシア陶器	関隆志	二三〇〇円
中国の版画—唐代から清代まで	小林宏光	二三〇〇円
象徴主義—モダニズムへの警鐘	中村隆夫	二三〇〇円
中国の仏教美術—後漢代から元代まで	久野美樹	二三〇〇円
セザンヌとその時代	浅野春男	二三〇〇円
日本の南画	武田光一	二三〇〇円
画家とふるさと	小林忠	二三〇〇円
ドイツの国民記念碑—一八一三—一九一三年—	大原まゆみ	二三〇〇円
日本・アジア美術探索	永井信一	二三〇〇円
インド、チョーラ朝の美術	袋井由布子	二三〇〇円
古代ギリシアのブロンズ彫刻	羽田康一	二三〇〇円

〒113-0023 東京都文京区向丘 1-20-6　TEL 03-3818-5521　FAX03-3818-5514　振替 00110-6-37828
Email tk203444@fsinet.or.jp　URL:http://www.toshindo-pub.com/

※定価：表示価格（本体）＋税